U0846698

中华经典
仁义礼智信故事

陈庚锁　编著

金盾出版社

内容提要

本书按照中华传统文化中儒家倡导的仁、义、礼、智、信五个基本道德范畴，依次编为五个篇章。每个篇章内的若干重要历史人物故事，生动、具体地展现了中华传统优秀文化的深远影响，对于青少年朋友了解历史，提高道德修养，弘扬正能量极具启迪。

图书在版编目(CIP)数据

中华经典仁义礼智信故事/陈庚锁编著.—北京 ：金盾出版社，2016.1(2017.5 重印)

ISBN 978-7-5186-0407-4

Ⅰ.①中… Ⅱ.①陈… Ⅲ.①品德教育—中国—通俗读物 Ⅳ.①D648-89

中国版本图书馆 CIP 数据核字(2015)第 161876 号

金盾出版社出版、总发行

北京太平路 5 号(地铁万寿路站往南)

邮政编码:100036 电话:68214039 83219215

传真:68276683 网址:www.jdcbs.cn

封面印刷:北京印刷一厂

正文印刷:北京万博诚印刷有限公司

装订:北京万博诚印刷有限公司

各地新华书店经销

开本:880×1230 1/32 印张:9.75 字数:260 千字

2017 年 5 月第 1 版第 3 次印刷

印数:14 001～20 000 册 定价:29.00 元

前言

“仁义礼智信”是中华传统文化中由儒家创立和归纳的五个最基本伦理道德范畴，也是儒家的行为准则。早在春秋时代，儒家先哲就已经分别对仁、义、礼、智、信的内涵做了详细的阐发和解释。到了汉代，儒家代表董仲舒则概括为“五常”，并与“三纲”合称为“三纲五常”，成为中国封建社会统治阶级维护封建等级制度的最基本的道德规范。

“仁义礼智信”在当今社会仍然具有积极的意义。

仁，本义为博爱。以人为本，人与人相互关怀和爱护，包括宽、恕、孝、慈、厚，是一种含义极其广泛的道德观念。

义，指正义。对事公平正义，坚持原则，还有情有义，包括忠、勇、廉、耻、悌等行为或道理的概括。

礼，表示敬意、尊重，讲究礼仪文明，包括貌、敬、谦、让、谨等内容。

智，是聪明智慧，异常灵活，崇尚知识，追求真理，包括博、知、达、命、穷等内涵。

信，本义是办事真心诚意，忠于职责，爱岗敬业，包括忠、诚、真、实、笃等内容。

“仁义礼智信”相互依存，相承相辅，其中“仁”是核心，是最高原则，《说文解字·人部》：“仁，亲也。从人，从二”。《礼记·中庸》：“仁者人也，亲亲为大。”孔子言“仁”，则包括恭、宽、信、敏、惠、智、勇、忠、恕、孝、悌等内容，后人将其分为仁义两部分进一步概括和阐述，使仁的内涵更加鲜明，在“五常”中更加突出，现代人对仁的理解就是对祖国、对民族、对人类、对人性、对生命要始终给予极大的关怀和爱护，是每一个人追求的最终目的，也是至高无上唯一的道德准则。“义”则是在现实生活中，见义勇为，维护公平正义，主持公道，在与他人、群众的生命和经济利益发生冲突和矛盾时，维护一个适当的行为标准，同时还有情有义，体现人道主义。“礼”是将仁义的精神，以礼仪的形式展现出来，并融入日常社会行为中去。“智”就是充分发挥个人聪明才能用于国家的物质文明建设和精神文明建设中去，不违背人类生存道德原则，不损害人类的根本利益，也就是不能背离仁的精神和义的原则。“信”则是将仁、义、礼、智的要求毫不含糊地承诺并服务于社会和他人。

本书共收录89个历史人物故事。按仁、义、礼、智、信分为五篇，读者可在轻松愉悦的阅读中，了解儒家学说，增长历史知识，从古人“修身、齐家、治国、平天下”必备的“五德”中汲取道德的力量。

编　者

目录

一、仁 篇

二、义 篇

三、礼 篇

四、智篇

五、信篇

一、仁篇

尧仁德广泽万民

相传尧是黄帝的五世孙，名放勋，号陶唐氏，又称唐尧。是华夏远古史上的五帝之一，他仁慈爱民，明于察人，治理有方，盛德闻名天下。

尧小时候就十分聪明，13岁就被封到陶地（今山东省菏泽市南）任职，15岁又被封到唐地（今河北省中部）为唐侯，因此人们又称其为陶唐氏，当时帝喾已年迈多病，4个儿子中，挚和尧才华和势力最强，是接替帝喾王位的最好继承人，按照长幼之序，先由帝挚继位，但帝挚喜好游猎，不务政事，游手好闲，激起各部族

百姓和首领不满，无奈之下喾罢挚立尧，这时尧仅16岁。

尧继承王位后，以仁德治天下。他富而不奢侈，贵而不傲慢，与百姓一样过着俭朴的日子，喝的是野菜汤，吃的是糙米饭，穿的是麻布衣，住的是茅草房。他见到衣着褴褛的穷人，就自我检讨说："这是因为我治理无方，才使他们穿不上，饿肚子。"见到了罪犯，他又心情不安地说："这是因为我没有教化好，才使他们走向了犯罪的道路呀！"

为了将天下治理好，惩治恶人和奸人，尧重用能人贤臣，让熟知农业的后稷主管农业，让铁面无私的皋陶主管司法，让仁慈的舜分管教育。为了及时掌握播种、收获时节，他让懂得天象的羲和羲仲，专门观察天象，并根据日月星辰的运行情况，制定历法，以利百姓按节令从事农业生产。同时又命羲仲前往东方海滨的旸谷，去观察记录日出的方位和时间，并确定以昼夜平分的那一天作为"春分"时节；还命羲去南方的明都，观察太阳如何向南移动，以确定"夏至"节令；命和仲住到西方的昧谷，专门测定日落，以确定"秋分"时令；命和叔去北方的幽都，观察太阳从南向北移动的方位，以确定"冬至"节令。尧通过这四人的观察并结合自己积累的天象经验，向天下宣告：以三百六十六日为一周期，剩下的天数用闰月的办法去解决，确定了四季，编制出历书，计算出一年的时间。

尧一心为公，精心治理社会，九族和睦，国泰民安，百姓安居乐业。然而，天有不测风云，尧老年时，境内河水泛滥，洪灾不断，令尧寝食不安。虽然他派鲧治理洪水，但鲧一向居功自傲，独断专行，觉得自己有治水的经验，因循守旧，照着过去的老办法，用大量石块和泥土筑坝挡水。由于洪水太猛，水坝还没竣工，滔滔洪水就涨到坝顶，鲧见状就急忙让人继续加高坝顶，结果适得其反，洪水没有出路，就继续上涨。憋在堤坝里的洪水，犹如囚在笼中的猛兽，一下冲破堤坝，奔腾咆哮，淹没了田野房屋，许多百姓被洪水夺去了生命。

洪水无法治理，百姓遭受苦难，使尧痛心疾首，想到自己年逾七十，应该选择年轻有为的贤人接替自己，安邦治国，造福黎民。尧把自己的想法说给众首领听，一个叫放齐的部族首领说："你功高如日月，德重如天地，百姓视你为父母，都感恩戴德舍不得让你退位，如果你坚持要退位，就让你儿子丹朱继承吧！"

尧听后断然拒绝说："丹朱品行不端，不仁不贤，何以担当华夏族首领？"他接着又说："我一生与你们共理国事，如果有一些功绩，也是大家共同努力的结果，不能把这些功德记在我一人身人。不独亲其亲，不独子其子，选贤举能，讲信修睦，这是我们华夏族先帝的美德，而丹朱游手好闲，不务正业，这样的人岂能承担治理天下的重任？"

原来，丹朱从小娇生惯养，长大后不仅不学尧的仁德于民，反而背着尧在外边胡作非为，对人暴虐。在面对洪水肆虐，田舍淹没，百姓流离失所时，丹朱却无动于衷，甚至在水中泛舟自乐，乘船东游西荡。洪水过后，竟让众百姓为他在沙地中推船，美其名曰"陆地行舟"。尧得知后严厉痛斥其荒唐行为，并派人为丹朱特制一副围棋陶冶他的情操，那知丹朱无心下棋，依然我行我素。对于不思悔改的儿子，尧表示决不能把国家交给丹朱来治理。

放齐见尧如此大公无私，暗暗佩服，不再坚持自己的意见。但在座的各位首领都表示自己德行鄙薄，不敢接受王位。尧见状说："既然我们中间推选不出一个德才兼备的人，不妨到民众中挑选贤明胜任的人吧。"尧派人深入民间四处探访，终于访得了舜。后来尧将帝位让于舜。尧选贤任能，宽厚豁达，一心为民的仁德，受到华夏子民世世代代赞扬，尧舜禅让的故事成为千古佳话。

舜仁慈孝感动天

舜出生于姚墟(今河南省濮阳县境内),姓姚,名重华,父亲叫瞽叟(失明老人)。传说舜出生时,眼睛有两个瞳仁,父母就为他取名重华。

舜幼小时,母亲染病身亡,父亲又娶后妻,生一子,取名象,自从后母生下象以后,舜的日子就不好过了,继母虐待他,他经常遭父母亲的毒打,常常吃不饱穿不暖。弟弟象顽劣不堪,品德败坏,舜十分小心地照料,只怕因弟弟的不高兴,遭到父母的打骂。

尽管舜在家中逆来顺受,忍气吞声,但继母和弟弟还是不能容纳他。16岁时舜就独自来到中条山脉的历山脚下,开辟了一片荒地,靠耕种度日。他一个人自食其力,艰苦地生活,但毕竟是孤苦零仃一个人,尤其到了夜晚非常凄凉。白天看到树上活泼欢唱的飞鸟,看到小鸟贪婪吃着它妈妈递来的食物,和小白兔吃着它妈妈的奶时,就暗自感叹,为什么动物还有哺乳扶养之性,而人类却存在仇恨和不公?舜立志以友爱之心感化人民,感化父母亲和弟弟,使天下每个人都有幸福和睦的家庭。在舜的身体力行的感召下，没过多长时间，历山一带民风大变，尊老爱幼，彼此相爱。过去因村界、田界纠纷争吵不断，一变为互相谦让，再没有争吵的现象发生。后来舜到雷泽一条河里打鱼，在舜的礼让影响下，那里的渔民也争着让起渔场了。他后来又到河滨一个地方烧制陶器，使那里的陶器既漂亮又耐用，深受百姓的欢迎和喜爱。舜每到一个地方，百姓都十分喜欢与他在一起，人多聚众，一年就发展成一个村落，两年就发展成一个城镇，三年就发展成一个都邑。这样下来，一传十，十传百，舜的仁慈、贤达的名声就传播开来。

舜的品行受到百姓们的称赞，但有没有齐家治国的能力，尧心中还是没有底，想再观察观察舜的能力。

舜此时已30岁了，还没有娶妻，于是尧就把自己两个心爱的女儿——娥皇和女英嫁给舜，以考验他的治家才能；还把自己9个儿子也送到舜的家里和舜一起生活，以考验他的教化才能。舜并没有因为自己是尧的女婿而得意忘形，特别是对虐待自己的父母，从不记仇，而是一如既往，依然十分孝敬。在舜的感化下，娥皇和女英也放下尊贵的架子，不敢怠慢公婆。尧的9个儿子也受到舜的影响，个个变得通情达理。

尧经过一段认真观察，认为舜确实品德高尚，心中十分满意这个女婿和未来的接班人，就赐给舜一套细麻布衣服和琴一把，牛羊各一群，还让匠人为舜建起一个粮仓。这可让那贪得无厌的象忌妒死了。象心生一计，与父母亲合谋，以修粮仓之名，将舜骗回家中，待舜上到仓顶，便悄悄撤掉梯子，放起大火，想把舜烧死，侵吞舜的全部财产。谁知舜当时戴着一顶大斗笠，他急中生智，将斗笠摘下，放在手中，安全地跳到地面。象一计不成，又生一计，他和父亲召舜回家挖井。舜下到井底刚开始挖土，突然井口上投下一块块巨石，但巧合的是这口井是旧井，井底的一侧早已形成一个自然洞，舜随机应变就躲到里边，而没有被砸死，但心里知道这是弟弟和父亲想置自己于死地。

象和父亲以为舜被砸死在井中，就跑到舜的家中争抢财物。舜的父亲贪财，看中的是尧赐给舜的仓廪和牛羊，象却惦记着美如天仙的两位嫂子和琴瑟。正当他们两人得意忘形之时，舜突然不慌不忙走进家门，像无事一样。这时，象和父亲慌了手脚，象吞吞吐吐地说："哥，你刚到井底，井壁就塌了，我怕家中两位嫂子担惊受怕，特赶到家里照料。"舜此时强压着胸中怒火，顺口说："你来得正好，我这里还有许多事需要你帮助料理呢！"象看见哥哥舜如此大度，原谅自己图财害命之举，心中愧疚万分，无地自容。而舜不计前嫌，仍然一如既往，以仁慈之心对待父母和弟弟。

巡守四方的官员向尧汇报了舜的德行，尧认为舜人才难得，为此将舜召到宫中，决定先让舜分管一些国家政务，以考验他的施政能力。

舜总领百官职责，把各项政事办得有条有理；尧又让他接待宾客，负责国家礼仪之事，舜对待客人友好谦和，彬彬有礼，各路诸侯和四方来宾十分满意，也学着舜的样子依礼行事。后来尧让舜巡视全国山林川泽。舜废寝忘食，提出一些治理山河的建议，得到了尧的重视。尧便让舜代行天子的权力。八年后，尧驾崩，舜正式接替帝位。

舜是古代集孝子、贤臣、明君于一身的代表，他勤劳、沉稳、谦虚、宽厚、能团结人，甚至把敌对者都争取过来了。这些优点的基础就是仁爱和孝顺。

成汤仁爱取天下

经过尧舜禹几代，中国进入奴隶社会的第一个夏王朝时代（约前 2070—前 1600）。夏王朝有个属国是商国，其始祖叫契，和大禹是同一时代，被舜封在商地，后又迁到蕃，经过十几代的繁衍发展，已经有了很强的势力。当时商国的国君成汤，看到夏桀的荒淫暴戾，决心取代夏成为天下的君王。

成汤总结尧舜禹的治国经验，认识到他们以仁慈治理天下，得到了百姓的真心拥戴，决心以仁德取天下。

有一年春天，风和日丽，成汤陪着几个外国使臣到城外漫游，参观农田山林，不知不觉来到一片小树林里。这时，他们看到在小树林深处一位老人正在张网捕鸟，还祈祷四面八方的鸟飞进他的网内。成汤走到老人面前说："你把天下的鸟都赶尽杀绝，不是太残忍了吗？除了夏桀，谁还肯干这些伤天害理的事？"他亲手将老人布下的朝南、北、西三个方向的网全部收起来，只留下一个朝东方向的，接着他学着老人的样子，祈祷说："南来北往的鸟啊，你们自由飞翔吧，想朝南的就朝南飞，想朝北飞就朝北飞，但千万不要朝东飞进我的网内。”使臣对成汤的仁慈行为，大为钦佩。外国使臣暗暗思量，君王对野鸟尚且如此，何况对百姓呢？这样的君王，百姓怎么会不拥戴！

商国与夏国中间，有一个小国叫有洛氏，人口少，也不富裕，但该国国君却处处以夏桀为榜样，任意搜刮百姓财物，并将收来的财物用于挥霍。成汤得知后，立即派人送去大批粮食和牛羊，拯救那里的百姓，并向有洛氏国君建议，立即停止修建宫殿，不搞劳民伤财工程，节衣缩食，全力以赴，鼓励百姓到田间耕种。但有洛氏国君把成汤的善意当成耳旁风，根本不予理会，日子一长，官逼民反，老百姓纷纷起义，成汤顺应民意，一举推翻了腐败无能的国君。

商国还有一个小邻国叫葛国，他的国君葛伯也是昏庸之辈，按照当时的惯例按月进行祭祀，但葛伯却三个月中竟没有举行一次祭祀。商朝派使臣前来提醒，葛伯摆出一副若无其事的样子，强词夺理地说：“葛国地狭人少，牛羊短缺，没有牺牲之物，无法祭祀。”

成汤听了使臣的报告，立即给葛国送去成批的牛羊。葛伯凭一句谎话骗了这么多牛羊，自以为得计，不但不去祭祀，反而将牛羊全部宰杀吃掉。成汤知道后，派人责问，葛伯又借口说是没有粮食的缘故。商国大臣们按捺不住心头的怒火，纷纷提出应向葛国兴师问罪！而成汤却十分冷静，对大臣们说：“由俭入奢易，由奢返俭难。葛伯废止祭祀已非一日，改此恶习，谈何容易！另外，葛国粮食短缺，也是实情，我们不如派些青年去葛国开荒种地，也可使葛国富裕起来！”

商国的青壮年来到葛国，他们白天辛勤耕作，夜晚露宿荒郊，每日由老人和孩子们为他们送饭。昏君葛伯竟然不领情，反而教唆无赖之徒或派武士抢夺送饭人手中的饭食，还发生了打死送饭孩子的事件。葛伯的倒行逆施，与成汤的仁慈行为形成了鲜明的对比，商葛两国百姓一拥而起，推翻了葛伯的统治，共同拥戴成汤为他们的国君，葛国的领土全部归于商国。

成汤以“仁爱”治国，国力日益强盛，附近邻国也主动与商国友善相处，商汤的威望与日俱升。

有一年商国举行祭祀活动，在受祭当中，除了“祭天地神”“祭先祖”“祭神仙”外，又增加了对关龙逄的祭拜。关龙逄是夏王朝大臣，忠心为国，因对夏桀的荒淫残暴提出规劝，而被夏桀处死。成汤为关龙逄举行祭祀活动，自然触怒了残暴无道的夏桀，他气得暴跳如雷，下令派十万大军征讨商国。这时一个叫赵梁的大臣向夏桀献计说：“成汤以仁爱骗取各国百姓的拥护，如大王出兵征讨，各国不明是非，会说夏国以势欺人，不如将成汤骗至夏都，囚禁起来，那时商国群龙无首，不战自败。”夏桀采纳了赵梁的计策，就派人对成汤说：夏王听说商王祭祀关龙逄，十分感动，也是对夏王的忠谏，为此请商王到夏都来接受重赏。

成汤明知夏桀不怀好意，去夏都凶多吉少，但如若不去，夏王桀就会借机攻打商国，使商国生灵涂炭。为避免百姓遭殃，成汤义无反顾地跟随来人去了夏都，果然成汤一到夏都，就被夏桀囚禁到夏台。

后来，商国大臣伊尹设美人计，哄住夏王桀，才把成汤放了。成汤在被囚禁期间，把夏王朝的腐败看得一清二楚，更增强了推翻夏桀的信心。所以回到商国就暗中团结附近邻国，并派兵攻打死心塌地跟夏王桀走的几个小国，取而代之。同时，成汤又施以仁政，从商国运来大批粮食和牛羊，救济濒临死亡的豕韦等国百姓，帮助他们开荒种地，从事农牧业生产。成汤的这些善举进一步赢得了多数国君的拥护，各国君王目睹夏桀腐朽衰败的统治，纷纷弃夏拥商，一致拥护成汤代夏。

公元前 1600 年，夏王朝终于被推翻，夏桀被俘。一向仁爱宽厚的成汤，并没有杀夏桀，而是把他囚禁在南巢。至此，统治华夏 400 余年的夏朝终结，而成汤以仁慈成为商朝的开国君王。

伊尹仁厚保太甲

成汤统一了华夏各国，建立起商朝，尽心国事，励精图治，使商王朝奴隶社会得到了进一步的巩固与发展。由于操劳过度，成汤身体状况一天不如一天，没过几年，就卧床不起。

成汤久病不愈，使朝廷上下不安，这王位由谁来继承呢？成汤心里也没数。他的长子已早亡，次子外丙和三子仲壬体弱，不堪重任；孙子又年幼无知，究竟谁能接替自己的王位呢？

右相伊尹跟随成汤多年，形影不离，对成汤的心思了解得非常清楚，就对成汤劝道："大王一世英明，功德可鉴，苍天一定会保佑商王朝世代相传，微臣也会鞠躬尽瘁保商王国千秋万代！"

成汤听了伊尹的肺腑之言，感动得热泪盈眶，便让人将几个儿子叫到床前，命他们跪在伊尹面前，言道："为王一生，敬重贤臣良将，祭祀天地鬼神，仁爱于天下百姓，才换来商王朝繁荣景象，但这里有右相一臂之力。我久病不愈，活不了几天了，现将国家社稷大事托于右相，望你们尊重相国，不可造次。"几个王子连连点头应诺。

没过几天，成汤撒手人

寰，驾鹤西去。伊尹遵照成汤遗训，凭着自己在朝中的崇高威望，按部就班管理朝政，辅佐外丙继承了王位。但外丙福薄命浅，不到两年就死了。伊尹又立仲壬为王，谁知仲壬也没有担当王位的福分，只当了四年商王就死了。这可怎么办？虽然伊尹年事已高，但精力超人，全力以赴执掌着国家大事，从来没有丝毫野心，只是想全心全意保商汤后代继位，就与众大臣共议，立成汤的孙子太甲继位商王。

太甲年少，从小生活在封闭的王宫里，娇生惯养，与外面隔绝，对商朝风土人情一无所知，他继位能否成为明君，是伊尹心里时常挂念的一件大事。为此，伊尹经常坐在太甲面前讲历史，介绍远近贤王和暴君，述说各国风土人情和山川地理，还特别讲述商朝历代先祖不畏艰难，勇往直前，开创大业的动人事迹，鼓励太甲要认真继承商朝先王仁爱遗德，敬天地，用贤臣，远奸佞，使商朝仁爱之风传播下去，并发扬光大。

太甲开始还认真听取伊尹的教诲，但时间一长就厌烦了，慢慢地我行我素，在宫中吃喝玩乐。伊尹见太甲如此不成器，就三番五次地加以制止，刚开始太甲还尊重伊尹，有所收敛，可禁不住美女歌舞的诱惑，依然沉溺于灯红酒绿之中。

眼看太甲不成器的行为，伊尹一点办法都没有，这可怎么办呢？愁得伊尹茶饭不思，夜不能寐，一天到晚精神恍惚。有一天清晨，忽然发现士兵宰杀一头牛，准备明天祭祀成汤忌日。伊尹如梦方醒，想出一条惩罚太甲的办法。

第二天，伊尹早早起来，赶到桐宫祭祀殿堂。此时，太甲也出于应付硬着头皮来了。其实他认为祭天地，祭鬼神，祭先祖，祭英烈，祭这个，祭那个，纯属劳民伤财，还不如在宫中听听音乐，欣赏一下舞伎呢！但祭祀成汤爷爷非同一般，既是开国元勋，又是先王，那能不去？

伊尹见众大臣都已来到，就一反常态，让主祭人把祭文送给他，而没有送给太甲，这使太甲与众大臣吃惊不小。伊尹接过祭文很严肃地照本宣科念了起来：

日月巡行，天地有灵，
列祖列宗，唯命是听。
披肝沥胆，北战南争，
除暴安民，天下太平。
桑林祈雨，自我牺牲，
天降甘霖，万民欢腾。
王宫政事，托付微臣，
诚惶诚恐，废食忘寝。
微臣不才，有违遗训，
教导幼主，力不从心。
战战兢兢，卜向天神，
留住桐宫，训教王孙！

原来，伊尹想利用祭祀成汤之机，教训一下太甲。这时太甲才恍然大悟，想走来不及了，只好乖乖地留在桐宫，闭门思过。

太甲被囚桐宫，虽然美味佳肴顿顿不断，但失去国君的尊严和权力，也没有了自由，还每天起早贪黑，背诵一些颂扬成汤功德的诗篇，忏悔自己的过错。这使从小娇生惯养，无忧无虑的太甲痛苦万分，思来想去，以前确实辜负了先王的遗训和伊尹的一番苦心，不务国事，恣意放肆，任意胡来。如今被囚是咎由自取，所以当伊尹探望他时，太甲总是痛哭流涕，悔恨万分，求伊尹早日解除对他的囚禁。但伊尹见时机还不成熟，太甲只是感到桐宫太孤单、厌烦无聊的生活罢了，还没有真正认识以前醉生梦死，姿行妄为的生活，就坚持再囚禁太甲一段时间。

一晃三年过去了，有一天早晨，伊尹率浩浩荡荡一队宫车，在鼓乐伴奏下，向桐宫而来。原来是老态龙钟的伊尹亲自到桐宫迎接太甲回王宫去。

太甲此时此刻如做梦一般，想不到出头之日就在眼前，看见伊尹走到自己跟前，不由自主上前跪下。伊尹见状急忙拉起太甲，献上王冠衣袍说："大王在此学习三年，实在有点委屈，但微臣受命于先王，不得已而为之，现在请国君振奋精神，启程回王宫重操国务。"

太甲面对伊尹一番仁厚之心，当初怀疑伊尹不忠的念头，早已消失得一干二净，反而责备自己以前年幼无知，干了些误国误民的荒唐之事，差点把先王打下的江山毁在自己的手里，为此更加敬重伊尹了。

太甲重返王宫，见伊尹在三年期间，把国家治理得井井有条，暗自佩服伊尹治国有方的本事，并向伊尹学习，从此不近酒色，勤于朝政，当起好国君。而伊尹始终如一，忠心耿耿辅佐了太甲30年。

周文王仁德邻邦

周文王(约前1152—前1056),姓姬名昌,是商朝属国周族的领袖,也称西伯侯。西伯侯姬昌在位时,勤于政事,礼贤下士,广罗人才,重视发展农业生产,体察民情。对外实行招贤纳士,许多外部落的人杰贤士都前来投效,并受到重用。姬昌自己生活俭朴,穿普通百姓衣,常与百姓一起到田间劳动;还推行"三老五更"制度,像对待自己的父亲和兄长一样,孝顺告老还乡的大臣。推举乡里五十岁德高望重者为"三老",六十岁为"五更"。同时,减轻百姓各种徭役税收,对犯罪之人实行画地为牢,自行囚禁。这些政策的推行使国内夜不闭户,路不拾遗,社会稳定,百姓安居乐业,周族国力日趋强盛。

当时,商朝最后一名君主子辛继位,也就是商纣王。商纣王荒于酒色,十分宠信妃子妲己,重用奸人,经常横征暴敛,滥施淫威,从而引起平民反抗,贵族不满,诸侯造反。为镇压国内反抗势力,商纣王发明了炮烙酷刑。这种酷刑,是将一根铜柱涂上油,用火烧红,然后将犯人放到铜柱上,犯人在铜柱上被烫得东跳西跑，万分痛苦，一滑倒就掉到火坑里，顿时烧得皮焦骨烂。

姬昌对商纣王的炮烙酷刑，残杀忠良恨之入骨，更深知各诸侯和百姓对废除这一酷刑的百般渴望。经过一番筹划，姬昌决定亲见商纣王。他来到商都朝歌，面见商封王说明来意，称愿献上周国洛河两岸的一块土地，求商纣王答应废除炮烙酷刑。商纣王已得知炮烙酷刑在国内不得人心，现在竟然能白白得到一片土地，便欣然同意姬昌的请求。姬昌以一块地为代价，既终止了商封王的炮烙酷刑，更获得了诸侯和百姓的称赞，以仁德赢得了人心。

成功调解虞芮两国纠纷是姬昌在位的最后七年所做的第一件大事。虞(今山西平陆北)芮(今山西芮城)都是商王朝的西方属国，虞、芮为土地之争求姬昌审断。姬昌将虞、芮两伯请到周国观光，他们看到的是“耕者让其畔，行者让路”，一派谦和礼让之风。虞、芮两伯羞愧不已，主动将所争之地作了闲田处理，纠纷在姬昌的主持下顺利解决。河东小国闻之纷纷归附，一些诸侯也将姬昌看成取代商纣王的“有名之君”。

商纣王为考验姬昌，又借口将九侯、鄂侯召至朝歌，指责九侯结党营私，图谋反叛，令武士将九侯砍死，还将尸体切成碎块剁成肉酱。将鄂侯架在火上熏烤，做成了肉干。

当姬昌被逼品尝九侯、鄂侯的肉醢、肉脯时，眼中流下悲痛的泪水，过后呕吐不止。姬昌仁慈宽厚赢得人心，虽然商纣王多次想将其杀死，终因大臣劝阻而没有得手，尤其是老臣亚相比干挺身而出极力反对，姬昌才保住了性命。被囚期间，他吸取九侯、鄂侯的教训，整日在室内闭门不出，赋诗弹琴或演习八卦，与人谈天说地，精心致力推演六十四卦，装成毫无委屈怨恨的样子，于是纣王逐渐放松了警惕。

此时，周国太子伯邑却心急如焚，坐立不安，无心料理国事，一心要去商都朝歌营救父王。

伯邑进京，纣王二话不说，便把他砍死，剁成肉块，做成了肉汤，让人给姬昌送去，姬昌见送来儿子伯邑的肉汤，强压悲痛，毫不犹豫地一饮而尽。

纣王得到汇报，认为姬昌确已放弃反叛之意。姬昌次子姬发得知哥哥被害，就与大臣散宜生等反复筹划，立即派人四处搜寻宝马、明珠、白玉、彩缎作为厚礼，换取姬昌。于是周臣太颠、周闳夭扮成商人，各带一份厚礼，分头去找纣王宠臣费冲和尤浑，同时散宜生搜寻到娇艳的美女，也来到朝歌。

散宜生把10名美女和从南方买来五光十色的珠贝以及从西方买来的36匹骏马和两只雪白狐狸送给纣王。纣王见了这么多美女和奇珍异宝、珍禽异兽，高兴得合不上嘴，指着10个美女说："仅此一物，就足够了，何必送宝物如此之多！"费冲和尤浑也分别收到了重礼，就在商纣王面前保释姬昌。商纣王也认为姬昌是无所作为之人，就把他放了。

姬昌回国后，发奋图强，立志灭商，除掉纣王。几年下来，周国百业俱兴，成为礼仪文明之邦，各诸侯都以周国为榜样，致使周国威望越来越高，甚至超过商朝。

为了使周族更有实力，姬昌重视人才，一大批仁人志士前来投奔，最有名的就是姜子牙。一次文王游猎至渭水河边，巧遇姜子牙。姜子牙慕名来到周朝，渴望得到姬昌的重用，为此，他在渭水河旁直钩垂钓，且鱼钩不在水中，而在水面之上三尺处，钩上也没有鱼饵。西伯侯姬昌一看此人，就觉得非同一般，交谈后得知姜子牙是个文韬武略、通晓天下大势、胸怀大志、无事不晓的全才。姬昌敬佩万分，让姜子牙坐在车上，他亲自拉车，走了八百步。姜子牙下车言道："大王拉我八百步，我保周朝八百年！"姬昌当即封姜子牙为军师，统领三军。

此后，姬昌在姜子牙的辅佐下，先伐西戎诸夷；再攻密须（今甘肃省灵台县境）解后顾之忧；又戡黎（今山西省黎城县）伐邗（今河南省沁阳市），构成对商都的直接威胁，再灭崇国（今陕西省户县境），将周的都城由岐山周原东迁至渭水平原，建立沣京（今陕西省西安市长安区）。"即伐于崇，作邑于沣"，势力直达长江、汉江、汝水流域，"三分天下有其二"，商纣王的统治已岌岌可危了。

就在大功将成之际，西伯侯姬昌不幸病故。传说他任周族首领五十年，死后葬于毕（今长安区与咸阳之间渭水岸边），被尊称为文王。姬昌虽然没有亲自推翻商纣王的统治，但他为儿子姬发灭商建立周朝扫清了道路。

周文王以德兴邦，宽厚质朴，礼贤下士的美德受到后人的称颂和敬仰。他是中国历史上的名君贤王，《诗经·大雅》中有对他的颂诗。孔子称他为"三代之英"，并感慨地说："郁郁乎文哉，吾从周"。孟子称文王是五百年才出现的一个圣人。

周公仁慈辅成王

周公(前1100—?),姓姬名旦,周文王姬昌第四子,周武王同母弟,因封地在周(今陕西省岐山县)、爵为上公,故称周公或周公旦,是西周初期杰出的政治家、军事家和思想家,被著为儒学先驱、奠其人。

周文王逝世后,其子姬发继位,称周武王(约前1087—前1043)。以姜尚为师,弟弟周公旦为辅佐,积极准备灭商。两年后,在孟津召集八百诸侯会师盟誓,经“牧野之战”,终于把有六百年历史的商朝推翻了。周武王操劳过度,积劳成疾,在灭商后第二年就病倒了。眼看病情一天天加重,周武王心里清楚,自己活不了几天了,但刚刚建立起的周朝,百废待兴,一部分归附的诸侯和部落,还不是真心拥护周朝,如时机成熟就会蠢蠢欲动,但自己儿子诵年幼无知,如何继位?姬发想起弟弟周公旦。周公旦,为人忠厚,聪明伶俐,对哥哥十分敬重。周武王就把周公旦召唤到病床前,对周公旦说:“我病重难愈,诵少不更事,将国家大业交给他,我不放心。为了周朝兴旺发达,不至于像商纣王那样,把祖业毁掉。经

过反复考虑，在咱兄弟中，属你忠厚老实，也最有才能，因此，我把周朝、诵儿，全部托付于你，望你不要辜负哥哥一番心意，把周朝治理得更好，让我在九泉之下得到安慰！”

周公旦与哥哥周武王姬发在灭商的过程中，并肩战斗，出谋划策，朝夕相伴，意笃情深。对于哥哥的托付，他立即应允下来。

周武王驾崩，全国上下处于一片悲痛之中，但周公旦在悲伤之余，更多是感到自己肩上的压力增大了，面对年仅13岁的成王诵，以及危机四伏，内乱外患的复杂局势，周公旦丝毫不敢懈怠，一方面辅佐幼主；一方面精心竭力治理国家。可以说周公旦真正做到鞠躬尽瘁，呕心沥血，一心扑在稳定国家秩序和发展农业生产上。他经常是吃不成一顿囫囵饭，洗不成一次头发，刚吃了几口饭就放下饭碗，刚打开发髻要洗，就因为有重要事情要处理，不得不停止，史称“一沐三握发，一饭三吐哺。”尽管周公旦日理万机为国家操劳，却遭到其兄管叔鲜等人的忌妒和流言中伤。

有一天，召公和姜尚（姜子牙）求见周公旦，提出不愿留在镐京，要远走封地生活。周公旦十分纳闷地问：“你们怎么改变了主意，不愿与我在京城共事？”召公吞吞吐吐地说：“外面流言蜚语很多，都说你独揽朝政，一手遮天，将来会取成王而代之，做天子！”周公旦闻听后气得半天说不出话来，好一会才缓过神，对召公和姜尚道：“我受武王的重托，为了国家的利益，为辅佐成王江山，才忍辱负重，不避嫌疑，担当起辅佐成王的重担，完全是出于公心，苍天可鉴；如果连你们都不相信我，必然会引起国家动荡，影响周朝国家安定团结。所以，希望两位相信我的人品，一定留在王都，共同辅佐成王，使周朝更加强大！”召公和姜尚见周公旦情真意切，便打消了顾虑。第二天，周公旦亲自主持仪式，为年仅15岁的周成王举行“登基”大典，将国家所有政务、军情大事统统移交，然后带着随从离开了镐京去自己的封地居住。

自从周公旦担任辅佐幼主的责任后，三哥管叔鲜，五弟蔡叔度，八弟霍叔处，九弟康叔封就非常不满。尤其是管叔鲜自以为是，认为周武王死后辅佐周成王的担子，应该由自己承担，为什么老四周公旦跑到自己前头去？加之老五蔡叔度对封地不满意，就纠集几个兄弟攻击周公旦，使得镐京谣言四起，满城风雨。周公旦得知这些谣言出自兄弟之口，伤心不已。后得知这些兄弟纠集在一起，竟然勾结纣王之子武庚谋反，企图夺取周朝天下，就急忙写了一首诗，派人送给周成王。诗中把心怀反意的武庚比喻为猫头鹰，把成王比喻为可爱的小鸟，而把周武王精心创建的周王朝比喻为鸟巢。自己为了筑鸟巢，育小鸟，抵御外来鸟的侵犯，不辞辛劳，日夜守护在鸟巢旁。可是凶狠的猫头鹰见有机可乘，要毁鸟巢，致小鸟于死地。他要护鸟，又怕小鸟不领情，使他两头为难。周成王接到叔叔这首诗，读后非常感动。又听说武庚近日与东夷首领频繁接触，似有一触即发之变，就急忙召见众大臣商量对策。太公姜尚道："依微臣看，武庚见周公不在王都，才如此猖狂。只有速将周公请回王都，才能制止武庚叛乱之谋。"周成王采纳姜尚的意见，立即召周公旦入都。

周公封地离镐京远，加之天公不作美，狂风暴雨不断，周公车马受阻。周成王慌忙到祖庙祈祷先祖、天神保佑。成王祈祷完后，发现一个封闭严实的金漆小箱子，让人打开一看，里边藏的是整齐的竹简，上面一笔一画刻写的都是周武王病重时，周公旦意真言切地表示甘愿自己去死，换取周武王身体康复的祷辞。此时周成王才深切体会到周公旦的仁德与忠诚。

原来，武王伐纣后，把商朝属地划为三部分，分别由管叔鲜、蔡叔度、纣五子武庚掌管，吏称"三监"。现在"三监"相互勾结，企图谋反，必须加以制止，避免后患。周公旦经过三年的艰苦征战，终于平定了叛乱，擒回并杀了外逃的武庚，将蔡叔度流放。

平定"三监"叛乱之后，为了加强对东方的控制，周公建议成王将国都迁往洛邑（今洛阳）。同时把战争中俘获的大批商朝贵族，也迁居洛邑，派召公驻兵监督。对商朝故都朝歌的遗民，周公派幼弟康叔封前去管理，封他为卫君，他告诫康叔，商朝所以灭亡，是由于纣王酗于酒，淫于妇，以至于朝纲混乱，诸侯举义。他嘱咐康叔，到那里后，首先要寻访贤人名者，向他们讨教商朝前兴后灭原因，务必要爱民。周公对康叔的话以文字写成《康浩》，全篇分六段，阐明了尚德慎刑，敬天爱民的道理，规定了施刑的准则和刑律条目，强调用德政教化人民，巩固周王朝的统治。

周公旦吸取殷商时期由于王位继承而导致国家动乱的教训，制定出一个嫡子继承王位制和余子的分封制度，即周朝的天子正宫所生的长子(称为嫡子)理所当然是王位的继承人，其余诸子都只能封为诸侯，各居一方。而在诸侯国内，同样也是只有嫡子才能继承诸侯王位，余子只能封为卿和大夫，并依次类推，卿的嫡长子仍为卿，余子为大夫；而大夫的嫡长子仍为大夫，其余为士。士的嫡长子为士，其余诸子就成为庶人(即一般百姓)。同时还制定宗庙和祭祖的规定。嫡庶有区别，大宗与小宗截然不同，使周朝奴隶制从上到下的等级关系用制度巩固下来。还对祭祀、朝贡、婚娶、殡葬、饮宴、会盟等仪式，也都作了具体的规定，称之为“周礼”。正是周公建立的这套周礼，才使周王朝成为中国历史上统治时间最长的一个王朝。

郑庄公仁孝双全

郑庄公(前757—前701),姓姬名寤生,春秋时期著名的政治家,郑国第三任国君。春秋时期社会风雷激荡,烽烟四起,战火连天。周朝一统天下局面不复存在,各路诸侯纷纷独立,为争夺土地、人口,展开激烈的兼并战。在战争中,小国被吞并,大国交替称霸一方。在五霸之外,还有一个实力比较强的小国郑国,周平王因郑武公在迁都中出过力,迁都后又为周朝提过不少合理化建议,因此,就把京城洛邑以东的一些土地封赏给郑国,从此郑国逐渐强盛起来。郑武公和卫武公当时还兼任周平王的卿士。后来卫武公去世,郑武公就独揽周朝的朝政。

郑武公的夫人生了两个儿子,大儿叫寤生,小儿名为段。但郑武公的夫人武姜特别疼爱小儿,不喜欢大儿,因为大儿是在母亲分娩时脚先出来,头后出来的,因此取名寤生,心中对他怀有不乐之意,咋看寤生咋不顺眼,越看小儿越可爱。小儿不但聪明伶俐,能说会道,还文武双全。所以武姜时常在郑武公面前夸奖小儿,并有意让小儿将来继承王位。但郑武公还是有老主意,就对武姜道"按国法家规,仍然是嫡长子才能继位,如果废长立幼,只会弄出乱子,与国家和家庭都不利。"最后仍然将寤生立为太子,而把共城一个地方封给小儿子,人们称之为共叔段。

武姜氏对郑武公这种决定十分不满意。没过几年,郑武公去世,寤生理所当然当了郑国国君,这就是郑庄公。武姜就把寤生叫到跟前说:"你今日大权在握,全国都属你一人管辖,但你弟弟却可怜得只有共城一点地方，这太不合理！”郑庄公闻听此言，就问母亲：“你的意见呢？”武姜说：“我的主意是，你把制邑封给弟弟。”郑庄公一听心想，制邑乃北临黄河，地势十分险要，历来是兵家必争之地，如分封出去，太不适宜。就对母亲说：制邑是险要之处，父王有遗训，任何时候不许分封出去，所以我也没有胆量擅自分封。

武姜见这样也没有给小儿要回这一封地，对寤生更有意见。没过几天又找郑庄公说要将京城封给小儿子。郑庄公一听十分为难，就低着头不吭气。武姜见此，就指责郑庄公不顾兄弟情谊，不如把弟弟赶出去算啦。

郑庄公见母亲为此真的生了气，就急忙答应说：“母亲说咋办就咋办。”

到了第二天，郑庄公召集大臣，说要把京城封给弟弟段所辖管。大夫祭仲第一个站出来发表不同意见：“都城超过了三百丈，就会成为国家的祸害，按先王的规定，大的都城不能超过国都的三

分之一，中等的不能超过五分之一，小的不能超过九分之一。现在京城和王都城的规模一样，如果将其封出去，就违犯了先王的制度，等于向全国宣布两个国都一样。这事万万不能办！”其他大臣也一致表示反对，郑庄公虽然认为众大臣言之有理，但无奈地说：“这都是母亲的意思，我当儿子的也不好违抗。”于是仍然将京城封给段，并说：“不仁义的事情干的多了，必然会自取灭亡，多行不义必自毙。”

自从段得到京城后，在母亲的纵容下，势力一天天壮大起来，上卿公子吕上殿面见郑庄公说：“我实在憋不住了，别人不说，我也要说。现在共叔段仗着太夫人对他的宠爱，为所欲为，经常以打猎为名，日夜操练兵马，图谋不轨，别有企图。望大王尽快加以制止，以避免后院失火。”但郑庄公不紧不慢地说：“共叔段只是练练兵而已，不需要大惊小怪，疑神疑鬼的。就是共叔段有些出格，但他是我母亲宠爱的娇子，我也没有办法。即使失掉一些封地，我也不能违背母亲的意愿。”

公子吕听后说：“你和共叔段表面看是家事，但这关系到郑国的安危，岂能混淆！”但郑庄公仍然无动于衷。这很让公子吕着急。

一天晚上，公子吕再一次去见郑庄公，就把个人对共叔段的看法和祭仲大臣的态度讲给郑庄公听。郑庄公听后微微一笑说：“这件事表面上看是共叔段一人所为，其实他的背后是我母亲支持纵容的，为此不能轻举妄动，不可操之过急。”公子吕说：“此事非同小可，不要当断不断，反遭其乱”。郑庄公说：“共叔段野心现在还没有完全暴露出来，如果此时采取行动，反而要遭到母亲的反对和别人的议论，并且还得担当不孝欺弟之名。因此暂时不去理他，任他胡来，时间一长，他的险恶用心就会暴露无遗，就必然引起百姓的不满，到那时他自然就会垮掉。”

公子吕见郑庄公沉着稳重，就又进言说：“不如考验一下共叔段，主公明天就说到周天子那里去办事，看一看共叔段是否伺机而动。”郑庄公觉得主意不错，就点头同意了。

武姜听到这个消息后，欢喜得不得了，就立即写密信给共叔段，约好在五月初五起兵。谁知送信的人让公子吕早已埋伏在路上的伏兵截住了，就把信送给郑庄公。郑庄公看完信的内容，又照原样封好，另派人将信送给共叔段。共叔段得到密信，高兴得差点跳起来，总算等到这一天了！就急忙写了回信，约定五月初五兴兵袭击郑都，并要求母亲即时在城楼上立一面白旗接迎。送回信的人又把信交给郑庄公。

郑庄公假装去周朝那里办事，出了城却暗自带领部队赶赴廪延一带。而公子吕也调动两百多辆战车，在京城附近埋伏。

再说共叔段，到了五月初五这一天，亲自率军去打都城。这时公子吕却领兵占据了京城。然后四处张贴榜文，指责共叔段如何不仁不义，背信弃义准备叛乱等罪状。而京城百姓也早已对共叔段犯上作乱不满。于是不费一枪一刀，就轻而易举地端掉了共叔段的老窝！

再说共叔段领军走到半路，听说京城已被公子吕派兵占领，心中十分惊慌，知道中了郑庄公之计。攻打都城不可能，想返回京城，但老巢已被郑庄公占领，当时悔恨万分，进退两难。无奈之下，想退回刚刚发展的廪延一带，伺机东山再起。不料，廪延早被郑庄公收回，只好退回原来的封地共城。但共城老百姓对共叔段叛乱行为早就不满。所以，当公子吕和郑庄公的部队一到，就有人将城门悄悄打开，迎接郑庄公军队进城。共叔段见状，无奈之下就自杀了。完全应了郑庄公“多行不义必自毙”的那句话。

郑庄公为共叔段叛逆之事，十分恼恨母亲，就下令把武姜迁到颍地软禁起来，并发誓说：“不及黄泉，无相见也！”意思是说，不到死，绝不相见。他令人修筑了一座高大的土台，思念母亲时就站到台上向颍城方向眺望，后来人们将这座土台称作“望母台。”

当时在颍地有一位管理土地疆界的小吏，名叫颍考叔，他十分了解郑庄公把母亲安置到颍地的用心。

有一天，颍考叔打了几只猫头鹰，以进献野味为名，求见郑庄公。郑庄公问道："这种鸟我从来没有见过，究竟是什么鸟?"颍考叔回答说："这种鸟叫鸮，它昼伏夜出，白天什么都看不见，晚上看得十分清楚，是一种小事清楚，大事糊涂的鸟。这种鸟一旦长大，反倒啄食母亲的肉，是一种不孝的鸟，为此人类都厌恶它，纷纷捕捉回来吃肉。"郑庄公听后，就知道颍考叔专门以送鸟为名，来开导自己。

颍考叔知道母子相见的条件成熟，就对郑庄公说："主公不要为此难过，也不要为以前发过的誓而犯愁，既然主公想念太夫人，我倒有个办法可以使主公既不违背誓言，又可以与太夫人相见。""所谓黄泉不就是地下泉水吗？人们埋葬也在地下。所以让人挖个地道，见到泉水后，再建一个地下宫殿，先让太夫人住在里边，然后主公下去见她，再把太夫人请出来，这岂不是一举两得的事吗!"

郑庄公听了很高兴，就派人照颍考叔的主意去办，并对颍考叔大加奖赏。郑庄公终于与母亲武姜相见于"黄泉"之上。郑庄公感慨地说道："大隧之中，其乐也融融"，武姜此时悲喜交加，认为儿子寤生才是真正的仁孝之子。

孔子为仁说天下

孔子(前551—前479),名丘,字仲尼,鲁国陬邑(今山东省曲阜市)人,最著名的思想家、教育家,也是儒家学说的创始人。

孔子的父亲叫叔梁纥,是鲁国有名的武士,立过两次战功,曾任陬邑大夫。叔梁纥娶的第一个妻子是施氏,生了9个女儿。又娶一妾,生一子,名伯尼,又名孟皮,孟皮有脚疾,叔梁纥很不满意,于是在66岁时又娶颜征。父母为生子而祷于尼丘山。孔子出生后故名丘,因排行第二故字仲尼。

孔子3岁丧父,施氏成了家中说一不二的人,施氏为人心术不正,孟皮生母被虐待死,她也容不下孔子母子,孔母只好携孔子与孟皮移居曲阜阙里。一个寡妇人家带着两个孩子,生活的艰难程度可以想象得到。家境贫困的孔子,聪明好学,在母亲和外祖父的鼓励下,寒暑不歇,数年不倦,15岁时便立定求学问之道的志向。17岁时母病故,孔子强忍丧母之痛,开始独立生活,19岁娶妻生子。他先后委吏(管仓库的)、乘田(管放牧牛羊)。自称“吾少也贱,故能鄙事。”少年时期的困苦经历,对孔子创立的以仁为核心的道德学说有着重要的影响。

孔子对“仁”所做的最通俗易懂的解释就是“仁者爱人”。他认为做人如果没有仁爱之心,礼仪和音乐对他都没有什么用处。在他看来,那些满嘴花言巧语,满脸装着和善面孔去讨好别人的人,是很少具有仁德的。孔子的得意门生,后人称为孔门十哲的冉雍任过季氏私邑的长官三个月。冉雍任官前,去见老师孔子,问怎样做才是仁?孔子说:“出门办事如同接待贵宾,指使百姓如同举行重大祭祀,自己不愿意要的,不要强加于别人;做到在诸侯的朝廷上没有怨恨,在卿大夫的封地里也没人怨恨。”冉雍说:“我虽然愚笨,也要照你的话去做。”有人对孔子说:“冉雍这个人,虽然有仁德,但是口才不行。”孔子说:“为什么一定要有口才呢?巧舌如簧地同别人争辩,常常令人讨厌。我不知道他能不能被称为仁德的人,但没有仁德的人即使有口才又如何?”

一次,孔子弟子樊迟问孔子,怎样才算仁德?孔子说:“有仁德的人对于困难的事总是抢在别人前面做,对能获得奖赏的事便退居在别人后面,这样才可以算得上有仁德。”弟子司马牛问:“怎样做才是仁?”孔子说:“仁人,说话是慎重的。”司马牛说:“说话慎重就叫作仁了吗?”孔子说:“做起来很困难,说起来能不慎重吗?”

穷困缠身,食不果腹的颜渊是孔子的得意门生,颜渊英年早逝,孔子放声恸哭。颜渊在世时曾问老师:“怎样做才是仁?”孔子说:“克制自己,使言与行都符合于礼,就是仁。一旦大家都这样做,普天下就归于仁了。对于仁的修养完全在自己,而不能靠别人。”颜渊说:“请问实行仁的条目。”孔子说:“不合于礼的不要看,不合于礼的不要听,不合于礼的不要做。”

孔子在回答学生子张的提问时说:“能够实行五种品德的人,就是仁人了。”子张问哪五种品德。孔子说:“庄重、宽厚、诚实、勤敏、慈惠。庄重就不致遭受侮辱,宽厚就会得到众人的拥护,诚信就能受到别人的信任，勤敏就会提高办事情的效率，慈惠就会有人听召唤。”被孔子称为“小人哉”的樊迟，曾三次问仁于孔子。樊迟在拜孔子为师前，已在季氏宰冉术处任职，他虽有谋略，且具有勇武精神，但在成为孔子学生后，对孔子倡导的仁还是不完全理解，便再次来到老师门下，问什么是仁。每一次孔子在回答仁的问题上，都各有不同的表述。

这次当樊迟问什么是仁时，孔子如是说：“爱人。”樊迟又问什么是智，孔子说：“了解人。”樊迟还是没弄明白。孔子接着说：“选拔正直的人，罢黜邪恶的人，这样就能使邪恶归正。”樊迟退出后，遇见了子夏，便问：刚才我到老师那里问他什么是智，老师说：“选拔正直的人，罢黜邪恶的人，这样就能使邪者归正。这是什么意思?”子夏说：“这话说得多么深刻呀！舜有天下，在众人中挑选人才，把皋陶选拔出来，不仁的人就被疏远了。汤有了天下，在众人中挑选人才，把伊尹选拔出来，不仁的人就被疏远了。”子夏解释后，樊迟顿悟。

“弟子三千，贤人七十二”是孔子毕生为推行以仁为核心的儒学而培养的人才。两千多年来，仁的思想在中华文化中始终作为重要的根基并得以传承。

有这样一个故事，孔子 50 岁时，被任命为鲁国的中都宰，后来又担任司空、大司寇等职务。

有一天，鲁定公把孔子叫到殿上说：齐国国君来信约他到齐国的夹谷开会，商量两国议和的事儿，他想让孔子相陪，以宣传仁礼。孔子说：“我国和齐国还有什么人去参加?”鲁定公说：“齐国去谁我们管不了，咱们鲁国只去文官就行，两国这次是讲和平，谈友好，又不是兴兵打仗。”孔子说：“虽然如此，但讲和必须有强大的武力作后盾，否则是谈不成的！”鲁定公仔细听后，觉得有道理，就让孔子去准备。孔子建议让大将申句须和乐颀各带五百辆兵车相随，接着另派人带领三百辆兵车离会址十里外安营下寨。

双方主公见面后，先登坛，后行礼，然后交换礼物，最后签署盟约。一切结束后，齐国的舞班乐队上来表演，以示庆贺。但在表演当中，暗藏杀机。黎弥借表演“四方之乐”，让手持刀戈的西夷三百兵士上台，舞刀抡戈，杀气腾腾，当时就把鲁定公吓得不轻。此时，孔子马上站出来，走到齐景公面前说：“两国国君议和签盟，应当以仁礼相待，怎么你国弄了这么多野人舞戈弄剑，是何道理！”

齐景公和相国晏婴也觉得黎弥这样安排确实过分，就让这些西夷跳舞的人退去，另换中原的雅乐助兴。但黎弥又故意挑选一些侏儒来表演鲁国一些淫乱之诗，表演时还动作轻佻，其意是羞辱鲁国。

孔子见状，非常生气，就挺身而出，手执宝剑，当着齐景公，大喝一声说：“这些下流舞伎，竟敢羞辱我国，其罪当斩，请景公下令，马上执行！”齐景公不表态，齐国的司马也不好动手，侏儒依然表演。孔子言道：两国已签盟约，如同兄弟一般，我既是鲁国大司马，又和齐国大司马一样，就举起袖子向鲁国司马挥手示意说：“让鲁国的司马申句须上来执法！”申句须和乐颀立即上去，把侏儒舞乐队的两个领班人拿下斩首。其余舞乐的侏儒都吓跑了。齐景公和黎弥等人干着急，没办法，黎弥见孔子有勇有谋，早有防备，始终不敢动手。

事实证明，孔子不但说教“仁礼”，而且当仁不让，有理有节，维护了鲁国的尊严。但是鲁定公胸无大志，没有充分发挥和利用孔子的学说和主张，孔子感到十分失望，只好辞官办学；56 岁时带领一批学生，周游其他国家，来推行他的“仁礼”政治主张。他曾先后去过宋、卫、陈、蔡、齐、楚等国，但各国都在争夺地盘，妄想称王称霸，不想让“仁礼”束缚住自己的手脚，所以都没有采纳孔子的主张。孔子无奈之下，于 68 岁时再次返回鲁国，全心致力于教育，整理编写了《诗经》《易》《礼》《乐》《尚书》等，他曾删定修改鲁国的《春秋》，成为我国第一部编年体史书。从此，人们把历史上春秋的起讫年代，按《春秋》的起讫年代计算。

孔子一生在政治上主张“仁礼”学说，并以“仁”为思想核心，提倡“仁者爱人”“克己复礼为仁”。认为“死生有命，富贵在天”，但对鬼神持怀疑态度，在认识论上，既承认“上智与下愚不移”“生而知之”，又强调后天学习的重要性，倡导“知之为知之，不知为不知”的老实态度；在学习方法上提倡“学而时习”“温故而知新”；并重视学思关系，“学而不思则罔，思而不学则殆”。认为，教师应有“诲人不倦”的精神，首倡“因材施教”等教育方法。所创儒家学说，虽然当时没有引起重视，但后来被历代学者加以改造和继承，逐步构成完整的封建统治思想体系，也成为汉武帝“罢黜百家，独尊儒术”后的正统官方学说，孔子本人被尊称为“文圣”，被世代所尊崇。

孟子言教为仁政

孟子(前372—前289),名轲,字五舆,鲁国邹(今山东省邹城市)人,著名的思想家、教育家,是孔子仁、礼思想的忠实宣传者,儒家的重要代表人物。他认为:只有道德高尚的仁人,才能处于统治地位。如果道德低的不仁者处于统治地位,就会把他的罪恶传播给群众。他宣称:天子不行“仁政”,便保不住他的天下;诸侯不行“仁政”,便保不住他的国家;卿、大夫不行“仁政”,便保不住他的宗庙;普通百姓不行“仁政”,便保不住自己的身体。“君主仁,没有人不仁;君主义,没有人不义;君主正,没有人不正。”他把孔子的仁义学说推向了一个高峰,也奠定了孔孟儒教的坚强基石。

孟子积极宣传孔子的“仁义”学说,努力实现自己济世安民的志愿,他放弃贵族后裔安逸的生活,学习孔子办学精神,一生以教书为生。他先后带领学生周游各个诸侯国,如齐、宋、滕、魏等国。到齐国时,齐宣王开始非常器重他的才能,任命他为客卿。有一次,他面见齐宣王又提到要用王道治天下,要用仁爱之心对待一切人。齐宣王听后问道:“我很想称霸诸侯于天下,听说昔日齐桓公、晋文公就是用霸道来统治天下的，最后如愿以偿成为五霸中最强大的两位霸主。既然他们没有用仁爱对待一切人，仍然可以行得通，你能说清楚这里边的道理吗？我也很愿学习他们那种做法，使齐国很快强盛起来。”

孟子说：“这种以霸道治国的办法，太不近人情，为了达到君主的需要，不管老百姓的死活，硬逼着他们去做不愿做的事，就过分残酷，如有反对，就采用严刑拷打逼其就范，老百姓怎么能拥护呢？”他又说：“霸道与我提倡的仁政是对立的，因此这种做法，我是非常不欢迎，并且持反对的态度。”齐宣王听后又问道：“你说了这么多道理，有哪一条可以使天下太平呢？”孟子回答说：“四海统一就会安定太平。”齐宣王又问：“哪个人才能使天下安定太平呢？”孟子回答说：“就是那种不热衷用残酷镇压的办法维持其统治地位的开明君主。”齐宣王又说：“如此说来，像我这样的君主，能否施其仁政呢？”孟子说：“当然能，这并没有什么办不得的事，主要看君主愿意不愿意去做。比如说，有一个人，叫他身挟泰山去跳过北海，他实在无能为力。如果让他折断一根树枝为老人当拐杖，他如果再说办不到，就不对了，是他不想做，而不是办不了。如果君王要实行仁政，就如刚才那个人一样，不是要他挟泰山跳过北海，而是折断树枝给老人当拐杖那样容易办得到。君主若是愿意施其仁政，老百姓肯定会拥护您，国家也一定会强盛繁荣起来。”

齐宣王又问：“哪个当君主的不希望自己的国家强盛壮大，但怎样能很快实现这一目的呢？”孟子回答说：“如果想让自己的国家很快强盛起来，还要得到全国百姓的一致拥护，就要用王道的办法治理国家，用仁爱之心去感动老百姓，而不能采用霸道的方法去残酷镇压他们，将心比心，你难道愿意接受这种不人道的办法吗？这肯定不会舒服的。”

齐宣王认真回顾了孟子讲的一番道理后说：“先生讲得合情合理，非常好，像我们齐国这样的国家也能用仁爱的办法去保护百姓吗?”孟子肯定地说:“一点也没有问题,完全能办得到!”齐宣王又问:“你怎么能知道我可以办到呢?”孟子说:“我早看出来君主有仁爱之心。我听说,大王有一天坐在殿堂之上,恰巧有一个人牵着牛从堂下路过,准备杀牛,用它的血来涂抹新铸造的大钟,以利举行祭礼。当时,你听后动了怜悯之意,就说,可以宰杀一只羊来代替,不是照样可以用血涂抹大钟吗?”

孟子说,依上所言,你是能施仁政治国的。虽然如此,但你光知道爱惜动物生命还不行,还必须把这种仁爱之心用到老百姓身上。当前,齐国老百姓生活很苦,一遇到洪涝旱灾,就会吃不饱,穿不暖,无法生存。在这种环境下,国家能强盛起来吗?老百姓怎么会拥护您呢?”

齐宣王接着又问:“你说得头头是道,但怎么才能实行,能否再详细说一说?”孟子说:“君主要真正实行仁政,首先要减轻老百姓的赋税,带领大家搞好农业生产,多收五谷,这样老百姓温饱问题解决了,使老百姓耕有其田,老有所养,无忧无虑,安居乐业,社会就会进一步安定团结。在这基础上,加大力度兴办学校,进行仁礼教育,使老百姓父子相亲,长幼有序,朋友之间互相尊重有信。老百姓都知书达礼,国家自然就会强盛起来。”

齐宣王听后,认为孟子言之有理,但难以实现,仍然图谋霸业,我行我素,依然按照自己既定方针去办。孟子在齐国待了一段时间,眼看自己的主张没有被齐宣王采纳,非常失望,不久辞去齐国的客卿一职,到他国去言说仁政思想学说。

孟子不辞辛苦,先后去宋国、滕国等地,但这些小国都在大国之间夹缝中生存,朝夕难保,更谈不上对百姓说什么仁政的话了。无奈之下,孟子又来到魏国。魏惠王以礼相待,就问孟子道:“你远道而来,投奔我国,是否会有好主意助我称霸?”孟子回答说:“我出自孔子之道,只讲仁义和仁政,从来不过问什么霸不霸的,也不谈什么利不利的。一个国家不尊仁义,只讲利益,久而久之,朋友都会走光的，也是很危险的！”

魏惠王一听孟子这样讲，就满脸不高兴，找了个借口，客客气气把孟子送出国门。

孟子这时才真正醒悟了，各国争权夺利，见利忘义，为争当霸主闹得不可开交，自己的“仁政”学说主张没有市场，于是只好回到自己家乡，开馆办学。讲道德，说仁政，并著书立说至晚年。

孟子一生的政治主张是“仁政”。提倡实行井田制，固民资产，薄敛赋税，积极发展商业，与民休养生息；还主张“民贵君轻”思想，反对兼并战争。在哲学上创造性提出“性善论”，认为人天生就具有仁、义、礼、智、信的善端，是后天被各种环境与私欲所迷失而改变的。因此，教育的作用就在于积极恢复本来的善性面目。

鲁吴起爱兵如子

吴起(前440—前381),出生于卫国左氏(今山东省定陶县,一说山东省曹县东北)一个富足之家,战国初期政治家,改革家,兵家代表人物。自幼习武,早年在外求官不成,耗尽全部家产。同乡邻里的人笑话他,他一气之下杀掉了讥笑他的人,逃离卫国。他与母亲诀别时,咬着自己的胳膊说:"请母亲放心,儿若成不了卿相大夫,绝不回家!"

吴起来到鲁国,拜曾参之子曾申为师,学习儒学。吴起的母亲病逝,他没有回卫国奔丧,曾申认为吴起不孝,将他赶出师门。吴起于是弃儒学兵,侍奉于鲁国季孙氏门下。齐宣公发兵攻打鲁国的莒县和安阳,鲁穆公任命吴起为大将,命他率兵两万人马去迎战齐国侵略。

当时齐军兵多将广,鲁国要以少胜多,以弱胜强,必须指挥员指挥得当,还必须有一支齐心协力,不怕死的抗敌保国的勇士,以及保家卫国的热情。吴起一改过去鲁国将军的作法,不搞虚张声势,而是战前轻车简从,衣着朴素,一头扎到军营去,深入士兵中间。当他发现军营里住宿条件很差，不但帐篷内又阴又凉，士兵睡的地铺连木板都没有，只有一堆杂草当床。想改善住宿条件，国库空虚，拿不出军需银两，怎么办？吴起率先跟士兵一起睡地铺，稳定军心；吃饭时，与士兵一样排队领饭，在士兵中一块儿吃。马匹有限，很多士兵在前进中没有车乘，没有马骑，吴起看到后，也同样弃马而与士兵一起步行。发挥饷的日子，吴起总是指点军需官按时按量发饷，不允许克扣军饷事件发生。

吴起很快便与士兵相处得亲密无间，士兵对鲁穆公派来督察作战的官员说："吴起大将军以仁治军，爱兵如子，跟上他打仗，再苦再累也愿意！"

吴起把士兵保家卫国的积极性充分调动起来后，就向齐国发起反攻。在战斗中，他身先士卒，勇猛冲在第一线，极大地鼓舞了全体将士的斗志，一鼓作气将齐国入侵之敌击退。

吴起打了胜仗，立了大功，但鲁穆公并没有重赏他。原来，一些鲁国大臣见吴起旗开得胜，就在鲁穆公面前进谗言，说什么："吴起乃是卫国人，此次来鲁国用心不纯，倘若大权在握，怕日后生出是非来。"鲁穆公对吴起也产生了怀疑，免除了吴起的官职。

经人劝说，吴起离开鲁国去往魏国。魏文侯也早就听说吴起大名，为此任命吴起为大将，率兵到魏国西部边陲，抵御秦国。吴起到了边陲，顾不得休息，下了马就和当地将士一同修建长城，训练兵马，常常一天只吃两顿饭，渴了就近喝点河水。在他的带动下，很快又建起一座吴城，以防备秦兵进犯。

同在鲁国一样，吴起体恤士兵，爱护部下，与士兵同甘苦共患难，吃一样的饭，穿一样的衣服。行军时不骑马，宿营不设单铺，还和战士一样去背军粮。有一次，一个年轻士兵身上长了毒疮，毒疮里边的脓液排不出来，痛得直打滚。吴起亲自用嘴给他吸吮脓液，并调药治疗。这个士兵的母亲听说后放声大哭。有人说："你儿子是个无名小卒，将军亲自替他吸吮脓液，你怎么还哭呢？"那位母亲回答说:“不是这样的,当年吴将军替我丈夫吸吮毒疮,他在战场上勇往直前,死在敌人手里。如今吴将军又替我儿子吸吮毒疮,我不知道他会死在什么地方,因此我才哭啊。”

吴起担任西河郡守,向子夏学习儒家思想,并改革魏国兵制,创立武卒制。吴起规定凡是能够身着全副甲胄,执十二石之弩,背负箭矢五十个,荷戈带剑,携三日口粮,在半日内跑完百里者,可入选为武卒,免除其全家的徭役和田宅租税。武卒经过吴起的严格训练,成为魏国的精锐之师,为抵御秦国的进攻,收复被秦国占领的土地,发挥了重要作用。据《吴子兵法》记载,吴起担任西河郡守期间率兵南征北战,为魏国夺取土地千里。

魏文侯死后,吴起侍奉他的儿子魏武侯。有一次魏武侯和大臣们乘船在西河郡巡视,魏武侯感叹道:“河山这样的险峻,边防难道不是很坚固吗?”大臣王错在旁边附和道:“这就是魏国强大的原因。如果您再修明政治,那么我们魏国称霸天下的条件就具备了。”吴起听后说:“我们君侯的话,是亡国的论调,你又来附和,这就更加危险了。”魏武侯生气地说:“你这话是什么道理?”吴起回答说:“河山的险固是不能依靠的,霸业也从来不因为河山的险固而产生。过去三苗居住的地方,左有彭蠡湖,右有洞庭湖,岐山居北面,衡山处南面。虽然有这些天险倚仗,可是政事治理不好,结果大禹流放了他们。夏桀的国家,左面是天门山的北麓,右边是天溪山的南边,庐山和峄山在二山北部,伊水、洛水流经它的南面。有这样的天险,但是没有治理好国政,结果被商汤击败了。殷纣王的国家,左边有孟门山,右边有漳水和滏水,面对着黄河,背靠着山。虽有这样的天险,然而国家治理不好,遭到周武王的讨伐。再说您曾经亲自率领我们占领、攻陷了多少城邑,那些城的城墙不是不高,敌兵不是不多,然而能够攻破它们,那还不是因为他们政治腐败的缘故吗?由此看来,依靠河山险固,怎么能够成就霸业呢?”

魏武侯十分赞同吴起的观点,说:“我今天才听到圣人的言论啊，西河政事都委托给你了。”

吴起后来离开魏国到了楚国，楚悼王十分欣赏他的才能。尤其是吴起的军队改革和治理国家的想法与楚悼王不谋而合，就任命他为令尹，实行变法。吴起起草变法改革意见，收回贵族封子孙传三代以上的爵禄，疏远的公族则要撤除族籍，取消其世卿世禄特权；并要打击旧贵族，强令其迁往边远地区；精简机构，裁减冗员。下令禁游客之民，奖励耕战之士，保护农业生产发展。提出“要在强兵”“厉甲兵以时争于天下”。还要把国家节省下的钱用在训练军队，加强国防力量方面去。

经过“吴起变法”，楚国到处呈现欣欣向荣的面貌，社会经济得到空前的发展，社会秩序良好，百姓安居乐业。此时，秦国来攻打楚国，吴起率领全国军民，同仇敌忾，很快就击退秦兵，使楚国成为南方最强大的国家。

吴起一生历仕鲁、魏、楚三国，在内政、军事上都有极高的成就。后世把他和孙武并称为“孙吴”，将其所著《吴子》与《孙子》合称《孙吴兵法》，在中国古代军事典籍中占有重要地位。

汉文帝巧施仁政

刘恒(前202—前157),汉高祖刘邦第四子,汉朝的第三位皇帝。按照皇室继位法,原本轮不到刘恒继位,因为他是汉高祖的庶子,就是妾所生的儿子。本来刘邦的长孙齐王刘襄继位名正言顺,他不但是嫡孙,而且也有功绩,但其操持过急,擅自起兵而被废,才使刘恒登上皇位。

由于刘恒的母亲薄姬不受汉高祖的宠爱,因此也遭受吕后的排斥,母子俩虽然也在宫中,但多年来被人冷眼相看,也吃了不少苦。为此文帝即位后,就非常关心百姓疾苦,倡导孔孟之道,崇尚尧舜之仁政。颁发诏书大赦天下,减轻酷刑,休养生息,促进生产发展。

有一次朝议,他与众大臣说:“以前刑法过分严酷,明明是一人犯法,定罪即可,为何连累父母亲、妻子,甚至九族呢?这个刑法是否可以改一改?”众大臣经过讨论后就废除了一人犯罪全家连坐这条法令。与此同时,汉文帝还提倡广开言路,让人们有机会发表不同意见,甚至议论皇权国政,并相应也废除了妖言惑众之罪,使百姓得到一定的言论自由。

闸门一开，百姓向皇上进谏、送奏章的多了起来，朝中各位大臣也各抒己见。不但如此，当汉文帝出宫巡访之时，凡见道旁有人上书，就会立即停车接过来认真审阅。还对大臣道："这样可以了解更多一些问题，有用的尽量采纳，没有用的也可以作为参考，总比不看不了解要好得多。"

汉文帝还深入农村，了解农业发展中的问题，并督促官员去解决。他时常对官员讲："农业生产是天下之本，必须给予重视。"他一方面学习先祖，依照古代的"籍田礼"每逢春季，亲自下到农村扶犁耕种，以起示范带着作用；另一方面还多次减免田租，"除田租税之半"，即租率由十五税一减为三十税一。此后三十一税成为汉代定制。减轻徭役，"丁男三年而一事"。即成年男子的徭役减为每三年服役一次。还同时在全国上下，倡导节俭，控制开支，不新建宫室园苑，为自己预修的陵墓，也要求从简，还撤销旧有苑囿，将土地赐给百姓。经过一系列恢复经济，休养生息，使社会经济逐步走向繁荣，百姓富足，国库充实。

汉文帝还虚心接受臣子们的批评。有一回，太子与梁王同时乘车人宫，到了司马门竟然不下车，恰巧被汉文帝的谒者长官仆射张释之发现，急忙拦住，不让他们进宫，并根据汉朝律令，奏了他们一本，弹劾他们犯了不敬之罪。原来，汉朝初期皇宫有一个禁令，鉴于皇宫中司马门最为重要，凡臣僚上朝，四方进贡，均在司马门下车，如有违犯，就要罚金四两。太子与梁王明知故犯，应以重处。可是汉文帝溺爱自己两个儿子，就没有理会张释之的奏章。

张释之认为，皇帝的儿子可以违禁不查，如何管束其他官员，又怎么算得是明君呢？就把这件事呈给薄太后。薄太后亲自责问汉文帝。文帝自知这件事办得不妥，只好脱帽谢罪。薄太后这才传诏，赦太子和梁王的不敬之罪，允许他们进入司马门。

还有一次，汉文帝携着爱妃慎夫人驾车游览霸陵，欣赏美景风光。慎夫人触景生情说：如果用北山石头做椁，用丝麻加漆胶涂封好，定能坚固不破，没有任何人可以移动。在场的侍从一个个唯唯诺诺，都点头称是，唯有张释之上前言道："臣以为皇陵中间若是藏有诱人的殉葬宝器，便会有人盗墓，不论石椁如何坚实都没有用。若得民心，虽无石棺，也不必担心百姓破坏。"汉文帝听后感到言之有理，很有见识，就又提升张释之为廷尉。

又有一次，侍臣向汉文帝奏道："有一个盗窃高祖庙案座上的玉环窃贼，现已逮捕归案，看如何处理?"汉文帝非常气恼，让交给张释之重处。张释之依法判了他死刑。汉文帝知道后大怒道："这个窃贼胆大包天，竟偷到高祖庙来了，如何只判个死罪? 应办他灭九族之罪才好!"

张释之面见汉文帝据理力争道："按照法令，办此罪以死刑是严厉的了。即使有同犯，也要视其案情轻重才可以治罪。如果盗窃祖庙器物即治灭九族之罪，那么以后有人到长陵汉高祖墓上盗窃一抔土又该治于何罪呢?"汉文帝无话回答，只好将此事禀告薄太后，太后却同意张释之的判决。

汉文帝十三年(前 167 年)的一天，文帝正在殿中与众臣共议朝中之事，忽然门吏进殿禀告："当代名医淳于意之女缇萦有文书呈上!"

原来，淳于意医术高明，有起死回生之本领，远近闻名。有一次，一个富商的妻子患了不治之症，请淳于意前去治疗。淳于意看过病人后说："此病为绝症，难以医疗。"但商人百般乞求。淳于意出于人道精神给用了药，也无非使病人减轻痛苦而已。不久商人妻子病死，而这个商人反诬告是淳于意给治死的，把淳于意告到府上。当地官府不分青红皂白，就判淳于意一个"肉刑"，即面上刺字或割鼻、砍足等。只是因为淳于意当过几天县令，所以没有轻易动刑，就把他发配到长安服刑。

淳于意只有五个女儿，临行时叹道："生女无用，如果有儿就会替父申冤。"缇萦听后把眼泪一擦对父亲说："我要跟你一起去长安，纵是千难万险，也要找皇上给你评评理！”淳于意不想让女儿为自己受难，但缇萦执意要去。

到了长安，缇萦写好申冤文书，来到皇宫门外，请门吏转送给皇上。门吏见一弱小女子，如此深明大义，很同情她父亲的遭遇，就将文书传给汉文帝。汉文帝阅后禁不住产生恻隐之心，认为小缇萦上诉有理，何况肉刑确实不尽合理，有改进之处。于是，他对丞相张苍和众臣说：“百姓犯了法，理应惩处。但是惩处目的是教育人，如今没有先行教育，就断其肢体，刻其肌肤，使其终身残废，未免过分。况且犯罪之人，有的想改过自新，怎么能不给他一个改恶从善的机会呢？为此朕决定废除肉刑，你们可提出取而代之的新法！”

张苍等众位大臣也一致认为皇上说得有理，就共同拟定三条新法：即将黥面改为做苦工，割鼻改为打三百板子，砍足改为打五百板子。汉文帝下旨颁诏天下。淳于意的冤情也得到改正。

由班固领衔编撰的《汉书·文帝纪》称文帝：“专务以德化民，是以海内殷富，兴于礼义，断狱数百，几致刑措。呜呼，仁哉！”

宣帝仁德促中兴

汉宣帝刘询(前91—前48),原名刘病已,西汉第十位皇帝。他是汉武帝刘彻嫡曾孙,戾太子刘据孙。少遭不幸,流落民间,察知民间百姓疾苦。为人聪明、刚毅,高才好学;即位之后,任用贤能,躬行节俭,改革吏治,稳定社会局势;对外大破匈奴和西羌,巩固了西汉的辽阔版图;为政励精图治,史称“中兴”。

地节二年(前68年),霍光死后,汉宣帝才开始亲自主持朝政,励精图治,每隔五天,就要召集群臣,听取他们对朝政事务的意见。自丞相以下,群臣各就自己负责的事务分别奏报,他再将他们陈述的意见分别下达有关部门执行。他还亲自考察官吏政绩,凡查出有言行不一的,一定要追究责任。汉宣帝常说:“百姓之所以能安居乐业家乡,没有怨恨,主要就在于为政公平清明,处理诉讼之事合乎情理。”

汉宣帝仁政亲民,主政后即下诏:“鳏、寡、孤、独、高年、贫困之民假公田,贷种、食,加帛”,并“严教吏谨视遇,毋令失职”。这些爱民之举,大大促进了社会的稳定和发展。

当初，渤海周围各郡遭遇荒年，盗贼并起，郡守不能擒获制止。汉宣帝下令征选有能力治理的官员。丞相、御史举荐前昌邑国郎中令龚遂，于是宣帝任命龚遂为渤海太守。召见时，宣帝问龚遂："你用什么办法来治理渤海郡，平息那里的盗贼?"龚遂说："海滨荒僻遥远，得不到圣主的教化，当地的百姓为饥寒所困苦，而地方官吏却不加体恤，所以才使陛下的子民盗取陛下的兵器，在池塘中耍弄罢了。如今陛下是打算派我镇压他们呢，还是安抚他们呢?"宣帝说："我征选贤良人才，当然是要安抚他们。"龚遂说："我听说，治理作乱的百姓就如同整理一团乱麻一般，不能操之过急，只有先将紧张的局势缓和下来，然后才能治理。我希望丞相、御史不要用法令规范约束我的行动，准许我相机行事。"宣帝批准了龚遂的请求，并加赏黄金，派他前往。

龚遂来到渤海郡界，郡中官员听说新太守来到，派军队前往迎接。龚遂将军队全部遣还，并下达命令给所属各县："将所有负责缉捕盗贼的官吏一律撤销，凡是手持锄头、镰刀和其他农具的，一律视为良民，地方官吏不得刁难，只有手持兵器的才是盗贼。"然后，龚遂单人独车前往郡衙就职。盗贼们听说新太守的命令后，立即解散，抛弃兵器弓弩，拿起镰刀、锄头，于是盗贼全部平息，百姓安居乐业。龚遂下令打开官仓，赈济贫苦百姓，选派品行优良的官吏对百姓们进行安抚、管理。龚遂发现齐地风俗奢侈，人们喜欢经营工商业，不愿在田间劳作，便以身作则，提倡勤俭节约，劝导百姓从事农业生产，按各家人口的多少种树、饲养家畜。凡百姓有带刀持剑的，让他们卖剑买耕牛。经过龚遂的劝勉，终于使渤海郡内各家各户都有了积蓄，刑狱讼案也大为减少。

汉宣帝与后将军赵充国等商议，打算乘匈奴国力衰弱的机会，出兵袭击其西部地区，使其不能再骚扰西域各国。丞相魏相上书劝阻说："我听说，解救危乱，诛除凶暴，可以称之为'义兵'，兵行仁义，称王于天下。受到敌人的侵略，不得已起而应战，则称之为'应兵’，也可以取得胜利。为了一点细小的仇恨，忍不住愤怒而起兵，称之为‘忿兵’，忿兵往往失败。贪图别国的土地、财富珍宝而起兵，称之为‘贪兵’，贪兵将被别人所破。自恃国家强大，能够驱使众多的民众，企图在敌方面前显示自己的威力，称之为‘骄兵’，骄兵将会灭亡。这五种情况，不仅是人事，实为上天的意志。近来，匈奴曾向我朝表明善意，得到朝廷上下的理解，也未侵略我国边境。虽与我国争着在车师屯田，不足介意。现在听说各位将军打算兴兵攻入匈奴境内，恕我愚昧，不知此兵名义何在！如今边境各郡都很困乏，百姓们父子共穿一件狗皮或羊皮衣服，靠野草充饥，常常担心难以生存，怎能征调他们去当兵打仗？《老子》说：‘战争之后，必然会出现灾年’，就是说百姓们以他们的愁苦怨恨之气伤害了天地间的阴阳和谐。一旦兴兵，即使取得了胜利，也会带来后患，恐怕灾变从此产生。”汉宣帝听后如梦方醒，接受了魏相的劝告。

汉宣帝在位 25 年，“吏称其职，民安其业”。《汉书·宣帝纪》如是评说：“孝先之治，信赏必罚，综核名实，政事、文学、法理之士咸精其能，至于技巧、工匠、器械，自元、成间鲜能及之，亦足以知吏称其职，民安其业也。遭值匈奴乖乱，推亡固存，信威北夷，单于慕义，稽首称藩。功光祖宗，业垂后嗣，可谓中兴”。

宋弘不弃糟糠妻

宋弘(? —40),字仲子,京兆(今陕西省长安)人,哀帝、平帝年间任侍中,王莽时任共工,为官清廉,直言敢谏。父亲宋尚,成帝时官至少府。

新莽末年,王莽"改制"失败,社会危机日益严重。全国因徭役、酷刑、饥荒,战乱而死的人不计其数。广大民众别无生路,遂以武装起义反抗王莽统治。天凤五年(18 年),琅琊人樊崇在莒县(今属山东)聚众起兵,附近各地纷纷响应,队伍迅速发展至数万人。为了交战时便于识别敌我,樊崇令全军朱红涂眉,故称"赤眉"军。在四五年的时间里,赤眉军兵力达数十万之众,与日益壮大的绿林军相互呼应,终于推翻了王莽政权。

号称百万之众的赤眉军,在攻克长安后,面临严峻复杂的形势。于是,他们派遣使者召见宋弘,逼迫他就职为赤眉军出谋划策。宋弘被逼无奈,走到渭河桥上时,转身跳入河中。家人把他救出来,他装死得以逃脱。

刘秀登基称帝后,听说宋弘清正廉洁,有操守,即拜为太中大夫。宋弘正色立朝,仪容端肃,更为光武帝称赞和赏识。建武二年(26 年),升任大司空,封栒邑侯。他持身俭约,把所获得的俸禄全部分给族人,虽位列公卿,却无异于贫寒人士,因清雅的品行获得称誉。光武帝体贴入微,又改封宋弘为宣平侯,俸禄增加了不少。宋弘仍将所得全部分给族里,家无余资。

光武帝刘秀曾问宋弘,谁是学识渊博的人,宋弘于是推荐沛国桓谭，称其才学有名，几乎能赶得上扬雄和刘向父子。于是桓谭被任命为议郎、给事中。光武帝每次宴会，就让他弹琴，喜欢听他弹出的繁杂的音乐。宋弘听了之后很不高兴，后悔推荐了他，等桓谭从内宫出来，宋弘穿着整齐的朝服坐在官衙内，派小吏召见桓谭。桓谭到后，不给他座席并责怪他说："我推荐你的目的，是想让你用道德来辅助皇上，但现在你多次弹奏郑乐来扰乱《雅》《颂》，你不是一个忠诚正直的人。你是自己改正呢？还是让我依法来治你的罪呢？"桓谭磕头道歉。

不久，光武帝大会群臣，又让桓谭入殿弹琴。宋弘正容直入，桓谭看到宋弘，惊慌失措，弹不成声。光武帝感到很奇怪，便问桓谭原因。宋弘于是离席脱帽顿首谢罪道："臣推荐桓谭的目的，是希望他能以忠诚正直来引导陛下，而他却使陛下喜欢听郑乐，这是臣所荐非人，理当坐罪。"光武帝脸色严肃地向宋弘道歉，让桓谭换回衣服，从此，就不再任桓谭为给事中。宋弘又推举贤士冯翊、桓梁三十多人，有些相继担任公卿。

有一天，宋弘入宫进谒光武帝，光武帝坐在新屏风前，屏风上画着仕女，光武帝多次回头看屏风。宋弘脸色凝重地说："没有见过喜欢美德如喜欢美色的人。"光武帝立即撤掉屏风，笑着对宋弘说："听到符合道义的话就服从，可以了吗？"宋弘回答说："陛下修养品德，臣非常高兴。"

光武帝有两个姐姐，一个妹妹，对她们关怀有加。大姐名黄，二姐名元，妹妹名伯姬，建武二年，三姐妹分别封为湖阳公主、新野公主和宁平公主。湖阳公主的丈夫先已殉难，光武帝可怜她独自一人生活寂寞，就想把她介绍给宋弘。又不知道姐姐乐意不乐意，便故意与她一起议论朝廷大臣们的一些优缺点，以观察湖阳公主的意思。湖阳公主说："我看朝上大臣，谁也比不上大司徒宋公，他的相貌品德，各位大臣没有能赶得上的。"光武帝听后很高兴，点头说道："我知道了。"

于是，光武帝召见宋弘，先让湖阳公主坐在屏风后面。宋弘进见后，光武帝说："谚言曰：贵易交，富易妻，人情乎？"意思是：俗话说，高贵了就忘掉了交情，富有了想另娶妻子，这是人之常情吗？宋弘一听，知道这句话里另有意思，便答道："臣闻贫贱之知不可忘，糟糠之妻不下堂。"意思是：我听说，对贫穷卑贱的知心朋友不可忘记，共同患难的妻子不可抛弃。光武帝听后，回过头来向着屏风后边的湖阳公主说："事不谐矣（此事不成了）。"

宋弘任职五年，因弹劾上党太守没有证据而获罪，罢官回家。几年后去世，没有儿子，封国撤销。

宋弘以"糟糠妻，不下堂"为由，拒绝汉光武帝刘秀为湖阳公主说亲一事，成为历史上的一段佳话。

刘备仁德终得蜀

刘备(161—223),字玄德,涿郡(今河北省涿州)人,三国时期蜀汉开国皇帝,为人谦和,礼贤下士,宽以待人,知人善任,志向远大,以仁德为后世称颂。

刘备是汉中山靖王刘胜的后代,汉景帝玄孙。他早年丧父,家境早已败落,与母亲相依为命,以贩卖草席、麻鞋度日。后结识关羽和张飞,三人志同道合,在桃园结拜为兄弟。刘备为兄,关羽次之,张飞为弟。

三人结义后,积极招兵买马,逐渐拥有了五百多人的队伍。三兄弟领上队伍投奔太守刘焉,并奉命征讨黄巾军。关羽刀劈程远志,大胜而回,然后又救了董卓,击退张角部队。

刘备兄弟三人作战有功,得到朝廷的嘉奖。但只因刘备没有什么地位,朝里又没有什么后台,当然封不了什么大官,只当了安嘉县里一个县尉。到任后,刘备尽力而为,以仁德对待百姓,与民秋毫无犯,百姓皆受感化。同时,刘备以仁爱之心对待两个兄弟,吃在一桌,睡在一床,情同手足。

刘备没做几个月安稳县尉，就受到督邮的刁难，张飞气愤不过鞭打督邮后，兄弟三人扬长而去。先是投奔公孙瓒，并在讨伐叛乱称帝的张纯和张举战斗中立了功，为此朝廷不但免了鞭打督邮之罪，还提拔刘备当了别部司马。后来曹操坐镇陈留，一面招募义兵，一面发矫诏、檄文邀各地诸侯会盟共讨董卓。刘备兄弟三人随公孙瓒前去会盟。各诸侯不满董卓一手遮天的罪行，于是会盟共讨之。

曹操乘机挟天子以令诸侯。因刘备曾助自己战胜过诸侯，才引刘备拜见汉献帝，献帝认刘备为皇叔。此时刘备已经是豫州牧了，曹操还推荐他当了左将军。为了拉拢刘备，曹操对他厚礼相待，出门时同车而行，在府中同席而坐。刘备怕曹操看出自己的胸怀大志而难容自己，就装成无所作为的样子，白天在菜园种菜浇水，实行韬晦之计，连关羽和张飞也不知大哥心思，还埋怨刘备安居现状。此时献帝也想摆脱曹操的控制，就写了一道讨伐曹操的诏书，藏在董贵人衣裙里，转交给董承。董承得到“衣带诏”就联合种辑等人去说服刘备结成灭曹的联盟。而刘备身在虎穴，就乘曹操准备派人去徐州堵截袁术之机，以自己熟悉地形为借口，骗得曹操放他出了许都。

刘备打败了袁术后，才把憋在肚子里的话一五一十告诉关羽、张飞。原来在许都时，曹操对他不放心，有一天邀请刘备饮酒。酒席上曹操想试探刘备有没有称霸一方的雄心。就乘酒兴，忽然问刘备：“谁称得上是当今英雄？”刘备说：“我那能有资格议论谁是英雄呢？”曹操说：“随便一说，无非说说而已。”刘备假装思索一会儿说：“淮南的袁术，已经称帝，可以算一位英雄吧！”曹操笑道：“他不过是坟中的枯骨，我正要消灭他呢！”刘备又说：“那就袁绍了，他出身贵门，兵多将广，可算为英雄了！”曹操又说：“袁绍外强中干，关键时刻还胆小怕事，见利忘义之人，怎能算英雄？”刘备接着又提起刘表、孙策、刘璋、张鲁、韩遂、马腾等人，都被曹操一一否认。刘备只好说："我孤陋寡闻，再不知谁配英雄了。"

曹操说："英雄要具备大志良谋，要有吞吐天地，包藏宇宙之心。"并用手指着刘备脑门，点点自己的胸口，神秘地说："现在只有你和我，才能称得起当今天下的英雄！"刘备假装害怕，吓得手一松，把筷子掉到地下，此时，窗外一霹雷闪电响起。刘备一边拾筷子，一边说："天威真厉害，吓坏了我！"至此，曹操真的认为刘备是个胸无大志的胆小鬼，才放松了对刘备的戒心。

后刘备又去投奔袁绍和荆州刘表，但寄人篱下总不是办法。此时，一个名叫徐庶的谋士投奔于他。刘备非常器重徐庶的才华，任命为自己的军师。未料刚打了几次胜仗，曹操就软禁了徐庶的母亲，目的是让徐庶改换门庭，到自己帐下。徐庶是有名的孝子，临走时表示永不为曹操谋事，并给刘备推荐了卧龙先生。

卧龙先生复姓诸葛，单字一个亮字，字孔明，是琅琊阳都（今山东省沂南县）人，当世奇才。刘备三顾茅庐请诸葛亮。诸葛亮根据当前形势，对刘备说："将军如果想建立霸业，北让曹操占天时，南让孙权占地利，将军可占人和。先取荆州为家，后即取四川建基业，以成三足鼎立的局面，然后可取中原，统一天下。"

刘备听了后茅塞顿开，就邀请诸葛亮出山当了自己的军师。然后刘备辞别刘表，到樊城守备，还把家属也一同接到樊城。谁知刚刚安顿好，曹操就率兵攻打荆州。这时刘表已死，其儿刘琮继位荆州牧。其实当初刘表就想把荆州让给刘备，因为他清楚两个儿子不是统帅荆州的材料。但刘备婉言谢绝说："备安敢当此重任。"回到馆驿，诸葛亮问刘备为何不接荆州之主。刘备说："刘表待我，恩礼交往，安忍乘其危而夺之？"诸葛亮听后夸赞道："真仁慈之主也！"

此时刘琦看不下去刘琮所作所为，准备联络刘备与刘琮决一死战。诸葛亮认为这是趁混乱之机夺取荆州的好时机。但刘备却不同意，认为现在不应该让刘氏弟兄自相火并，而应团结起来，全力抗曹才对，又一次表现以仁为重，顾全大局的宽大胸怀。

当时曹操已至宛城，诸葛亮对刘备说："主公不愿占据荆州，现今曹兵已到，何以拒敌?"刘备说："去樊城以避之。"说话之间，曹兵已到博望，刘备听从诸葛亮的劝说，四门张榜，晓谕居民："无问老幼男女，愿从者，皆跟我往樊城暂避一时。"新野百姓无不响应。到了樊城，曹兵紧追不舍，又要攻打樊城，刘备拒绝投降，诸葛亮建议再放弃樊城，取襄阳暂歇。刘备不愿把跟随自己逃难的百姓弃之。诸葛亮说："可令人遍告百姓，有愿随者同去，不愿者留下。"并令孔乾、简雍在城中吆喝说："今曹兵追击，孤城难以保全，百姓愿跟随主公者，可一同过江。"新野、樊城两县百姓深得刘备仁爱之情，齐声大呼道："我等虽死，亦愿随使君！"此时两岸百姓扶老携幼，将男带女，即日号泣而行，哭声不绝。刘备在船上望见后大哭道："因为我一人，而让两县百姓受此大难，我活着有什么意思。"就欲跳江而死，后被部下拦阻未成。百姓知道后，更加敬仰刘备品德高尚的为人。

这时探马报道："曹兵已屯樊城，即刻会渡江追来。"众将建议，不如暂弃数万百姓，先行至江陵要地，足可拒守。但刘备说："举大事者必以人为本。今人归我，奈何弃之?"百姓闻刘备此言，莫不感动不已。

刘备部与百姓混合在一起，如何走得快？刚走到长坂坡时，曹操骑兵已铺天盖地杀了过来，刘备队伍和百姓一下子乱了起来。此时张飞手持丈八长矛断后，守住长坂坡，一声大吼吓死夏侯杰，致使曹兵退回二十里。而此时大将赵云怀抱刘备的婴儿阿斗冒死冲出曹营。

当赵云遇见刘备时，从血迹斑斑的白色银袍怀中，解开衣甲，把白白胖胖的小阿斗递给刘备。刘备却把阿斗扔在地上说："因为救你，差一点损失我一员大将！"当下感动得赵云和众将士热泪盈眶。

益州牧使者张松在曹操那里碰了钉子，无奈绕到荆州，想找仁慈的刘备摸摸情况。刘备以热情礼仪招待张松，使张松受宠若惊，十分感动。原来刘备早已有占取益州之意，但刘备却不谈此事，而是天天美酒佳肴招待张松，倒是最后张松沉不住气了，主动把益州地形图献给刘备，并请刘备进占益州。刘备对张松说："我怎么能夺刘璋的土地呢？如果需要，我同意去益州帮助刘璋抗拒张鲁，保卫荆州。"

张松辞别刘备，回到成都汇报此行情况，并不断赞扬刘备为人。而刘璋也对刘备很崇信，尤其听张松说："曹操乃是汉贼，不可依赖，刘皇叔是汉室宗亲，可以帮助我们伐张鲁。"于是就派人去荆州请刘备进驻四川。

法正受命去荆州，请刘备入川。但刘备却以"我和刘璋都是汉室宗亲，夺取益州，就不够仁义了"而犹豫不决。庞统开导他说："不同时间内环境变化以后，就不能死板硬套过去那一套仁义道理。商汤灭夏桀，周武王灭商纣，都是'逆取顺守'的办法。为此主公可以学习商汤和周武王的办法，夺取益州后，以礼相待刘璋，封他一个地方尽情享福，又怎么能说是失去仁义呢？否则一旦曹操夺取了益州，对你和刘璋都没有什么好处，那时再讲什么仁义又有什么用？"

刘备听后心情才开朗了，得以顺利入川。后汉献帝被害，曹丕自称魏王。刘备在诸葛亮等人拥戴下，昭告天下，登上蜀汉帝位。

祖逖仁亲众人敬

祖逖(266—321),字士雅,东晋军事家,范阳遒(今河北省涞水县)人,家乡燕赵多慷慨悲歌人士,从小就受到感染,树立雄心报国之志。

祖逖年轻时曾与好友刘琨一起在司州做主簿。晚上他们睡在一张床上,经常议论国家大事,可谓形影不离,肝胆相照。有一天晚上,他们正在熟睡的时候,突然被雄鸡鸣啼叫醒,当时才四更时分,离起床的时间还很早,但祖逖却睡不着了,就把刘琨喊醒,两个人乘着星斗月光,高兴地舞剑练武。从此形成习惯,每天"闻鸡起舞",苦练本领,期有朝一日报效国家。

当时,皇室中八个藩王为争权夺位而相互残杀,内战不停,延续了16年之久,老百姓苦不堪言。匈奴族的刘聪和羯族的石勒乘机反晋,抢掠了中原大片土地,还对沦陷区百姓实行残酷镇压。公元316年,西晋王朝彻底灭亡。

西晋灭亡后,中原地区百姓不堪忍受占领者的统治,纷纷涌向江南地区避难。此时,祖逖也正带领亲族好友及乡邻等数百人,远奔江东避难。路上,他把自己的车马让给同行的老人、孩子和病人,而自己却以步当车。他还把随身携带的一部分衣服、粮食、药物拿出来,让大家共同享用,因此得到逃难百姓的拥护和爱戴,被推选为"行主",负责逃难人群的秩序与安全。经过长途跋涉,辗转流徙,最后来到长江南岸京口的一个地方暂住下来,投奔琅邪王司马睿门下。司马睿见祖逖人才不凡,就让他当了一名军咨祭酒官员。祖逖借机联络有志之士，并招募勇夫壮士，准备时机成熟之日为国效劳，征伐中原，收复家园。但司马睿拥兵观望，不服从愍帝司马邺要他北伐的命令。祖逖知道后，就前往面奏司马睿说："藩王自相残杀，使胡人乘虚而入，侵占了中原，现黎民百姓处于水深火热之中。我王百姓人人都想为恢复中原，扫灭强胡征战。望大王恩准，让臣等带领兵马前去剿伐，以雪国耻。"

司马睿虽无北伐大志，但为了笼络人心，培植个人势力，表面上同意祖逖北伐的请求，加封他为奋威大将军，实际上仅仅给了他一千人的粮饷，三千匹布，其他一切完全靠祖逖自筹。

京口地区百姓听说祖逖当了奋威将军，准备北伐灭敌，都自告奋勇，纷纷到祖逖府前报名，整条街都是义愤填膺的义兵壮勇。祖逖亲自组建了一支部队，又购置了十条大船，于建兴元年(313 年)九月挥师北上，横渡长江。起航之前，祖逖站在船头上，挥动令字旗大声对各船将士说："全体将士们，我们此行北伐，平定中原，解放家乡，是父老乡亲人心所向，众望所归，望众将士齐心协力杀敌灭胡，报效国家。如祖逖辜负父老乡亲期望，不能平定中原，如若回渡，当葬身大江之中！"

祖逖一队人马，顺利渡江后，驻扎在淮阳，又招募了两千人的队伍，并冶铸兵器，训练士卒，积极准备粮草马匹，择吉日正式北伐。

当时中原一带，黄河两岸还有不少地主富豪武装，他们各霸一方，经常为各自利益互相残杀。其内部有的亲晋反胡，有的却亲胡反晋，斗争极为复杂。祖逖见机行事，分别对待，争取亲晋反胡一派，沉重打击亲胡反晋的一派，终于扫除障碍，团结了大多数地方武装力量，并投入北伐斗争中去。

蓬陂坞主陈川遭到祖逖的沉重打击，便向石勒求救。石勒派其侄儿石虎率领九万人马与祖逖决战。祖逖见敌众我寡，而且敌人十分嚣张，就退驻在梁国。石虎闻听大笑道："祖逖徒有虚名，不

战而退，真乃一懦夫也！”石勒得知这一情况，又派桃豹再率精锐部队助战，妄图一举把祖逖部队消灭掉。

石虎与桃豹两支队伍合在一起，人多势众，出东门与祖逖挑战。祖逖命卫策前去迎战，与石虎斗杀在一起，打了五个回合，拨马就往回跑。石虎马上笑道：“娃娃将，岂是本将的对手！你往那里跑?”就提着双锤带领五万大军追来。大约跑了十几里，来到一条峡谷，忽然不见卫策的踪迹，石虎正在纳闷，忽听三声炮响，峡谷两坡上飞箭如雨点般猛射下来。此时前有卫策，后有祖逖，前后夹击，四面开花，只杀得石虎兵马抱头鼠窜，死伤无数。石虎和桃豹拼着性命，冲出一条道路，死里逃生回到蓬陂。

祖逖率部经过二年多的英勇奋战，前后收复了黄河以南的大片土地。当地百姓无不欢喜，置办酒肉招待北伐军。

魏徵大仁直谏言

魏徵(580—643),字玄成,巨鹿(今河北省邢台市巨鹿县)人,祖籍四川广元,唐初杰出的政治家、思想家、史学家。幼年父母早丧,家境贫寒,酷爱读书,曾出家当过道士。随末,先归武阳郡丞元宝藏下任书记,元宝藏举郡归降李密领导的瓦岗农民起义军,魏徵被李密任为元帅府文字参军。唐高祖武德元年(618 年)魏徵随李密入关降唐。后被太子李建成荐东宫僚属,曾多次劝说建成先发制人,除掉秦王李世民。

"玄武门之变"以后,李世民由于器重魏徵的胆识和才能,非但没有怪罪于他,而且还把他任为谏官,并召入内廷,询问政事得失。魏徵知无不言,言无不尽。加之其性格耿直,往往据理抗争,从不委曲求全。有一次,唐太宗问魏徵:"何谓明君、昏君?"魏徵回答说:"君之所以明者,兼听也,君之所以昏者,偏信也。以前秦二世居住深宫,不见大臣,只是偏信宦官赵高,直到天下大乱以后,自己还蒙在鼓里;隋炀帝偏信虞世基,天下郡县多已失守,自己也不得而知。"唐太宗对这番话深表赞同。

贞观元年(627 年),魏徵升为尚书左丞。这时,有人奏告他私自提拔亲戚做官,唐太宗派御史大夫温彦博调查此事。结果查无证据,纯属诬告。但唐太宗仍派人警告魏徵说:“今后要远避嫌疑,不要再惹出这样的麻烦。”魏徵当面奏道:“我听说君臣之间,相互协助,义同一体。如果不讲秉公办事,只讲远避嫌疑,那么国家兴亡,或未可知。”还请求太宗要使自己做良臣而不要做忠臣。唐太宗询问忠臣和良臣有何区别?魏徵答道:“使自己身受杀戮,使君主沦为暴君,家国并丧,空有其名,是为忠臣。使自己身获美名,使君主成为明君,子孙相继,福禄无疆,是为良臣。以此而言,二者相去甚远。”唐太宗点头称是。

贞观二年(628 年),魏徵被授秘书监,并参掌朝政。不久,长孙皇后听说一位姓郑的官员有一个仅十六七岁的女儿,才貌出众,便告知太宗,请将其纳入宫中,备为嫔妃。唐太宗便下诏召郑女入宫。魏徵得知其女早已许配给陆家,便立即进宫进谏说:“陛下为人父母,爱抚百姓,当忧其所忧,乐其所乐。居住在宫室台榭之中,要想到百姓都有屋宇之安;吃着山珍海味,要想到百姓无饥寒之患;嫔妃满院,要想到百姓有室家之欢。现在郑氏之女,早已许配陆家,陛下未加详细查问,便将其纳入宫中,如果传闻出去,难道是为民父母的道理吗?”唐太宗听后,当即表示收回诏命。但丞相房玄龄等大臣却认为郑氏许人之事,子虚乌有,坚持诏命有效。陆家也派人递上表章,声明并无定亲之事。这时,唐太宗半信半疑又召魏徵询问。魏徵直截了当地说:“陆家否认此亲,是害怕陛下日后加害于他,其中缘故十分清楚,不足为怪。”唐太宗这才恍然大悟,立即收回诏命。

魏徵敢于犯颜直谏,即使触怒唐太宗,他也从不退让,所以,唐太宗有时对他也产生敬畏之心。有一次,唐太宗想去秦岭山中打猎取乐,行装都已准备好了,但迟迟未能成行。后来,魏徵问及此事,太宗笑道:“当初确有这个想法,但怕你直言进谏,所以取消了这个念头。”还有一次，唐太宗正高兴地玩鹞鹰，很是得意。但远远看见魏徵向他走来，急忙将鹞鹰藏入怀中。魏徵故意拖延时间，致使鹞鹰闷死在太宗怀中。

贞观六年（632 年），唐太宗要去泰山封禅，借以炫耀功德和国家富强，百官赞同，只独魏徵反对。太宗便问魏徵：“你不主张封禅，是不是认为我功劳不高、德行不尊、国家未安、四夷未服、年谷未丰、祥瑞未至？”魏徵回答说：“陛下虽有上述六德，但自隋末天下大乱以来，户口并未恢复，仓库尚为空虚，而车驾东巡，千骑万乘，耗费巨大，百姓承受不了。况且陛下封禅，万国咸集，远夷君长也要扈从。但中原一带，人烟稀少，灌木丛生，这会让万国使者和远夷君长看了轻视我国。”唐太宗听了认为言之有理，封禅之事从此停止。

有一次，太宗应宰相封德彝之请，下旨征用不到年龄的男子入伍，当诏令转到门下省时，遭到魏徵的拒签。太宗怒斥道：“联意已决，事与汝何干？”魏徵回道：“竭泽而渔，明年无鱼，焚林而猎，明年无兽。中男充军，租赋杂徭下降，更何况兵不贵多而贵精，无须凑数。”

贞观十二年（638 年），魏徵看到唐太宗逐渐怠惰，懒于政事，追求奢靡，便上奏《十渐不克终疏》，列举了唐太宗执政到当前为政态度的十大变化，他还上《谏太宗十思疏》以激励唐太宗重振精神，精心治理国家。同时还告诫说，历代帝王承天景命治理天下，善始者实多，而善终者却少。难道取之容易而守之艰难吗？打天下的时候，帝王对待臣民诚心诚意，一旦得志，便纵情傲物；如果彼此竭诚相待，虽远隔一方，心也会在一起；如果远离臣民，即使是骨肉之情，也形同陌路。如果只是用严刑监督，用威势镇压百姓，就会使百姓外表恭顺而内心不服。时间久了必然会激起民愤。怨不在大小，可怕的是人民的力量，因为水能载舟，亦能覆舟，一定要慎重啊！

贞观十七年(643 年)魏徵病逝,唐太宗亲临吊唁,痛哭失声,并说:"夫以铜为镜,可以正衣冠;以古为镜,可以知兴替;以人为镜,可以明得失。朕常保此三镜,以防己过。今魏徵殂逝,遂亡一镜矣。"

魏徵辅佐太宗 17 年,以性格刚直,才识超卓、敢于犯颜直谏著称。他先后陈谏两百余事,劝诫太宗以历史的教训为鉴,励精图治,任贤纳谏,本着"仁义"行事,无不受到采纳。

狄仁傑仁者无畏

狄仁傑(630—700),字怀英,并州太原(今山西省太原市)人。出生于官宦之家。祖父狄孝绪,通过科考及第,出任汴州判佐,后被工部尚书阎立本推荐为并州都督法曹。

唐高宗仪风年间(676—679年),狄仁傑升任大理丞,他刚正不阿,执法严明,兢兢业业,一年中判决了大量积压案件,涉及万余人,无冤诉者。一时名声大振,成为朝野推崇备至的断案如神、摘奸除恶的大法官。

唐高宗有一次准备巡幸汾阳宫,以狄仁傑为知顿使,先行布置中途食宿之所。并州长吏李冲玄以道出妒女祠,征发数万人别开御道。狄仁傑力阻说:"天子之行,千乘万骑,风伯清尘,雨师洒道,何妒女之害耶?"使此令作罢,免除并州数万人的劳役。唐高宗闻之赞叹说:"真大丈夫矣!"

武则天垂拱二年(686年),狄仁傑出任宁州(今甘肃省宁县和正宁县一带)刺史。其时宁州为各民族杂居之地,狄仁傑上任后注意妥善处理少数民族与汉族的关系,"抚和戎夏,内外相安,人得安心”,郡人为他勒碑颂德。后来御史郭翰巡察陇右,宁州百姓站在路两边赞扬狄仁桀,令郭翰十分感动,返朝后上表举荐,狄仁傑升为冬官(工部)侍郎,充江南巡抚使。狄仁傑到任后,针对当时吴、楚多淫祠的弊俗,奏请焚毁淫祠一千七百余所,唯留夏禹、吴太伯、季札、伍员四祠,极大地减轻了江南人民的负担。垂拱四年(688年),博州刺史琅琊王李冲起兵反对武则天当政,豫州刺史越王李贞起兵响应,武则天平定了这次宗室叛乱后,派狄仁傑出任豫州刺史。当时受越王株连的有六七百人在监,籍没者多达五千人。狄仁傑深知大多数黎民百姓都是被迫在越王军队服役的,因此,上书武则天道:“此辈咸非本心,伏望哀其珪误。”武则天听从了他的建议,特赦了这批死囚,改杀为流,安抚了百姓,稳定了豫州的局势。

狄仁傑的才干与名望,逐渐得到武则天的赞赏和信任。天授二年(691年)九月,狄仁傑被任命为地官(户部)侍郎、同凤阁鸾台平章事,开始了短暂的第一次宰相生涯。身居要职,狄仁傑谨慎自持,从严律己。一日,武则天对他说:“卿在汝南,甚有善政,卿欲知谮卿者乎?”狄仁傑谢曰:“陛下以臣为过,臣当改之;陛下明臣无过,臣之幸之。臣不知谮,并为善友,臣请不知。”武则天对他坦荡豁达的胸怀深为叹服。

狄仁傑官居宰相,参与朝政之时,正是武承嗣显赫一时,踌躇满志之日。他认为狄仁傑是他立为皇嗣的障碍之一。长寿二年(693年)正月,武承嗣勾结酷史来俊臣诬告狄仁傑等大臣谋反,将他们逮捕入狱。当时法律有一项条款:“一问即承反者立得减死。”来俊臣逼迫狄仁傑承认“谋反”,狄仁傑出以非常之举,立刻服了罪:“大周革命,万物唯新,唐室旧臣,甘从诛戮,反是实!”来俊臣得到满意的口供,将狄仁傑收监,待日行刑,不复严备。狄仁傑悄悄拆被头帛书冤,置棉衣中,请狱吏转告家人去其棉。狄仁傑的儿子狄光远得其冤状,持书上告。武则天召狄仁傑等“谋反”的大臣询问:“承反何也?”狄仁傑从容不迫地答曰:“向若不承反,已死于鞭苔也。”又问：“何为做谢死表？”答曰：“臣无此表。”武则天令人拿出谢死表，才弄清楚是伪造的。于是下令释放狄仁傑等七人，但贬为地方官。狄仁傑贬为彭泽令。如此，狄仁傑运用自己的才智死里逃生。

在彭泽令任内，狄仁傑勤政惠民。赴任当年，彭泽干旱无雨，营佃失时，百姓无粮可食，狄仁傑上奏要求朝廷发散赈济，免除租赋，救民于饥饿之中。

万岁通天元年(696 年)十月，契丹攻陷冀州，河北震动。为了稳定局势，武则天起用狄仁傑为魏州刺史。狄仁傑到任后，改变了前刺史尽趋百姓入城，缮修守具的做法，让百姓返田耕作。契丹部听闻后引所部北归，使魏州避免了一次灾难。当地百姓歌颂他并立碑以记恩惠。不久，狄仁傑升任幽州都督。

狄仁傑的社会声望不断提高，武则天为了表彰他的功绩，赐给他紫袍、龟带，并亲自在紫袍上写了“敷政术，守清勤，升显位，励相臣”十二个金字。

神功元年(697 年)十月，狄仁傑被武则天召回朝中，官拜鸾台侍郎，同凤阁鸾台平章事，加银青光禄大夫，兼纳言，恢复了宰相职务，成为辅佐武则天掌握国家大权的左右手。此时，狄仁傑已年老体衰，虽力不从心，但仍然尽心竭力，在国家的社会政治生活中发挥了巨大的作用。

圣历元年(698 年)，武则天的侄儿武承嗣、武三思数次使人游说太后，请立太子。武则天犹豫不决。狄仁傑以政治家的深谋远虑，劝说武则天顺应民心，还政于庐陵王李显。当时，大臣李昭德等曾劝武则天继续以四子李旦为嗣，但没有被武则天接受。对武则天了解透彻，洞烛机微的狄仁傑从母子情的角度从容劝说她：“立子，则千秋万岁后配食太庙，承继无穷；立侄，则未闻侄为天子而附姑于庙者也。”武则天说：“此朕家事，卿勿预知。”狄仁傑沉着而郑重地回答：“王者以四海为家，四海之内，孰非臣妾？何者不为陛下家事！君为元首，臣为股肱，义同一体，况臣位备宰相，岂得不预知乎？”

最终，武则天感悟，听从狄仁傑的意见，亲自迎接庐陵王李显回宫，立为皇嗣，唐皇室得以维系。狄仁傑因此被历代政治家、史学家称之为再造唐室之忠臣义士。

宋仁宗仁德盛治

宋仁宗赵祯(1010—1063),是宋代帝王中的明君圣主,13岁即帝位,在位时间长达42年,其间国家太平,边境安定,经济繁荣,人民安居乐业。这都与他实行仁政分不开的。

有一次,宋仁宗从五更上殿面见群臣商议国家大事,除中午匆匆忙忙吃了一顿午餐外,就埋头处理各地报来的文件奏折,一直到深夜,虽然宫中御厨已准备好了美味的晚餐,但仁宗没有食欲,尝都没尝。到一更时节,肚子饿得咕咕叫。宋仁宗很想吃碗普通的羊肉汤,但他忍着欲望没有说出来,只是吩咐太监有什么现成的吃的,端上来凑合吃了就行。第二天,皇后知道后,就劝他说:“万岁乃龙体之身,岂能受饥饿,您想吃什么,吩咐御厨做就是了,何必亏待自己呢?”宋仁宗对皇后说:“宫中一时随便索取,会让外面看成惯例,我昨夜如果吃了羊肉汤,御厨就会夜夜宰杀,一年下来要数百只,形成定例,日后宰杀之数不堪计算。为我一碗饮食,创此恶例,且又伤生害物,于心不忍,因此我宁愿忍一时之饿。”

宋仁宗仁慈宽厚,身为九五至尊,处处严格要求自己。有一次，他在殿外散步，时不时回头观看，随从太监和宫女都不知道皇上这是干什么？仁宗回宫后，急着让西宫娘娘倒水喝，并再三说道：“朕散步时渴坏了，渴坏了！”西宫娘娘觉得奇怪，问仁宗：“为什么在外面的时候不让人伺候饮水，而要忍着口渴呢？”仁宗说：“朕屡屡回头，但没有看见他们准备水壶，如果我要问的话，肯定伺候的太监或宫女要被处罚了，所以就忍着口渴回宫再喝水了。”

谏官王素听说大臣王德要献美女数名给仁宗，就直言劝谏仁宗不要亲近女色。仁宗回答说：“确实王德敬献美女给我，我对这几名美女也很中意，想留在宫中，你就不要劝谏了吧。”但王素坚持己见，仍然直言说：“臣今日大胆进谏，正是恐怕陛下日后被女色所惑。”宋仁宗听了，虽不情愿，面有难色，但最终还是命令太监说：“王德敬献的美女，每人各赠钱三百贯，马上送她们离宫，办好后回宫报告。”讲完，他还泪水涟涟。王素见状说：“陛下认为臣的奏言是对的，也不必如此匆忙办理。女子既然已经进了宫，还是过一段时间再打发她们走为妥。”仁宗说：“朕虽为帝王，但是也和平民一样重感情，将他们留久了，会日久生情而不忍送她们出宫的。”

还有一次，宋仁宗回到寝宫，因为头痒，没有脱黄袍就摘皇冠，呼唤太监近前来替他梳头。太监梳头时发现仁宗怀中有一份奏折，便问道：“陛下收到的是什么奏折？”仁宗说是谏官建议宫中减少宫女和侍从的。这位太监不满地说：“大臣家里尚且都有歌伎舞女，一旦升官，还要增置。陛下贵为天子，现在的侍从和宫女并不多，他们却建议要削减，岂不是太过分了！”宋仁宗听了没有表态。这个太监又问：“他们的建议，陛下准备采纳吗？”仁宗这才说：“谏官的建议，朕当然要采纳。”这名太监自持一贯为皇上所宠信，便不高兴地说：“如果采纳，请以奴才为削减的第一人。”宋仁宗听了，马上站起来呼唤总管太监入内，按名册检查，将数十名宫人及梳头太监削减出宫。事后，皇后问及此事说：“梳头太监是陛下多年的亲信，又不是多余的，为何将他也削减？”宋仁宗说：“他劝我拒绝谏官的忠言，我怎能将这种人留在身边！”

包拯在担任监察御史和谏官期间，有时犯颜直谏与仁宗争辩，甚至唾沫星子都飞溅到宋仁宗脸上，但宋仁宗并没有责怪他，一面用衣袖擦脸，一面接受他的建议。有一次包拯奏明仁宗，要撤掉三司使张佐尧的职务，理由是他为官平庸，兼职太多。但张佐尧是仁宗宠妃张贵妃的伯父，仁宗有些为难。后来采取一个折中的办法，让张佐尧去当节度使。但包拯还是不同意，仁宗有些不高兴地说：“节度使是粗官，何用争？”包拯据理直言说：“太祖太宗皆曾为之，恐非粗官。”由于包拯的坚持，宋仁宗最终还是没有任命张佐尧为节度使。宋仁宗回到后宫后，对张贵妃解释说：“汝只知道要节度使，节度使，汝岂知包拯为御史乎？”

宋仁宗的善于纳谏，成全了千古流芳的包拯。包青天的存在，也证明了宋仁宗仁治清明，皇帝不清明，就没有包青天产生的政治环境。不管是直言不讳的谏言，还是面对面君臣争辩，甚至唾沫星子都溅到脸上，宋仁宗始终都很清醒，很民主。他不认为这样会龙威尽失，能接受的，他就毫不犹豫马上接受或办理，一时接受不了的也不生气，不论是谁对他提意见，他绝对不打击报复或处置，而是宽容甚至对其安抚有加，致使包拯等清官有了用武之地。

宋仁宗不但信任包拯，还支持范仲淹改革朝政的建议，更为日后王安石的变法起到了投石问路的先导作用。

宋仁宗在日理万机外，业余爱好并不多，甚至面对女色，也能把持得住，唯有偶尔临摹一下“兰亭”的爱好。有人说：“仁宗虽百事不会，却会做官家（皇帝）。”身为皇帝，会做皇帝，这也是历朝历代一种难得的境界。

宋仁宗虽然没有宋太祖赵匡胤的雄才大略，他所以受到当时百姓拥戴，其过人之处，就是对臣僚、对百姓的宽容，即“仁”，也就是仁者爱人。

范仲淹忧国虑民

范仲淹(989—1052),字希文,祖籍邠州(今陕西省彬县),后迁居苏州吴县,北宋著名政治家、思想家、军事家和文学家。他为政清廉,体恤民情,刚正不阿,力主改革,虽屡遭奸佞诬谤,但忧民虑国志不移。

真宗大中祥符四年(1011年),23岁的范仲淹到宋朝四大书院之一的睢阳应天府书院读书。范仲淹十分珍惜难得的学习环境,昼夜刻苦攻读。他的一个同学是南京留守当地官员的儿子,见他长年累月吃粥,便送美食给他,他竟一口不尝,听任佳肴发霉。直到同学怪罪起来,他才长揖致谢说:“我已安于划粥割齑生活,担心一享受美餐,日后就咽不下粥和咸菜了。”

大中祥符七年(1014年),迷信道教的宋真宗率领百官到亳州去拜太清宫。其浩浩荡荡车马路过应天府,整个城市都轰动了,人们争先恐后地去看皇帝,唯独范仲淹不为所动,闭门不出,埋头学习。有个同学特地跑来拉他一起看,怕错过千载难逢的机会。他只是随口说了一句:“将来再见也不晚”,便又低下头读书。

大中祥符八年(1015年),范仲淹通过考试,中榜成为进士。在崇政殿参加御试时,他终于亲眼看到了年近五旬的真宗皇帝。后被任命为广德军的司理参军,后又任集庆军节度推官和兴化县令。

天圣二年(1024年)秋,范仲淹为改善民生,广施仁政,亲自率领数万民夫,奔赴海滨治理捍海堤堰,一开工便遇到风雨交加,接着又遇上了一次大海潮,吞噬了一百多个民工。一部分官员认为是天意,堤不可成,主张停工。此时朝廷知道后,君臣上下也踌躇不定。而范仲淹则临危不惧,坚守护堰。当时大风卷着海浪冲到他腿上,兵民们纷纷惊避,官吏也惊慌失措,而范仲淹临危不动,并与好友滕宗谅从容不迫,评议着一段屹立的堤堰。兵民发现他俩泰然自若,情绪也逐渐安稳下来。经过范仲淹等人坚持不懈地的努力,捍海治堰又全面复工。不久,绵延数百里的长堤,便岿然横亘在黄海滩头。广大的盐场和农田生产从此有了保障。往年受灾流亡的数千民户,又扶老携幼,返回家园。人们感谢范仲淹县令的功绩,把海堰称之为"范公堤"。甚至一些百姓改姓,竟跟着他姓了范。

天圣六年(1028年)经南京留守晏殊的推荐,范仲淹荣升秘阁校理(皇上的文学侍从)。由于直言不讳,受到宋仁宗的重视,又任他为右司谏。

明道二年(1033年),京东和江淮一带大旱,又闹蝗灾。为了安定民心,范仲淹请仁宗皇帝派人救灾,宋仁宗不予理会。他便责问仁宗:"如果宫廷之中半日停食,陛下该当如何?"仁宗惊然惭悟,就让范仲淹前去赈灾。他回来时,还带回几把灾民充饥的野草,送给仁宗和后苑宫眷。后来范仲淹因干涉宋仁宗废后之事被贬为睦州知州,后又移苏州。因治水有功,又调回京师,做了开封知府。范仲淹到任后大力整顿官僚机构,剔除弊政,把府内工作安排得井井有条,仅仅几个月,号称繁剧的开封府就"肃然称治"。不久,宰相吕夷简诬其为"勾结朋党,离间君臣",又一次贬为饶州知州。

宝元元年(1038 年)甘州和凉州一带的党项族元昊突然另建西夏国,自称皇帝,并调集十万军马,侵袭宋朝延州等地,面对西夏的突然挑衅,宋朝措手不及,朝廷内吵成一团,宋仁宗举棋不定,莫衷一是。52 岁的范仲淹先被恢复了天章阁待制的职衔,又转眼荣获龙图阁直学士的职衔,再被任命为陕西经略安抚招讨副使赴延州平叛。范仲淹忠心报国的热忱不减当年,亲临前线视察,发现宋军官兵战阵、后勤及防御工事等,都有许多弊端,力主改革军阵体制,采取严密的战略防御,却遭到副帅韩琦反对。韩琦一意孤行,率军出击西夏,结果大败而返。

范仲淹主军以后,从低级军官和士兵中提拔重用有功将士,又开展严格的军事训练,取缔按军阶高低先后出阵的机械临阵体制,改为根据敌情选择战将的应变战术;又积极在延北筑城,构筑堡寨。对沿边少数民族居民,则精心团结,慷慨优惠,严立赏罚公约,渐渐屹立起一道坚固的屏障。在范仲淹等人苦心经营下,边境局势大为改观。而西夏则内外交困,终于正式达成和议,重新恢复了和平,西北局势转危为安。

庆历三年(1043 年)九月,急于稳定政局的宋仁宗,任命范仲淹为参知政事,相当于副宰相,并催促范仲淹拿出措施,改变局面。范仲淹总结酝酿已久的改革思想,呈上了《答手诏条陈十事》,提出了十项改革主张,其内容是:

(一)明黜陟,即严明官吏升降制度;

(二)抑侥幸,即限制侥幸做官和升官的途径;

(三)精贡举,即严密贡举制度;

(四)择长官;

(五)均公田;

(六)厚农桑,即重视农桑等生产;

(七)修武备,即整治军备;

(八)推恩信,即广泛落实朝廷的惠政和信义;

（九）重命令，即要严肃对待和慎重发布朝廷号令；

（十）减徭役。

宋仁宗赞同他的建议，并逐步实施，史称“庆历新政”。新政实施后短短几个月，政治局面焕然一新，官僚机构开始精简，凭家势做官的子弟受到重重限制，改变了单凭资历晋官的旧习，增加了业绩调查和品德考核，德才兼备的人才被破格提拔；在科举中，突出了实用论文的考试；全国普遍办起了学校。

由于保守派官员极力反对，宋仁宗失去改革的兴致。庆历五年（1045）初，宋仁宗终于下诏废弃一切改革措施，范仲淹被撤去军政要职贬放到那州（今陕西省彬县一带）任知州。六年九日十五日，他在《岳阳楼记》中写下：“先天下之忧而忧，后天下之乐而乐”名句。虽然这句话已经过去一千多年了，但至今仍是勉励每一个知识分子的座右铭。

岳阳楼记

庆历四年春，滕子京谪守巴陵郡。越明年，政通人和，百废具兴，乃重修岳阳楼，增其旧制，刻唐贤今人诗赋于其上。属予作文以记之。

予观夫巴陵胜状，在洞庭一湖。衔远山，吞长江，浩浩汤汤，横无际涯；朝晖夕阴，气象万千。此则岳阳楼之大观也，前人之述备矣。然则北通巫峡，南极潇湘，迁客骚人，多会于此，览物之情，得无异乎？

若夫霪雨霏霏，连月不开，阴风怒号，浊浪排空；日星隐曜，山岳潜形；商旅不行，樯倾楫摧；薄暮冥冥，虎啸猿啼。登斯楼也，则有去国怀乡，忧谗畏讥，满目萧然，感极而悲者矣。

至若春和景明，波澜不惊，上下天光，一碧万顷；沙鸥翔集，锦鳞游泳；岸芷汀兰，郁郁青青。而或长烟一空，皓月千里，浮光跃金，静影沉璧，渔歌互答，此乐何极！登斯楼也，则有心旷神怡，宠辱偕忘，把酒临风，其喜洋洋者矣。

嗟夫！予尝求古仁人之心，或异二者之为，何哉？不以物喜，不以己悲；居庙堂之高则忧其民；处江湖之远则忧其君。是进亦忧，退亦忧。然则何时而乐耶？其必曰先天下之忧而忧，后天下之乐而乐乎？噫！微斯人，吾谁与归？

时六年九月十五日。

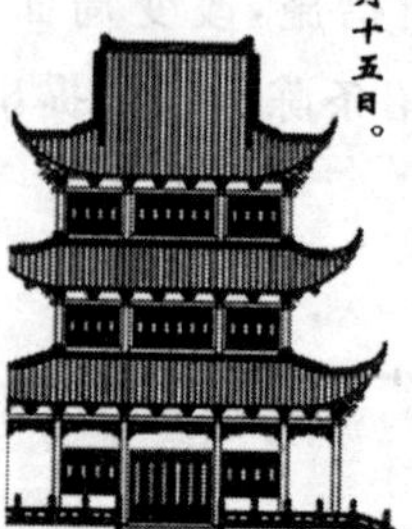

李纲舍身保首都

李纲(1083—1140),字伯纪,号梁溪先生,祖籍福建邵武,祖父一代迁居浙江绍兴。北宋末、南宋初抗金名将,于宋徽宗政和二年(1112 年)中进士,政和七年为太常少卿,由于刚直不阿,经常为国家大事与朝中人争辩,因此遭到一些人的诬陷,被宋徽宗贬到沙县,当了一名兼收税务的小官。

直到宣和七年(1125 年),他才从沙县奉召回到京都,任太常少卿。这时金兵猖狂入侵,大宋朝危在旦夕。李纲对荒淫无道的宋徽宗丧失了信心,面对大敌当前,向宋徽宗上奏"御戎"五策,李纲为了表示自己忠心报国的决心,拿起裁纸刀,刺破左臂,用右手食指蘸着热血,写了一道奏章血书,上写道:

"皇太子监国,是国家古今以往的惯礼。当前大敌压境,国家安危,就不能再沿用旧礼!名分不正岂可掌握国家政权,也不能号令天下,怎能希望干成大事业呢?若陛下顺从民心,将皇位传给太子,让其为陛下保卫国家,号令三军,以死御敌。南宋江山可保。"

宋徽宗深为李纲忧国忧民的精神所感动,自知大势所去,再不当机立断传位给太子,不但贻误国家,还会遭天下人唾骂,自己性命也难保全,于是将皇位传给太子赵桓。宋徽宗退位,号教主道君皇帝,称为"太上皇"。

宋钦宗即位后,顺从民意,将民愤极大的蔡京、童贯、王黼、梁师成、李彦、朱勉六奸臣先后下旨处死。于靖康元年(1126 年)正月下诏亲征金兵。同时又任命李纲为兵部侍郎、亲征行营使。

宋钦宗生性软弱，虽然迫于大敌当前的形势和舆论压力，不得已作了亲征的部署。但其内心想与金朝议和，不想真正抗金。为此，朝中以宰相白时中、李邦彦为首的保守派，为了维护自己的利益，也投其所好，建议宋钦宗弃城向南，到襄州和邓州避难。李纲闻听后十分不满，就上殿据理力争。宋钦宗见状就任命李纲为尚书右丞、东京留守，命枢密院史李悦为副，率兵守城。

李纲受命于国家危难之机，毅然挑起关系国家生死存亡的重任。而宋钦宗则在一伙宠臣护拥下，正准备乘车而逃。闻讯赶来的李纲一把拽住马辔，虽然心中无比愤慨，但无法对皇上发火，就只好对禁卫军大声说："你们愿意坚守，还是愿意逃跑？"

禁卫军齐声回答："我们愿意誓死保卫东京！"

虽然奸臣从中阻拦，但钦宗认为李纲说得有理，心里也怕禁卫军哗变，只好勉强答应不走了，暂时留在东京。

李纲一边稳住宋钦宗留在东京，一边准备防守。京城四壁，用百步兵法防备，又派人守护城外的粮仓。在东京军民支持和帮助下，三日内修好了破败的城墙，并装上了火器、弓箭、檑木、砖石和火油。整个守城部队精神振奋、同仇敌忾，爱国热情十分高涨。

三日后，金兵先锋斡离不率大军兵临城下，李纲率兵奋力抵抗。一支金兵乘着几十只小船，沿河而下，并用引火物向东京火攻。李纲则命令一将领率两千壮士摸黑出城，用长钩把敌船拉向岸边，然后投石攻打，使金兵火攻东京的阴谋以失败告终。

金兵改变战术，又乘木筏强渡护城河，架起云梯爬墙攻城。李纲急命神箭手，一齐开弓，金兵一个个应弦倒下，守城将士更加信心百倍，争相用砖石和檑木向金兵砸去，金兵伤的伤，死的死，被迫退却。

但不久，金兵再次组织攻城，形势异常危急，李纲经过实地观察，认为只有想办法烧毁敌人爬城的云梯，才能使攻城的金兵无法爬上城头。于是他挑选了几百名勇敢健壮的士兵，带着护身的盾牌，冒着金兵队伍射来的飞箭，用绳子缒到城下，用火点燃云梯和苇席下的军用物资。金兵制造的云梯和军用物资被烈火烧得一干二净，只好鸣金收兵。

金兵先锋斡离不孤军深入，本想速战速决，一举攻下东京汴梁，谁知遇到李纲顽强抵抗和防守，使全军吃了大亏，致使骑虎难下。

就在斡离不准备率金兵回撤时，宋朝叛将郭药师献言说，现在且不可退，否则宋兵会乘胜追击。他说：我很了解宋朝朝廷内部，他们有战与和两派，钦宗和宰相胆小如鼠，早有意和我们议和，我们只要派人去威胁他们，要他们割地赔款，我们就会满载而归。

斡离不于是派密使联络李邦彦，让他劝说钦宗，只要宋朝犒赏金军，他们就撤军，不再攻城。

钦宗听了李邦彦禀奏，正中下怀，答应派人到金军议和。

李纲得知钦宗要议和，急忙上殿阻拦。钦宗执意派李棁、郑望之两人，答应给金国增加岁币三五百万两，犒军银三五百万两为议和条件，又另带去黄金一万两和酒果等，送给斡离不。而斡离不却提出了更高的条件：索要金五百万两，银五千万两，牛马等万匹，缎五百万匹；并割让太原、中山、河间三镇，还要以亲王、宰相作为人质。

李棁、郑望之奏明皇帝以后，李邦彦、张邦昌主张全盘接收，而李纲坚决不同意。李纲退朝后，李邦彦和张邦昌竟促使宋钦宗全部答应了斡离不提出的条件，并由弟弟康王赵构当作人质前往金营。

后来宋钦宗反而指责李纲把事情弄糟，惹得金兵不肯退兵，而撤了他的职。面对钦宗和投降派的刁难打击，李纲悲痛欲绝，总是理解不了，为什么保卫东京取得胜利后，还要和敌人求和？同时又不明白，自己忠心耿耿保家卫国，为什么皇上反而指责自己大逆不道，甚至变相逐出京师？

太学生陈东知道后，率先在宣德门上书写请愿，上写：“李纲奋不顾身，是社稷之臣。李邦彦、张邦昌等只为自己打算，不顾国家，是社稷之贼。”

陈东站在高台上念请愿书，下面听的军民大声喝彩，许多人说：“写得好！就应该这样才行！”东京的老百姓和爱国的官兵们也对李纲的遭遇愤愤不平，反对向金国割地赔款，要求恢复李纲的职位。宋钦宗不得不表态重新使用李纲，并恢复李纲尚书右丞，兼任京城四壁防御史职务。

李纲重新上任后，带领守城将士多次击败金兵的进攻，最终取得了开封保卫战的胜利！

文天祥视死如归

文天祥(1136—1283),初名云孙,字天祥,后以天祥为名,改字履善,江西吉州庐陵(今江西省吉安市)人,宝祐四年(1256 年)中状元后再改字宋瑞,号文山。官至丞相,宋末政治家,民族英雄。

成吉思汗统一蒙古后,先灭西夏,后又灭金,之后,又张牙舞爪向南宋扑来。

开庆元年(1259 年),蒙古大军向南宋王朝发动大规模入侵,南宋军队节节败退,一发不可收拾,朝中一派慌乱,宋理宗赵昀何去何从没有主见。宦官董宋臣给宋理宗出主意献计说:“现在京城临安难保,不如圣驾南移四明(今浙江省宁波市),此地四面环山,地处钱塘江边,是一人当关,万夫莫开之地,到了那里再从长计议。”宋理宗认为这个主意还不错,但事关国家大事,需要与众臣商量。

当第二天朝议此事时,大部分大臣都同意迁都,偏偏承事郎文天祥站出来不同意,认为迁都只能动摇军心,扰乱视听,与全民抗敌不利。他提出当务之急是团结一致,把怀抱抗敌救国的爱国人士逐一提拔起来，建立地方抵抗力量基地，加强抗战物质准备，努力军训备战，这才是唯一出路。切不可偏听小人之语，扰乱人心，迷惑圣上，否则，就会亡国！

宋理宗左右为难，不知如何是好。这时左相吴潜站出来说道："臣认为文天祥大人言之有理，京城乃万民所仰之地，万万不可轻易失守迁动，否则后果不堪设想！"吴潜话刚说完，军器太监何子举也奏道："吴丞相之语，我非常赞同，望陛下三思，不要被董内侍的话所蒙蔽，而丧权辱国。"

宋理宗虽然心里不同意文天祥等人的主张，但无法驳斥，只好击鼓退朝。此时恰巧蒙古族内部争夺汗位，忽必烈答应南宋每年贡银二十万两，绢二十万匹的条件，就撤兵北去了。

不久，宋理宗病死，宋度宗赵禥于景定五年（1264 年）十月继位。但宋度宗沉溺于酒色，荒淫无度，又有奸相贾似道主持朝政，致使南宋政权更加腐败无能。

忽必烈见直取南宋江山的条件已具备，就发动大军南侵。很快就占领泸州，并向襄阳进发，以期夺汉水再渡长江，直逼南宋京城临安。

忽必烈夺取襄、樊两城后，立即分兵水旱两路，一路过长江，威胁临安，另一路从东面夺取扬州。

咸淳十年（1274 年），南宋度宗病死，贾似道拥立四岁的赵显作了皇帝，还计划迁都逃跑，后被谢太后阻拦未成。南宋上下乱成一团，皇上年幼无知，大臣们各奔东西，谁还愿意到前线抵抗元军？只有文天祥、张世杰等人宁死不投降，要与元军拼个你死我活。

面对朝廷腐败，奸臣当道，在赣州当知府的文天祥义无反顾，变卖了自己的家财，起兵抗元，表现出一个爱国志士的决心。他曾豪迈地对百姓讲："国难当头，却没有人起来保卫，真叫人痛心不已！我虽不才，但拼个鱼死网破，也要杀敌报国，决不让元军得逞！如果大家都起来共同抵抗，国家还是有希望的！"

文天祥率兵赶到吉州，南宋新任宰相陈宜中和计划投降的一些官员，见文天祥部队不过万数，就笑话文天祥是以卵击石，自找苦吃。但文天祥决心已下，决不后退。而且联合张世杰和皇室勤王兵几万人马，要与元军决一死战。他提出让皇太后和皇帝及嫔妃先到海上暂避一时，由他领兵背水一战。但陈宜中从中作梗，无法实施。元军兵临城下，谢太后此时才看清陈宜中投降的真面目，立刻任命文天祥为右丞相兼枢密使等职，代表南宋朝廷前往与元军商谈议和之事。

文天祥对元军代表伯颜正气凛然地说："以前议和乃是陈宜中一人所为，他并不代表我朝皇帝。我们宋、元多次相约议和，但每次都是你们一再失信，屡次侵犯我宋朝。这次又逼我朝为你们的附属国，你们首先要退兵至平北或嘉兴以北，然后心平气和地商议岁币或金帛之事。否则，你们虽然可以攻占临安京城，但淮、浙、闽、广等诸多地方，定难攻取，到时候你们会陷入我们百姓抗战之中，难以脱身。"

伯颜听了很恼火，就以死来威胁文天祥。可是文天祥早把生死置之度外，大声说道："我乃是宋朝宰相，早已作好为国捐躯的准备，国存我存，国亡我亡，你们就是把刀山火海放在我的面前，我也不怕！"

伯颜见文天祥宁死不屈，就派人押解文天祥去大都（北京）。文天祥在被押解途中，路过镇江时，乘元军松懈，与杜浒等人乘夜逃出虎口，来到福州，投奔到刚刚建立的新朝廷的宋端宗。端宗念他忠心耿耿，仍委任他为右丞相。文天祥就在江西建立起抗元基地，率部不断打击元军，但终因双方力量悬殊，文天祥部被元军打败，他虽逃脱，但家属却被元军捉拿。之后，文天祥在广东潮阳等地继续抗敌，一次在海丰的五岭坡与兵士一起吃饭时，元军得知消息，突然袭击，又一次捉住文天祥。文天祥想服毒自杀，被元军发现，自杀未成。这时，元军主帅张弘范劝文天祥识时务，投降元军，并亲自给文天祥松绑，以礼相待，还把文天祥被俘的家属叫来陪伴他，但文天祥决不投降。

元军押解文天祥到船上，向北开拔，准备彻底消灭流亡的南宋朝廷，文天祥在船经珠江口外的零丁洋时，不禁想起当年赣州起兵的情景，提笔写道：

辛苦遭逢起一经，干戈寥落四周星。
山河破碎风飘絮，身世浮沉雨打萍。
惶恐滩头说惶恐，零丁洋里叹零丁。
人生自古谁无死，留取丹心照汗青！

这首慷慨激昂，气壮山河的伟大诗章，充分表达了文天祥追述国家和个人的悲惨遭遇和自己不屈不挠的崇高民族气节，真可谓是千古绝唱，感人肺腑。

当时南宋小皇帝在厓山，元军主帅张弘范要文天祥写信，对小皇帝招降。而文天祥却抄了此首《过零丁洋》诗给张弘范。张弘范无奈，只好发战船五百艘，进攻厓山。太监张秀夫见小皇帝无法逃脱，只好背着小皇帝赵昺投海而死。而张世杰等人在海上飘流四天后，突遇台风，全部沉船死于海里。至此，南宋最后一支残存的抵抗力量，全部覆没，也标志着南宋王朝的消亡。

文天祥听说自己的国家灭亡了，不由放声痛哭，几天不吃饭。张弘范对文天祥很赏识，很想把文天祥降服为元朝所用。他对文天祥说："南宋灭亡，忠孝之事已尽，即使杀身成仁，又有谁把这事写在国史？文丞相如愿转而效力大元，一定会受到重用。"文天祥回答道："国亡不能救，作为臣子，死有余罪，怎能再怀二心？"于是，他们就把文天祥押回大都。

一天，元朝宰相阿合马到狱中探望文天祥，差人让文天祥下跪，而文天祥却义正词严地说："南朝宰相见北朝宰相，官职相当，为何要跪？"阿合马见文天祥态度强硬，无法沟通，只好返回。从此，元朝给文天祥戴上沉重的刑具，关进阴暗潮湿和低矮狭小的牢房内，企图从精神上折磨求速死的文天祥，以挫掉文天祥的斗志。土牢里冬天奇冷，夏季酷热。雨季，牢里积水淹死许多老鼠，无人打捞，日子一长，老鼠腐烂，奇臭难闻。元朝统治者想用如此恶劣的环境让文天祥屈服。但文天祥一身正气，不低头就范，整整三年，爱国之心坚如磐石从无动摇。

至元十九年十二月(1283年1月)，元朝皇帝忽必烈亲自召见文天祥，劝其归顺元朝，但文天祥视死如归，拒绝接受忽必烈以授予丞相之位而投降。忽必烈见文天祥难以回心转意，决定将他处死。在临刑前，文天祥在狱中写下一首《正气歌》，其中有四句为：

是气所磅礴，凛冽万古存。

当其贯日月，生死安足论。

文天祥死后，人们从他的衣带上又发现他写的一段赞文：

吾位居将相，不能救社稷，正天下，军败国辱，身为囚虏，其当死久矣。顷被执以来，欲引决而无间。今日与之机，谨南向百拜而死。其赞曰：孔曰成仁，孟曰取义，唯其义尽，所以仁至。读圣贤书，所学何事？而今而后，庶几无愧。

宋丞相文天祥绝书。

文天祥这篇赞文，充分表达了他爱国爱民，忠于国家，宁可玉碎，决不瓦全的伟大的高尚品质。

二、义篇

管鲍义情深似海

鲍叔牙（前 723—前 644）姒姓，鲍氏，亦称鲍叔、鲍子，颍上（今属安徽省）人，春秋时代齐国大夫，管仲的好朋友。

齐襄公在位时，荒淫无道，随意诛杀，人人自危。公子纠由管仲、召忽二人辅佐逃往鲁国；公子小白则由鲍叔牙辅佐逃往莒国。公元前 686 年襄公被杀，公孙无知被拥立为国君，第二年，公孙无知被杀，齐国内乱。逃往国外的公子纠和小白都率兵回国争位。两方相遇，管仲一箭射中小白身上的铜制衣带钩，小白趁势诈死，骗过了管仲，兼程直入临淄，得高傒等重臣的拥戴，立为国君，是为齐桓公。这时，鲁庄公方率鲁军护送公子纠行至乾时（今山东省淄博市临淄区）地方，齐桓公亲自率军迎战，大败鲁军，并尽夺鲁国汶阳之地。

鲍叔牙生怕鲁国因向齐国谢罪而杀害管仲，便暗地送信给鲁国说："管仲是齐国国君的死敌，齐国国君必要亲手杀死他。"鲁国新败，只得囚送管仲回齐国。齐桓公小白，念念不忘一箭之仇，日夜想杀管仲。鲍叔牙先去见桓公贺喜说："管仲天下奇才，齐国得到他，岂不可贺？"桓公切齿道："我恨不得食其肉，寝其皮，焉能用他！"叔牙正色劝说道："难得的是臣下忠于其主啊，如果你重用了管仲，以他的加倍忠心和才能，可以替你射得天下，岂射钩可比呢？"桓公点点头说："好吧，我暂且听你的话，先不杀他"。

一日，齐桓公欲拜叔牙为相，鲍叔牙诚恳地辞谢说："主公如果只想管理好齐国，有高傒和我就够了。如想建树王霸天下的不世功业，那非用管仲不可！"桓公沉吟说："那我得先试探一下他的学问再说。"叔牙摇摇头，进言说："非常的人，必须以非常的礼节相待才行，天下的人知道主公尊贤礼士，不计私怨，会有更多的人来齐国效忠尽智！"齐桓公被叔牙所说动，即命人择定吉日良辰，用"郊迎"的大礼，亲自迎接管仲并同车进城。桓公与管仲一连谈论三天三夜，句句投机，即拜管仲为相国，且尊称为"仲父"，言听计从，专任不疑，常嘱左右："国家大政，先禀仲父；有所裁决，任凭仲父。"

桓公在管仲的谋划下，对内政、经济、军事都进行了有效的改革，使齐国很快富强起来。

桓公和管仲依据中原形势制定了切合时宜的霸业方针——尊王攘夷。尊奉周朝王室，可以挟天子以令诸侯；攘除夷狄侵扰，是中原各国的共同心愿，可以团结诸侯，以立德树威。从公元前681年开始，齐桓公在这一旗帜下向外发展，取得了极大成功，雄霸中原三十多年。

年轻的时候，管仲家里很穷，又要奉养母亲。鲍叔牙知道了，就找管仲一起投资做生意。做生意的时候，因为管仲没有钱，所以本钱几乎都是鲍叔牙拿出来投资的。可是，当赚了钱以后，管仲却拿的比鲍叔牙还多，鲍叔牙的仆人看了就说："这个管仲真奇怪，本钱拿的比我们主人少，分钱的时候却拿的比我们主人还多！"鲍叔牙却对仆人说："不可以这么说！管仲家里穷又要奉养母亲，多拿一点没有关系的。"有一次，管仲和鲍叔牙一起去打仗，每次进攻的时候，管仲都躲在最后面，大家就骂他说："管仲是一个贪生怕死的人！"鲍叔牙马上替管仲说话："你们误会管仲了，他不是怕死，他得留着他的命去照顾老母亲呀！"

管仲听到后说："我当初贫穷时，曾和鲍叔一起做生意，分钱财，自己多拿，鲍叔不认为我贪财，他知道我贫穷啊！我曾经替鲍叔办事，结果使他处境更难了，鲍叔不认为我愚蠢，他知道时运有利有不利。我曾经三次做官，三次被国君辞退，鲍叔不认为我没有才能，他知道我没有遇到时机。我曾经三次作战，三次逃跑，鲍叔不认为我胆怯，他知道我家里有老母亲。公子纠失败了，我被囚受辱，鲍叔不认为我不懂得羞耻，他知道我不以小节为羞，而是以功名没有显露于天下为耻。生我的是父母，了解我的是鲍叔啊！"

鲍叔牙推荐管仲以后，自己甘愿做他的下属。鲍叔牙的子孙世世代代在齐国吃俸禄，得到封地的有十多代，成为有名的大夫。天下的人不赞美管仲的才干，而赞美鲍叔牙能了解人。

后来，大家在称赞朋友之间有很好的友谊时，就会说他们是"管鲍之交"。

介子推义捐绵山

介子推(?—前636)晋国贤臣,后人尊为介子,生于闻喜户头村,长在夏县裴介村。

春秋时候,晋国发生内乱,晋献公宠妃骊姬,欲废掉太子申生,改立自己生的奚齐为太子,由是引发一系列变乱。太子申生被骊姬陷害致死;公子夷吾和重耳畏惧逃亡,重耳避难奔狄,随行贤士多人,主要人士有五位,即:孤偃、赵衰、魏武子、司空季子及介子推。介子推随重耳在外逃亡十九年,风餐露宿,饥寒交迫,备尝“险阻艰难”。

重耳逃亡时,先是父亲献公追杀,后是兄弟晋惠公追杀。重耳经常食不果腹,衣不蔽体。有一年逃到卫国,一个叫作头须(一作里凫须)的随从偷光了重耳的资粮,逃入深山。重耳无粮,饥饿难忍,就向田夫乞讨,可不但没要来饭,反被农夫们用土块当成饭戏谑了一番。后来重耳快饿晕过去了,为了让重耳活命,介子推到山沟里,把腿上的肉割了一块(割股奉君),与采摘来的野菜一同煮成汤给重耳吃。当重耳吃后知道是介子推腿上的肉时,大受感动,声称有朝一日做了君王,要好好报答介子推。在重耳落难之时,介子推能如此肝脑涂地,忠心耿耿,实属难能可贵。

十九年的逃亡生涯结束后,重耳由逃亡者变成了晋文公,这时他对跟随自己逃亡过的人,根据功劳大小都一一给予了封赏。但因政事繁忙,却偏偏忘了介子推。对此,介子推没有像壶叔(一名陶叔狐)那样,主动请赏。他说,晋文公返国,实为天意,我忠君的行为发乎自然，没必要得到奖赏，并以接受奖赏为耻辱。有些并未跟随晋文公逃亡的人为了贪小便宜通过各种办法也来请赏，介子推因此很气愤，进而与母亲隐居绵山，成了一名不食君禄的隐士。

介子推未能受赏，有人为他鸣不平，便赋诗一首："有龙于飞，走遍天下。五蛇从之，为之丞辅。龙反其乡，得其处所。四蛇从之，得其露雨。一蛇羞之，死于中野。"并将诗挂到城门上。晋文公看到这首诗后，后悔自己忘恩负义，赶紧派人召介子推受封，才知道他已隐入绵山。晋文公便亲自带人马前往绵山寻访。谁知那绵山蜿蜒数十里，重峦叠嶂，谷深林密，竟无法可寻。

晋文公求人心切，听小人之言，下令三面烧山。没料到大火烧了三天，介子推终究没有出来。后来有人在一棵枯柳树下发现了他母子的尸骨。晋文公悲痛万分，将一段烧焦的柳木，带回宫中做了一双木屐，每天望着它叹道："悲哉足下。"此后，"足下"成为下级对上级或同辈之间相互尊敬的称呼，据说就是来源于此。

晋文公命人将介子推母子葬于绵山，秦二世时迁葬于故里裴介村；并改绵山为介山，以警戒自己的过错；将一山冈定为介子推名义上的封地——介公岭，将介子推母子隐居的岩洞改建成介公祠，并立"介庙"于绵山脚下柏沟村南的柏树林之中，又命将定阳县改名为介休县。

程婴忠义保孤儿

程婴(?—约前583)春秋时晋国义士，千百年来为世人称颂。最早见之于司马迁所著的《史记·赵世家》中“赵氏孤儿”的故事。记述了他与公孙杵臼舍身保孤的事迹。

晋景公年间，奸臣屠岸贾欲除忠烈名门赵氏。他率兵将赵家团团围住，杀掉了赵朔、赵同、赵括、赵婴齐等全家老小。唯一漏网的是赵朔的妻子，她是晋成公的姐姐，肚子怀着孩子，躲在宫中藏起来。赵朔有个门客叫公孙杵臼，还有一个好友叫程婴。赵朔死后，两个人聚到了一起。公孙杵臼质问程婴：“你为什么偷生？”程婴说：“赵朔之妻正在怀孕，若生下来是个男的，就把他抚养成人，报仇雪恨，若是个女的，我就彻底失望了，只好以死报答赵氏知遇之恩。”不久，赵妻分娩，生下个男孩。

屠岸贾闻知，带人到宫中搜索，没有找到赵氏母子的藏身之处。”母子俩逃脱这次劫难后，程婴对公孙杵臼说：“屠岸贾这次没找到孩子，绝对不会罢休。你看怎么办?”公孙杵臼一腔血气地问：“育孤与死，哪件事容易?”程婴回答：“死容易，育孤当然难。”公孙杵臼说：“赵君生前待你最好，你去做最难的事情。让我去做容易的事情，我先去死吧!”恰好程婴家中也有一个正在襁褓中的婴儿，程婴含泪采取了调包之计，将自己的孩子抱上，与公孙杵臼一齐逃到了永济境内的首阳山中。让妻子带着赵氏孤儿朝另一个方向逃去。屠岸贾闻讯，率师来追。程婴无奈只好从山中出来说：“程婴不肖，无法保住赵氏孤儿。孩子反正也是死，屠岸将军如能付我千金，我就告诉你孩子的藏身之处。”屠岸贾答应了。程婴领路，终于找到隐匿山中的公孙杵臼和婴儿。

公孙杵臼当着众人的面，大骂程婴，他一边骂一边装着乞求说：“杀我可以，孩子是无辜的，请留下他一条活命吧!”众人当然不允。程婴眼睁睁地看着亲生儿子和好友公孙杵臼死在乱刀之下。

程婴身负忘恩负义，出卖朋友，残害忠良的“骂名”，偷出赵氏孤儿来到了山高谷深、僻静荒芜的盂山隐居起来。这一隐居就是15年，在这片人迹罕至的深山中，穿梭着一老一少的身影，回荡着一老一少的对话，积聚了一老一少的复仇力量。赵氏孤儿终于长成了顶天立地的汉子。

苍天不负有心人，程婴与赵氏孤儿赵武，在朝中忠义大臣韩厥的帮助下，里应外合，灭掉了权臣屠岸贾。赵氏冤情大白于天下，程婴忠义大白于天下，公孙杵臼忠烈大白于天下。最后的程婴，并未品味胜利的美酒，十数年积聚的丧子之痛，丧君之痛，丧友之痛一并袭上心头，程婴自刎而死，赵武为此服孝三年。

中国历史上如果没有这段传奇的故事，战国时代的名门望族赵氏何能复兴？何能有后来雄霸天下的赵简子、赵襄子？何能有韩赵魏三分晋国？何能有后世的“三晋”称谓？后世为纪念忠烈千秋的程婴、公孙杵臼，在藏山立庙以祀。庙曰“文子祠”，以赵武之谥号赵文子命名。现存山门、牌楼、戏台、钟鼓楼。碑坊正殿、寝宫、梳洗楼等三十余处遗迹依山而建，雄伟壮观，气势万千。

山西盂县是程婴救孤最后藏身的地方，而山西忻州则是赵氏孤儿最早藏身地，其南关村是程婴的老家，在西门坡高冈上有程婴墓和三义祠（程婴、公孙杵臼和韩厥）和戏台，而逯家庄则是公孙杵臼的家乡，建有公孙杵臼祠堂，而在东山脚下韩沟村至今保留着韩厥堡遗址。

伯牙摔琴谢知音

伯牙姓伯，名牙。春秋战国时期晋国的上大夫，原籍是楚国郢都（今湖北省荆州市）。伯牙原本就姓伯，说他“姓俞名瑞，字伯牙”是明末小说家冯梦龙在小说中的杜撰，而在此之前的《史书》与《荀子》《琴操》《列子》等书中均为“伯牙”。东汉高诱注：“伯姓，牙名，或作雅”，现代的《辞源》也注：“伯姓牙名”。伯牙是当时著名的琴师，善弹七弦琴，技艺高超，被人尊为“琴仙”。《荀子·劝学篇》中曾讲“伯牙鼓琴而六马仰秣”，可见他弹琴技艺之高。

“高山流水遇知音”的故事可谓流传千古。据载，有一年，伯牙奉晋王之命出使楚国。八月十五那天，他乘船来到了汉阳江口，遇风浪，停泊在一座小山下。晚上，风浪渐渐平息了下来，云开月出，景色十分迷人。望着空中的一轮明月，伯牙琴兴大发，拿出随身带来的琴，专心致志地弹了起来。他弹了一曲又一曲，正当他完全沉醉在优美的琴声之中的时候，猛然看到一个人在岸边一动不动地站着。伯牙吃了一惊，手下用力，“啪”的一声琴弦被拨断了一根。伯牙正在猜测岸边的人为何而来，就听到那个人大声地对他说：“先生，您不要疑心，我是个打柴的，回家晚了，走到这里听到您在弹琴，觉得琴声绝妙，不由得站在这里听了起来。”

伯牙借着月光仔细一看，那个人身旁放着一担干柴，果然是个打柴的人。伯牙心想，一个樵夫，怎么会听懂我的琴呢？于是他就问：“你既然懂得琴声，那就请你说说看，我弹的是一首什么曲子？”

听了伯牙的问话，那打柴的人笑着回答："先生，您刚才弹的是孔子赞叹弟子颜回的曲谱，只可惜，您弹到第四句的时候，琴弦断了。"

打柴人的回答一点不错，伯牙不禁大喜，忙邀请他来细谈。那打柴人看到伯牙弹的琴，便说："这是瑶琴！相传是伏羲氏造的。"接着他又把这瑶琴的来历说了出来。听了打柴人的这番讲述，伯牙心中不由得暗暗佩服。接着伯牙又为打柴人弹了几曲，请他辨识其中之意。当他弹奏的琴声雄壮高亢的时候，打柴人说："这琴声，表达了高山的雄伟气势。"当琴声变得清新流畅时，打柴人说："这后弹的琴声，表达的是无尽的流水。"

伯牙听了不禁惊喜万分，自己用琴声表达的心意，过去没人能听得懂，而眼前的这个樵夫，竟然听得明明白白。没想到，在这野岭之下，竟遇到自己久久寻觅不到的知音，于是他问明打柴人名叫钟子期，便和他喝起酒来。伯牙大笑道："你真是我的知音啊！"于是两人便结为兄弟，一起约定，来年的中秋节再到这里相会。

和钟子期洒泪而别后，第二年中秋节，伯牙如约来到了汉阳江口，可是他等啊等啊，怎么也不见钟子期来赴约，于是他便弹起琴来召唤这位知音，可是过了好久，还是不见人来。第二天，伯牙向一位老人打听钟子期的下落，老人告诉他，钟子期已不幸染病去世了。临终前，他留下遗言，要把坟墓修在江边，到八月十五相会时，好听伯牙的琴声。

听了老人的话，伯牙万分悲痛，他来到钟子期的坟前，凄楚地弹起了古曲《高山流水》。弹罢，他挑断了琴弦，长叹一声，把心爱的瑶琴在青石上摔了个粉碎。他悲伤地说："我唯一的知音已不在人世了，这琴还弹给谁听呢？"

两位"知音"的友谊感动了后人，人们在他们相遇的地方，筑起了一座古琴台。直至今天，人们还常用"知音"来形容朋友之间的情谊。

后人写诗赞曰：

摔碎瑶琴凤尾寒，子期不在对谁弹！
春风满面皆朋友，欲觅知音难上难。

周勃持义挽汉室

周勃(?—前169),沛郡丰邑人(今江苏省丰县),西汉开国将领。周勃从小以编织养蚕的器具为生,经常为有丧事的人家做吹鼓手,后来又做了拉强弓的勇士。

秦二世元年(前209年),周勃随刘邦起兵反秦,屡立战功。他跟随汉王刘邦进入汉中,汉王拜他为将军。汉王回军平定三秦,到达秦地后,又把怀德赐给周勃作食邑。汉军攻打槐里、好畤时,周勃立了上等功。

汉军北去攻打漆县,进击章平、姚印的军队;往西平定汧县;回军取下郿城、频阳;在废丘围攻章邯;攻破西县县丞的军队;进击盗巴军队,打败敌军;攻打上邽;往东把守峣关;转过来进击项籍;攻打曲逆,周勃立了上等功。他跟随刘邦,几乎参加了秦末汉初的所有军事行动。为此,刘邦赐给周勃列侯的爵位,分剖信符,让周勃的爵位世世代代不断绝。把绛县八千余户作为周勃的食邑,号称绛侯。

汉高祖十二年(前195年)春三月中,在征讨英布的战争中刘邦中箭受伤,以后病情越来越严重,他自知将不久

于世，不愿再行疗治。一天，特命待于身侧的吕后退出，召集列候群臣入宫，让人杀了一匹白马，相率起誓道："从今以后，非刘氏不得封王，非有功者不得封侯。如违此约，天下共击之！"接着又将吕后召进宫来，嘱咐后事。吕后含泪问道："陛下百岁后，相国萧何若死，何人可以为相？"高祖说："曹参可代。"吕后又问："曹参也已将老，以后当属何人？"高祖道："王陵可用。但王陵稍显愚直，不能独任，须用陈平为助。陈平智识有余，厚重不足，最好兼任周勃，周勃厚重少文，但欲安刘氏，非周勃不可，可令为太尉。"四月，高祖去世。太子刘盈继位，是为惠帝，尊吕后为皇太后。惠帝秉性懦弱，身体不好，吕后乘机临朝称制，掌握了实权。

吕后临朝称制后，最关心的是让吕家人入朝为官，她常与人说："高皇帝在位时，时时都想着让刘家的人为官，我何不能安置吕家的人！"在此之前，她已把自己的侄儿吕产、吕禄封为将军，率领禁卫皇城的军队。但她并不满足，还把吕家的人封为王侯，以便有朝一日变刘氏江山为吕家天下。

吕后的专断，引起一些开国功臣的强烈不满。陈平、陆贾与周勃密谋多次，随时观察着朝廷动静；其他忠于刘氏江山的朱虚侯刘章、颍阴侯灌婴等暗里也摩拳擦掌，专等时机一到，下手除灭诸吕。

周勃为人质朴刚强、老实敦厚，高祖认为可以委任他大事。周勃不喜好文学，每次召见诸位儒生和游说之士，他面向东坐着而责令他们说："有什么事赶快说吧。"他朴实无文就是这个样子。

惠帝六年（前 189 年），设置太尉官职，任命周勃做太尉。十年后，吕后去世。吕禄以赵王的身份担任汉朝的上将军，吕产以吕王的身份担任汉朝的相国，把持汉朝大权，危害刘氏政权。周勃是太尉，却不得进入军营之门。陈平是丞相，不能够处理政务。于是，周勃与陈平谋划，终于诛灭了诸吕而拥立代王刘恒。

文帝刘恒即位，任命周勃为右丞相，赐给黄金五千斤，食邑一万户。

过了一个多月，有人劝说周勃道："您已经诛灭了诸吕，拥立代王为皇帝，威震天下，而您得到了厚赏，居处尊位，已经很受宠信了，时间长了，灾祸恐怕要降临您的身上了。"

周勃恐惧，也自感危险，就向文帝谢罪辞职，请求归还相印。文帝同意了他的请求。

过了一年多，丞相陈平去世，文帝又任命周勃为丞相。十个多月后，文帝对他说："前日我诏令列侯，让他们回到自己的封地去，有的人还没有动身，丞相你是我所器重的人，你率先到封地去吧。"周勃于是被免去丞相职务，前往封地。

回到封地一年后，每当河东郡守、郡尉巡行各县到达绛县，周勃自己畏惧被诛，经常身披铠甲，命令家人手持兵器前去见郡守、郡尉。此后有人上书告发周勃想谋反，于是捕捉周勃治罪。周勃恐惧，不知怎样答辩。狱吏欺凌侮辱他，周勃拿黄金送给狱吏，狱吏就在牍板背面写字示意："请公主作证。"

公主是汉文帝的女儿，周勃的长子胜之娶公主为妻。让公主为周勃作证，自然是最好的办法，不仅如此，周勃还把增封受赐的财物都送给了薄昭，薄昭是汉文帝的舅舅。于是薄昭便替他向薄太后进言，薄太后也认为周勃没有谋反的事。文帝临朝时，薄太后抓起头巾向文帝掷去，说："绛侯身挂皇帝赐给的印玺，在北军率领军队，不在那时谋反，如今身居一个小县，反倒要谋反吗?"汉文帝向薄太后谢罪说："狱吏刚才查清楚了，确无谋反之意，马上放他出狱。"于是派使臣手持符节释放周勃，恢复他绛侯的爵位和封邑。

周勃出狱后说："我曾经率领百万大军，然而怎么知道狱吏的尊贵呀!"

孝文帝十一年(前169年)周勃去世，谥号武侯。

苏武守义度苦节

苏武(前 140—前 60),字子卿,杜陵(今陕西省西安市东南)人,西汉大臣。年轻时凭着父亲的职位,兄弟三人都做了皇帝的侍从,并逐渐被提升为掌管皇帝鞍马鹰犬射猎工具的官。当时汉朝廷不断讨伐匈奴,双方多次互派使节彼此暗中侦察。匈奴扣留了汉使节郭吉、路充国等前后十余批人。匈奴使节前来,汉朝廷也扣留他们以相抵。

天汉元年(前 100 年),且鞮侯单于刚刚即位,唯恐受到汉朝的袭击,于是全部送还了汉廷使节路充国等人。汉武帝赞许他这种通晓情理的做法,于是派遣苏武以中郎将的身份出使,持旄节护送扣留在汉的匈奴使者,并赠送丰厚的礼物以答谢单于。苏武同副中郎将张胜以及临时委派的使臣属官常惠等,加上招募来的士卒共一百多人,到了匈奴那里,摆列财物赠给单于。

单于正要派使者护送苏武等人归汉,适逢缑王与长水人虞常等在匈奴内部谋反。虞常在汉的时候,一向与副使张胜有交往,他私下拜访了张胜,密谋策划绑架单于的母亲阏氏归汉。

一个多月后,单于外出打猎,只有阏氏和单于的子弟在家。虞常等人将要起事,其中一人夜晚逃走,把他们的计划报告了阏氏及其子弟。单于子弟发兵与他们交战,缑王等人战死,虞常被活捉。虞常供出了张胜。单于大怒,想杀掉汉使者。左伊秩訾说:"应当都叫他们投降。"单于派卫律召唤苏武受审。苏武对常惠说:"丧失气节,玷辱使命,即使活着,还有什么脸面回到汉廷去呢!"说着拔出佩刀自刎，卫律大吃一惊，抱住、扶好苏武，派人骑快马找来医生救治。单于钦佩苏武的节操，早晚派人探望，而把张胜逮捕监禁起来。

苏武的伤势渐好。单于派使者通知苏武，一起审处虞常，想借这个机会使苏武投降。剑斩虞常后，卫律说："汉使张胜，谋杀单于亲近的大臣，应当处死。副使有罪，应该连坐使者苏武。"苏武说："我本来就没有参与谋划，又不是他的亲属，怎么谈得上连坐？"卫律本是汉朝的叛将，他对苏武说："你顺着我而投降，我与你结为兄弟；今天不听我的安排，以后再想见我，还能得到机会吗？"

苏武痛骂卫律说，你做人家的臣下和儿子，不顾及恩德义理，背叛皇上，抛弃亲人，在异族做投降的奴隶，我为什么要见你！卫律知道苏武终究不可能投降，便报告了单于。单于越发想要使苏武投降，就把他囚禁起来，放在大地窖里面，不给他吃的喝的。天下雪，苏武卧着嚼雪，同毡毛一起吞下充饥，几日不死。匈奴以为他是神仙，就把苏武迁移到北海边没有人的地方，让他放牧公羊，说等到公羊生了小羊才得归汉。同时把他的部下及其随从人员常惠等分别安置到别的地方。

苏武迁移到北海后，没有粮食，只能掘取野鼠所储藏的野生果实来吃。他拄着汉廷的符节牧羊，睡觉、起来都拿着，以致系在节上的牦牛尾毛全部脱尽。过了五六年，单于的弟弟於靬王到北海打猎，苏武会编结打猎的网，矫正弓弩，於靬王颇器重他，就供给他衣服、食品。三年多过后，於靬王得病，赐给苏武马匹和牲畜、盛酒酪的瓦器、圆顶的毡帐篷。於靬王死后，他的部下也都迁离。这年冬天，有人盗去了苏武的牛羊，苏武又陷入了困境。

当初，苏武与李陵都为侍中。苏武出使匈奴的第二年，李陵战败投降匈奴，不敢访求苏武。后来，单于派李陵去北海，为苏武安排了酒宴和歌舞。李陵趁机对苏武说："单于听说我与你交情一向深厚，所以派我来劝说足下，愿虔诚地相待你。你终究不能回归汉

朝了，何必白白地在荒无人烟的地方受苦呢？以前你的大哥苏嘉做奉车都尉，跟随皇上到雍的棫宫，扶着皇帝的车驾下殿阶，碰到柱子，折断了车辕，被定为大不敬的罪，自杀了。你弟弟孺卿跟随皇上去祭祀河东土神，骑着马的宦官与驸马争船，把驸马推下去掉到河中淹死了。宦官逃走了，皇上命令孺卿去追捕，他抓不到而服毒自杀。我离开长安的时候，你的母亲已去世，我送葬到阳陵。你的夫人年纪还轻，听说已改嫁了，家中只有两个妹妹，两个女儿和一个男孩，如今又过了十多年，生死不知。人生像早晨的露水，何必长久地这样折磨自己！并且汉朝皇上年纪大了，法令随时变更，大臣无罪而全家被杀的有十几家，安危不可预料。你还打算为谁守节呢？希望你听从我的劝告，不要再坚持！”

苏武说：“我苏武父子及兄弟三人都是皇帝的亲近之臣，愿意为朝廷牺牲一切。现在得到牺牲自己以效忠国家的机会，即使受到斧钺和汤镬这样的极刑，我也心甘情愿。希望你不要再说了！”

李陵见苏武对朝廷如此忠诚，慨然长叹道：“啊，义士！我李陵与卫律的罪恶，上能达天！”说着眼泪浸湿了衣襟，告别苏武而去。李陵不好意思亲自送礼物给苏武，让他的妻子赐给苏武几十头牛羊。

后来李陵又到北海，对苏武说：“边界上抓住了云中郡的一个俘虏，说太守以下的官吏都穿白的丧服，说是皇上死了。”苏武听到这个消息，面向南放声大哭，以至吐血，哭吊达几月之久。

汉昭帝登位后，匈奴和汉朝达成和议。汉廷寻求苏武等人，匈奴撒谎说苏武已死。后来汉使者又到匈奴，常惠设法见到了汉使，详细述说了在匈奴的情况；并告诉汉使要对单于说：“天子在上林苑中射猎，射得一只大雁，脚上系着帛书，上面说苏武等人在北海。”汉使按照常惠所教的话去责问单于。单于十分惊讶，向汉使道歉说：“苏武等人的确还活着。”

汉昭帝始元六年（前 81 年）春，苏武、常惠等仅 9 人回到长安。昭帝封苏武为典属国，俸禄二千石；赐钱二百万，公田二顷，宅一区。苏武被扣在匈奴共 19 年，当初壮年出使，等到归来，胡须头发全都白了。

关云长忠义名赫

关羽(? —220),本字长生,后改字云长,河东解良(今山西省运城市)人,东汉末年名将。早年因犯事逃离家乡至幽州涿郡。中平元年(184年),汉室宗亲刘备组织义军参与扑灭黄巾军的战争,关羽与张飞同在其中。后随刘备辗转各地,不辞辛劳随身守护。

建安五年(200年),曹操进攻刘备,关羽战败被生擒,曹操待以厚礼,任命为偏将军。后袁绍派大将颜良、文丑、郭图等攻东郡太守刘延于白马,曹操亲自率军救援,并命张辽与关羽为前锋。关羽望见颜良的麾盖,策马冲锋,斩颜良于万军之中,枭首而归,袁军将领无人能挡,白马之围被解,关羽被封为汉寿亭侯。

当时,曹操为了解关羽有无久留的心意,派张辽去试探。关羽对张辽叹息道:"我知道曹公对我的厚爱,但我受刘备将军的厚恩,发誓共死,不可背弃。我终不会留下,在为曹公立下功劳后便会离去。”张辽向曹操说明关羽会离去，曹操反而重加赏赐，想要留住他，但关羽尽封曹操的赏赐，留书告辞。曹操左右欲追杀之，曹操认为各为其主而阻止。

刘备投靠刘表，屯兵于新野。建安十三年(208 年)，曹操南下，刘备南逃，另遣关羽乘数百艘船驶向江陵会合，但刘备于途中被曹操军追至，幸而关羽驶至汉津，一同乘船至夏口。刘备联合孙权击败曹操后，曹操留曹仁等防守荆州，刘备又与孙权大将周瑜夹攻曹仁，命关羽绝北道断曹仁后路。待刘备取得荆南四郡(长沙、零陵、武陵、桂阳)，关羽被推为元勋，受封襄阳太守、荡寇将军，其间襄阳实为曹操势力范围，由乐进驻守，所以关羽驻于江北。刘备平定蜀地后，以关羽总督荆州事。

建安二十年(215 年)，孙权知道刘备已夺得益州，希望取回荆州。刘备却说：“得凉州时，便会把荆州交还。”孙权对此十分怨恨，便派鲁肃索要。孙、刘两方的将领在阵前“单刀会”，据理相争但最终不欢而散。

建安二十四年(219 年)，刘备称汉中王，封关羽为前将军，假节钺。同年关羽进攻荆州北部樊城，曹操派大将于禁率七军(约三万多人)援救，时大雨导致汉水暴涨，于禁所率领的七军都被大水困住，将士纷纷往高处避水，而关羽看准时机，乘势坐大船进行攻击。

于禁因为穷迫，于是向关羽投降，庞德则被关羽所获，因不向关羽投降而被处斩。关羽还进一步围困曹军大将曹仁于樊城，并另派遣军队包围襄阳。曹操指派的荆州刺史胡修、南乡郡太守傅方都投降了关羽。当时曹操治郡下许多叛军早已受关羽遥控，更有许多叛乱都想引关羽为援，曹操几欲迁都避其锐。

建安二十四年(219 年)秋，曹操以为汉献帝在许，与关羽军相近，欲迁都避其锋芒，司马懿、蒋济等劝阻，认为孙权必然不愿看到关羽得志，可以答应将江南封给孙权为条件，让他从背后出兵攻击关羽。同时曹操动员徐晃、张辽等将，及兖州刺史裴潜、豫州刺史吕贡等率军救援樊城，更准备亲自征讨关羽。而孙权命吕蒙为主帅偷袭荆州，并亲自率军为后援。荆州重镇江陵守将麋芳(刘备小舅子)、公安守将士仁因与关羽有隙不战而降，吕蒙不费吹灰之力就逐次攻陷荆州各郡。

救援樊城的徐晃因兵力不足，认为很难与关羽抗衡，曹操先后派遣徐商、吕建等将领以及殷署、朱盖等十二营兵马增援徐晃，最终徐晃出战击败了围困樊城的关羽军队。此时关羽知悉后方生变，乃南撤，但水军仍然控制汉水。关羽军队的家属多在江陵(南郡治所)，得知江陵失陷于孙权，士卒渐渐溃散，退至麦城。十二月，关羽率数十骑出逃，一路突围至距益州不过一二十里的临沮(今湖北省襄樊市南漳县)，遇潘璋部将马忠的埋伏，被擒，和儿子关平于临沮被害。

景耀三年(260年)九月，蜀国后主刘禅在追谥几位重要大臣时，追谥关羽为“壮缪侯”。

关公是一种文化；也有人说，关公是一种精神，不然，在中国以至海外为何有这样多的关公庙？

在国内所有的关庙建筑中，至今保存最为完好的有五六处：山西关羽故里常平关帝庙，河南洛阳关林，湖北当阳关陵，荆州关帝庙，河南许昌霸陵桥关帝庙等。而规模最大、气势最为宏伟的就是位于关羽的故里——山西省运城市解州城西的关帝庙。它至今仍然完整地保留着，是全国最大的一座关帝庙。庙内楼台殿阁共达三百余间，为游览胜地之一，堪称天下第一关庙。

不仅如此，除了在华夏大地，在日本、东南亚以及海外华侨中，对关羽的膜拜之风也经久不衰。

凝聚在关羽身上为万世共仰的忠、信、智、仁、勇，蕴含着中国传统文化的伦理道德，渗透着儒学的春秋精义，并为释、道教义所趋同的人生价值观念，实质上就是彪炳日月、大气浩然的华夏魂。

杨业一门忠烈魂

杨业(928—986),并州(今山西省太原市)人,本名重贵,原为北汉军官,北汉主刘崇赐其姓刘,名继业。宋太宗继位后,决心平定北方,太平兴国四年(979 年),他带领大军攻打北汉。宋军把北汉的京城团团围困,猛攻猛打。北汉向辽国求救,辽国派兵前来援助,被宋军打得大败。北汉无力抵抗,只好投降。北宋灭北汉后,杨业随其主刘继元降宋,宋太宗命他复姓杨,名业。

杨业就是传说中的杨老令公,杨家将的掌门人。宋太宗对杨业相当器重,起初任为郑州刺史,后担任代州(今山西省代县)刺史,镇守北方边境。

太平兴国五年(980 年)三月,辽国出动十万大军,侵犯代州北面的雁门关。警报传到代州,杨业手下只有几千骑兵,力量相差太远。杨业决定出奇制胜,带领几百骑兵,从小路绕到雁门关北面,在敌人背后进行攻击。辽军正大摇大摆向南进军,不料一声呐喊,宋军从背后杀了出来。这一仗,辽国的一个驸马被杀死,一个大将被活捉。杨业以少胜多,打了一个大胜仗。宋太宗非常高兴,特地给杨业升了官。从此,"杨无敌"的威望越来越高了。

杨业立了大功以后,一些大臣非常妒忌,设法排挤陷害他。但宋太宗不听那些大臣的谗言,他把污陷杨业的奏疏封起来,送给杨业,表示对杨业的信任。

过了几年,辽景宗耶律贤病死,他的儿子耶律隆绪继位称辽圣宗。辽圣宗年仅12岁,由他的母亲萧太后执政。宋太宗见辽国政局发生变动,认为机会来了,决计出兵收复辽国占领的燕云十六州。

雍熙三年(986),宋太宗派三支大军攻辽。东路由大将曹彬带领主力部队,向幽州前进;中路由田重进率领,攻取河北西北部等地;西路由潘美率领,攻取山西北部各地。杨业就在西路军中,作潘美的副将。潘美带领的西路军,出了雁门关,就向北进攻。杨业和他的部下英勇善战,很快打下了寰州(今山西省朔州市东)、朔州(今山西省朔州)、应州(今山西省应州市)和云州(今山西省大同市),收复了西北部的大片失地。正当西路军节节胜利的时候,不料东路军吃了一个大败仗。宋太宗因主力部队失败，不敢再战，连忙下令退兵。潘美、杨业很快退回代州。宋朝的大军一退，应州的宋军也弃城逃跑，辽军乘胜攻进了寰州，一时形势十分紧张。就在这时候，朝廷下令把寰、朔、应、云四州的老百姓迁往内地，要潘美、杨业的部队担任护送。但这时寰州和应州已经丢了，云州远在辽军的背后，朔州也在辽军的身旁，要迁移那些地方的老百姓，着实不容易。

杨业向潘美提出建议说："现在敌人很强大，应当暂时避开他们的锋芒，不能硬打。我们应先假装打应州，引诱敌人大军前来迎战，然后利用这个机会，命应、朔两州的守将带领百姓赶快南迁。这时，我们只要派军队在中途接应，这两州的百姓就可以安全转移了。"可是，在潘美军中做监军的王侁却不同意。他说："我们有几万精兵，为什么这样胆小？只要走雁门关北面的大路，向朔州前进就是了。"

王侁不但不考虑杨业的正确意见，反而讽刺他说："将军一向号称'杨无敌'，如今看到敌军，竟逗挠不战，难道另有其他想法吗?"对于这样恶毒的诬蔑，杨业气愤极了。他横下心来说："我并不怕死，只因时机不利，不想让士兵白白送死。你既然说出这种话来，我领兵前去就是了。"

杨业出发时，流泪对潘美说："这次出兵，一定不利。我本想等待时机，为国杀敌立功，如今有人责难我畏敌不前，我愿意先死在敌人手里。"同时，他又说："你们在陈家谷准备好步兵弓箭，接应我们。否则，军队就回不来了。"说完，杨业就带领人马，直奔朔州。随同前往的，还有他的儿子杨延玉和岳州刺史王贵。

辽军看到杨业前来，就出动大军，把宋军团团围住。杨业父子和他们的部下虽然英勇善战，毕竟寡不敌众。他们从正午一直打到黄昏，只剩下一百多人，好不容易突出重围，且战且走，退到陈家谷。哪知潘美的军队不顾杨业的安危，早已逃跑了。杨业只好带领部下，再跟辽军死战。王贵用箭射死了几十个敌人，箭用完了，又用弓打击敌人，最后壮烈牺牲。杨延玉和其他将士也英勇奋战至生命最后一息。

杨业浑身十几处受伤，仍继续与敌厮杀，杀死了几十个敌兵后，因为伤势太重，加上战马重伤，实在走不动了，就到树林中去躲一躲，不幸被敌人射倒。他被俘以后，坚贞不屈，绝食而死。

杨业有7个儿子，除杨延玉牺牲外，最著名的要数杨延朗。他后来改名杨延昭，镇守边关二十多年，曾多次打败辽军的侵扰。杨延昭的儿子杨文广，也是一个将军，曾在西北和河北一带镇守边境。

杨家将祖孙三代英勇抗辽，为保卫宋朝做出了贡献。后人创作了很多文学作品颂扬杨家将一门忠烈的传奇故事。这些故事千百年来一直在民间广为流传。

包拯无私忠职守

包拯(999—1062),字希仁,北宋庐州合肥(今安徽省合肥市)人,自幼接受良好的儒家教育,天圣朝进士。曾任天章阁待制、龙图阁直学士,因其廉洁奉公、不攀附权贵,而被称为包青天。

天圣五年(1027 年)包拯被任命为大理评事、建昌知县、和州监税,未上任,在家侍奉父母十年有余,二老离世后,他守孝三年。

两年后,包拯才离开家乡,正式踏上仕途之路,出任安徽天长县知县。在此任上,他断过的一起"牛舌案"留记史书。有贼把别人牛舌割了,主人告状,包拯叫他回去把牛杀了。不久又有人来告状,说牛主人私杀耕牛,这在宋朝是违法的。包拯识破这个告状者就是那个偷割牛舌的人,便断喝道:"何为割牛舌而又告之?!"此贼被识破,惊服!一件小案子,从中看出包拯断案的机智果断,或许他"善断狱讼"之名是从这时流传开来。

庆历元年(1041 年),包拯调任端州知府(今广东省肇庆市),又升任殿中丞。端州特产的端砚是宋朝士大夫最珍爱的雅器,当地每年向朝廷进贡。这里的官员,都在"贡砚"规定的数量外加征几十倍的数额以贿赂朝廷权贵，所谓"打点"中央的关系，此举加重了百姓的负担。包拯一上任就下令只能按规定数量生产端砚，州县官员一律不准私自加码，违者重罚。此举在当地掀起轩然大波。包拯在任期满，被调至中央任职，果然"岁满不持一砚归"。包拯被任命为监察御史，负责监察百官，"大事则奏劾，小事则举正"。虽然这个官职没有多少实权，但从此他可以直接参与朝政，对于刚直又不懂人情世故的包拯来说，无疑找到了自己的发声平台，在官场崭露头角。包拯对国家的内政外交提出过许多批评意见，比如，要求从重处罚贩卖私盐者，反对朝廷以进贡求和西夏，主张强国策略等。他还代表大宋出使契丹。

这期间，他弹劾陈州京西路转运司，揭露其盘剥灾民的罪行，被石玉昆的《三侠五义》再创作为家喻户晓的包公戏《陈州放粮》。民间渲染加工成开封府尹、钦差大臣"包青天"奉命查赈，剧中涉及国舅们害民肥私、包公查案遭人陷害、各路百姓掩护包公、包公怒铡皇亲国戚、成功放粮赈灾等等，演义了一个青天大老爷为民除害、不畏强权的惊心动魄、扣人心弦的故事。

包拯进入中央，正赶上范仲淹掀起"庆历新政"之时。范仲淹的吏治改革集中在改变官员冗滥作风，斥退冗员、举贤用能方面，自然要触及一些既得利益者，朝廷陷入"党争"，守旧派与革新派闹得不可开交。按理说包拯该站在守旧派阵营，因为把他从地方推荐到中央任职的是守旧派大臣王拱臣，但他却并不急于表态，也不参与其中纷争。同时，守旧派也没把他看上眼，更没指望他能在打击改革派上有所作为。然而，包拯却突然上了一个抨击范仲淹新政关于人事制度改革的奏折，对其派出的监督地方官员的按察使权力过大提出质疑。此奏一出立即炸开了锅，两派就新政是否加重官员腐败争论不休。保守派士气大振，为加入包拯这个生力军而惊喜。

不久，变法失败，新政被废，正当保守派长吁一口气时，不料包拯突然上奏,建议皇帝保留范仲淹考试选拔人才等新政。这可把保守派给打懵了。其实,这正是包拯峭直的禀性,他不与人苟合,不伪辞色悦人,一生不结派系也不卷入党争,甚至没有一个走得近的朋友,以至于“故人、亲党皆绝之”。

包拯在北宋仁宗时期的政治舞台上,最大的特色就是弹劾朝中重臣。在他弹劾下被降职、罢官、法办的重臣不下三十人,有时为了一个人、一个案件往往反复上奏,大有不达目的誓不罢休的气势,并且被他弹劾的都是当朝权贵。他四次弹劾酷吏王逵,顶住各方面的压力,最终把这个宠臣拉下马;他弹劾仁宗最亲信的太监阎士良“监守自盗”;四次弹劾皇亲郭承佑,让仁宗几乎下不了台;他弹劾宰相宋痒,其人文采风流道德高尚,实无过错,包拯却弹劾他身为重臣却毫无建树。

包拯甚至六次弹劾“国丈”,硬生生把宋仁宗宠妃的伯父张尧佐给弹下马来。仁宗专宠张贵妃,让她平庸的伯父一年之内晋升四次,身兼四大要职。此举引起群臣争议,包拯首先站出来弹劾,随后一些谏官也争相抨击。不料张尧佐的职位不降反升,这说明皇帝在力庇护他。于是包拯三天之内再次弹劾,甚至大呼“国丈”是“盛世垃圾,白昼魔鬼”,见没动静,包拯就反复弹,而仁宗也怄气了,一意孤行要把“国丈”提拔为“宣徽使”。激进者要求廷辩,要和皇帝面对面理论。在争执激烈时,包拯站在仁宗面前义愤填膺滔滔不绝,唾沫星子溅了仁宗一脸,皇帝尴尬至极又窝火,拂袖而去。回宫后张贵妃问消息,仁宗冲她发了一通脾气:“包拯向前说话,直吐我面,汝只管要宣徽使,宣徽使!汝岂不知包拯御使乎!”

就这样,宋仁宗总算答应了后妃之家不得任两府的建议,又批评了谏官们在殿上喧哗失礼,生怕再出现过激行为,还规定以后奏对必须先申请。而张尧佐自感犯了众怒,以退为进,主动辞去了一些职务。事实上,皇帝只是缓兵之计,仅过了几个月又把这些要职委给“国丈”了。其实,君臣各退一步也就算了,包拯却非要让皇帝下不了台，继续弹劾，一弹再弹，最终把仁宗给弄烦了，不再动张尧佐的职务。后来张贵妃又香消玉殒，这场由包拯掀起的君臣拉锯战总算平息了。

包拯这股子牛劲让权幸大臣，甚至仁宗本人都有点畏惧三分，当时在官场流行一句时髦语“包弹”，为官清廉正派，就叫“没包弹”；贪官污吏就叫“有包弹”。

包拯一生弹人，他自己有没有被弹过？当然也有。包拯刚弹掉张方平、宋祁两任三司使，结果自己又取而代之，这是朝风大忌。欧阳修就批评包拯“蹊田夺牛”，但他同时也为包拯开脱，说他“素少学问”，即太不懂人情世故。包拯不得不回家避风头，不过没过多久，他又像没事儿人一样回来继续履职。在三司使任上，他展现出了经济改革的天赋，比如，改“科率”为“和市”，即朝廷按照公平价格购买农民要缴的上供物资；免除部分地区“折变”，即废除农民将粮食变成现钱纳税的规定等措施。两年后，包拯被提拔为枢密副使，然而，此时的包拯已经是风烛残年。宋仁宗时代相对和平，所以这个职务也许是皇帝对老包拯忠心耿耿一生的一种荣誉的回报。

一年后，包拯病逝，首都开封的老百姓莫不悲痛，皇帝亲自到包家吊唁，并宣布停朝一天以示哀悼。当宋仁宗看到包家如此俭朴，又听闻他“居家俭约，衣服器用饮食如初宦时”，不禁感慨！欧阳修曾说，包拯一辈子“少有孝行，闻于乡里；晚有直节，著在朝廷”，这个评价是准确的。他纯朴平实、刚直不阿、疾恶如仇、爱民如子，同时他不苟言笑、太过较真、不会处世、人缘不好。然而，他却成了中国历史上无人企及的崇高与正义的化身，一个至忠至正、至刚至纯的清官标志与忠臣样本，一个被历朝官方推向神坛，又被历代老百姓奉为神明的包青天。

岳鹏举精忠报国

岳飞（1103—1142），宋相州汤阴（今河南省安阳市汤阴县）人。中国历史上著名的民族英雄，位列南宋中兴四将（岳飞、韩世忠、张俊、刘光世）之首。传说岳飞出生时，有大禽若鹄，飞鸣室上，故父母给他取名飞，字鹏举。

少年岳飞，为人沉厚寡言，常负气节，喜读《左氏春秋》、孙吴兵法，常手不释卷；拜周同为师，学习骑射，不逾月尽悉其术，能左右射；之后又拜陈广为师，学习刀枪之法，一县无敌。岳飞生有神力，能挽弓三百斤，腰弩八石，“时人奇之”。

宣和四年（1122年），童贯、蔡攸兵败契丹，河北宣抚司官员刘合于真定府（今河北省正定县）招募“敢战士”以御辽。岳飞应募。经过校场阅兵和试艺，岳飞被录用，并任“敢战士”中的一名分队长。贼寇陶俊、贾进在相州作乱，岳飞请命前去除害，用伏兵之计，生擒二贼以归。

是年岳飞的父亲岳和病故，岳飞赶回汤阴为父亲守孝。宣和六年(1124 年)，河北等路发生水灾，岳家生计艰难，岳飞为了谋生，又到河东路平定军投戎，被提升为偏校。翌年金灭辽之后，大举南侵攻宋。宋徽宗将帝位传于儿子赵桓，即钦宗，次年改元靖康。东路金军渡过黄河包围开封，钦宗用李纲守卫京城，但最终还是答应议和，许纳岁币、割让太原等三镇与金。不久，钦宗反悔割地，两路金军会合攻破太原，二次南下围困开封。钦宗命康王赵构为河北兵马大元帅，调集各路兵马，火速驰援开封勤王。

在相州城里，武翼大夫刘浩负责招募义士，收编溃兵。从平定军突围回到家乡的岳飞目睹了金人入侵后，人民惨遭杀戮、奴役的状况，心中愤慨，意欲投军，又担忧老母年迈，妻儿力弱，在兵乱中难保安全。岳母姚氏深明大义，积极勉励岳飞“从戎报国”，还为岳飞后背刺上“尽忠报国”(后世演义为“精忠报国”)四字为训，要他永志不忘。岳飞牢记母亲教诲，忍痛别过亲人，投身抗金前线。

绍兴元年至三年(1131～1133)，岳飞先后率军平定了游寇李成、张用、曹成和吉、虔州的叛乱，升任神武后军统制。宋高宗赐御书“精忠岳飞”锦旗，后又将牛皋、董先、李道等所部拨归岳家军。

绍兴四年(1134 年)春，岳飞上奏，提出收复陷于伪齐政权的襄阳六郡(襄阳府、郢、随、唐、邓等州、信阳军)，并说:“恢复中原，此为基本。”奏议得到朝廷许可，但高宗又特别规定岳家军不得称“提兵北伐或言收复汴京”，只以收复六郡为限。于是，岳家军由江州向鄂州挺进。在从武昌乘船渡江北上时，岳飞情绪昂扬地对幕僚说:“飞不擒贼帅，复旧境，不涉此江!”之后，岳家军经激战攻克郢州，破随州，凯歌入襄阳。接着，岳家军势如破竹，攻拔邓州，收复唐州城。岳飞因功升任清远军节度使。

岳母姚氏病逝，岳飞悲痛不已，目疾复发，他一面奏报朝廷，一面自行解职，扶母灵柩至庐山安葬。在朝廷再三催促下，岳飞忠孝难以两全，赶回军中，正式誓师北伐。岳家军兵分两路:一路往东北，由熟悉京西地理的牛皋统领。牛皋早年曾在汝州鲁山县宝丰村同金军作过战，此时重返故地，一战即攻克汝城，紧接着又乘胜攻克颍州，为此次北伐建立首功。另一路王贵、郝晸、董先等，向西北方向进军，在攻克卢氏县后，又西取商（今陕西省商县）、虢（今河南省灵宝），东下伊阳（河南省嵩县），一路缴获粮食十五万石，降众数万。此后，又挥军向西，力拔上洛、商洛、洛南、丰阳、上津等县城，席卷了商州全境。

岳飞夺回商、虢等地，伪齐刘豫大为震惊。是年九月，刘豫筹集三十万人马，号称七十万，向淮西发动进攻。高宗得报后，认为刘光世、张俊不足以守江淮防线，要调岳飞军沿江东下。诏书到达鄂州时，飞正苦于目疾。但他并未犹豫，立即向九江进发。赶到九江时，淮西战事已告结束。

完颜宗弼看到岳飞移军东下，中线空虚，有可乘之机，便于十月底、十一月初与伪齐合兵，向襄汉地区发动猛烈进攻。岳飞接到多地的告急军情后，当机立断，调集两万精锐第三次出师北伐。岳飞大军开到前线，给守城将士以极大鼓舞，军威更振。商州转危为安，襄汉战线也因岳飞大军的到来，敌军不战而退。

按照朝廷“规模素定，必不徒行”的意旨，岳飞此时已胜利完成任务，加之所带军粮有限，便决定还师鄂州。撤军前，为避免遭敌追击，命王贵、董先向蔡州城发起一次进攻，以作掩蔽。当岳飞军撤退的消息传到敌营后，李成果然立即布置追击。董先、王贵等率军退到白塔地方，李成亲率刘复、孔彦舟等大将，合力追来。岳飞率军迎击，经过激战，擒获伪齐将领数十人，俘数千人，获马三千六百匹，衣甲器械无数。

绍兴八年（1138 年）二月，岳飞还军鄂州，坚持“戮力练兵”“日夜训阅”。

宋高宗“屈己求和”，进一步重用秦桧，并令其与金接通关系。韩世忠、岳飞对和议一事都表示坚决反对。岳飞在临安朝见时对高宗说:“夷狄不可信,和好不可恃,相臣谋国不臧,恐贻后世讥议。”高宗不听。

十一月,金廷派出江南诏谕使张通古、萧哲,携带诏书同南宋讲和。腊月二十七日,秦桧以宰相身份代表宋高宗跪在金使脚下,答应取消宋国国号,作金的藩属,并每年纳贡,南宋与金的第一次和议达成。

绍兴九年(1139 年)正月,宋廷宣布大赦天下,以庆贺“和议”的成功。岳飞接到赦书之后,让幕僚张节夫起草了一份《谢讲和赦表》,表明自己不趋附和议,誓要“唾手燕云,复仇报国”。对朝廷加封他开府仪同三司衔,三诏而不受,他在辞呈中说:“今日之事,可危而不可安,可忧而不可贺。可训兵饬士,谨备不虞;而不可论功行赏,取笑夷狄。”高宗特下“温诏”,岳飞才不得已接受。

其后,岳飞又自请随宋使至西京洛阳谒扫先帝陵墓,以趁机窥探金国虚实,但未被允许。再后,又上二札子,要求解除自己的军职,字里行间对和议之事不无讽刺之意,高宗、秦桧先未予理睬,后批示不允所请。

绍兴十年(1140 年),完颜宗弼发动政变掌权,随即废除对宋和议。五月,完颜宗弼亲统大军,以山东聂儿孛堇和河南李成为左右翼,取道汴京向两淮进军;右副元帅完颜撒离喝(汉名杲)统帅西路军,攻陕西。金军兵临顺昌(今安徽省阜阳市)城下,顺昌告急。宋高宗原不同意岳飞出兵,后恐顺昌有失,便命岳飞发兵救援。

岳家军在鄂州已整训三年,岳飞接诏后,立即派张宪、姚政率军东进,援救顺昌。未至顺昌时,刘锜已于顺昌之战中大败金军。六月下旬,当西线金军受阻,东线顺昌解围,局势稍有稳定,高宗便又命司农少卿李若虚向岳飞传达诏命,谕飞“兵不可轻动,宜且班师”。此时岳飞已率军开至德安(今湖北省安陆市)。岳飞向李若虚陈述他恢复中原的谋略,李若虚素主抗金,他不顾矫诏之罪,主动支持岳飞北伐。

岳飞随即挥师北上，在六月、闰六月间，由张宪的前军攻下蔡州，牛皋在京西路连克鲁山等县城，统领官孙显也在蔡州和淮宁府之间打败金兵。张宪、傅选又大败金将韩常，顺利收复颍昌。牛皋、徐庆随后和张宪会师，继而收复了陈州。中军统制王贵所部也在闰六月底和七月初接连攻下了郑州和西京河南府。与此同时，韩世忠部将王胜收复海州，张俊部将王德收复亳州。

至此，岳飞所部和由他联络的各地忠义民兵，对完颜宗弼盘踞的东京已形成南、西南、西、西北、北、东北六面包围。然而，朝廷却诏命张俊撤出亳州移屯寿春，又下诏驻屯顺昌的刘锜向江南调移。岳飞接连上奏，“伏望速降指挥，火速并进”，没有得到朝廷批准。

完颜宗弼得知驻扎在郾城的岳飞兵马不多，用骑兵一万五千人直扑郾城，企图一举消灭岳家军的指挥中枢。七月初八日，兀术与龙虎大王完颜突合速、盖天大王完颜赛里等，率领金军在郾城北与岳家军对阵。兀术用“铁浮图”为主力，正面进攻，左右翼又辅之以“拐子马”，都是金军的精锐部队。岳飞令其子岳云率背嵬军和游奕军骑兵迎战，往来冲杀，并派步兵用麻扎刀、大斧等，上砍敌军，下砍马腿，使“拐子马”失去威力，杀伤了大量金兵。

两天后，金兵再犯郾城，岳飞在城北的五里店再一次大败金军。这时，完颜宗弼又调集了十二万大军屯于临颍。杨再兴率兵出巡，在小商桥与金兵遭遇，竟以三百骑兵杀死了金兵二千多人，其中包括一百多名将领，杨再兴与所部全部英勇战死。第二天，张宪率兵再战，金兵只好退出临颍。

郾城之战后，金人不甘于失败，完颜宗弼率十万步兵和三万骑兵攻颍昌。王贵、岳云分率精骑与金军战于颍昌城西。颍昌之战，岳家军“无一人肯回顾”，杀得“人为血人，马为血马”，大败金军，斩俘金统军金吾卫上将军夏姓万夫长，副军粘汗孛堇等七千余人，获马三千余匹。完颜宗弼退还开封。

岳家军全线进击，包围开封。岳飞对部属说：“今次杀金人，直到黄龙府(今吉林省农安县),当与诸君痛饮!”

完颜宗弼以十万大军驻扎于开封西南四十五里的朱仙镇,希图再次负隅顽抗。岳家军北上距离朱仙镇四十五里的尉氏县驻营,作为“制胜之地”。岳家军前哨的五百背嵬铁骑抵达朱仙镇,双方一次交锋,金军即全军奔溃。完颜宗弼最后只剩下一条路,放弃开封府,准备渡河北遁。

此时,传来朝廷班师诏。岳飞鉴于当时完胜的战局,上书争辩说:“金虏屡经败衄,锐气沮丧。虏欲弃其辎重,疾走渡河。今豪杰向风,士卒用命,功及垂成,时不再来,机难轻失。”两天后,大军先锋已进抵朱仙镇,完颜宗弼已逃出开封之时,岳飞却在一天之内接连收到十二道用金字牌递发的班师诏,诏旨措辞严峻:命大军即刻班师,岳飞本人去临安朝见。

岳飞收到如此荒唐的命令,愤惋泣下:“十年之力,废于一旦!”然而在朝廷高压钳制之下,岳飞不得不下令班师。百姓闻讯拦阻在岳飞的马前,哭诉担心金兵反攻倒算:“我等戴香盆、运粮草以迎官军,金人悉知之。相公去,我辈无噍类矣。”岳飞无奈,含泪取诏书出示众人,说:“吾不得擅留。”于是哭声震野。大军班师鄂州,岳飞则往临安朝见。

完颜宗弼回到开封,又整军攻取了被宋军收复的河南地区。岳飞在班师途中得知噩耗,不由仰天悲叹:“所得诸郡,一旦都休!社稷江山,难以中兴!乾坤世界,无由再复!”岳飞回到临安,再三恳请朝廷解除其军职,归田而居。高宗以“未有息戈之期”为由不许。

绍兴十一年(1141 年)正月,完颜宗弼再度领军南下。二月,岳飞领兵第三次驰援淮西,这也是他最后一次参与抗金战斗。金国在无力攻灭南宋的情况下,准备重新与宋议和。完颜宗弼在给秦桧的信中说“必杀岳飞,而后和可成”。岳飞回朝后,即遭秦桧党羽万俟卨(音 mòqíxiè)、罗汝楫的弹劾,岳飞被罢枢密副使,充“万寿观使”的闲职。在秦桧授意下，张俊利用岳家军内部矛盾，威逼利诱都统制王贵、副统制王俊先出面首告张宪“谋反”，继而牵连岳飞。张俊私设公堂，对张宪严刑逼供，毫无结果之下竟捏造张宪口供“为收岳飞处文字谋反”。

岳飞被投入大理寺狱中，此前其长子岳云也已下狱。岳飞义正词严地面对审讯，并袒露出背上旧刺“尽忠报国”四大字，主审官何铸见此，亦为之动容。铸调查发现岳案证据不足，实为冤案，如实禀告秦桧。秦桧却说：“此上(高宗)意也!”改命万俟卨主审。万俟卨用尽手段，也无法使岳飞屈招一字，岳飞宁死不自诬，乃至以绝食抗争，经其子岳雷照顾，才勉强支撑下来。

是年十一月，宋金“绍兴和议”达成：由宋向金称臣，将淮河以北的土地全部划归金国，并每年向金贡奉银、绢各二十五万两、匹。和议虽已达成，但岳飞始终未能被释放。

大理寺丞李若朴、何彦猷认为岳飞无罪，与万俟卨竭力相争，均遭罢官。布衣刘允升上书为岳飞申冤，被大理寺处死。已赋闲的韩世忠因岳飞入狱之事质问秦桧，桧回答：“飞子云与张宪书虽不明，其事体莫须有。”世忠愤然道：“‘莫须有’三字，何以服天下?”

十二月廿九日(1142 年 1 月 27 日)，宋高宗下达命令：“岳飞特赐死。张宪、岳云并依军法施行，令杨沂中监斩，仍多差兵将防护。”岳飞在大理寺狱中被杀害，时年 39 岁；岳云和张宪被斩首。岳飞的供状上只留下八个绝笔字：“天日昭昭，天日昭昭!”

岳飞被害后，狱卒隗顺冒险将岳飞遗体背出杭州城，埋在钱塘门外九曲丛祠旁。隗顺临终前，始将此事告知其子。直到宋孝宗即位，岳飞冤狱终于平反。隗顺子告以前情，乃将岳飞以礼改葬在西湖栖霞岭，谥岳飞为“武穆”。宋宁宗时追封为鄂王，改谥“忠武”。

岳飞是我国历史上杰出的民族英雄，其一生中，“还我河山”和“精忠报国”的爱国精神一直激励着后人。

梁红玉击鼓抗金

梁红玉(1102—1135),原籍池州(今属安徽省)人,祖父与父亲都是武将出身,梁红玉自幼随父兄练就了一身功夫。宋徽宗宣和二年(1119 年),睦州人方腊,啸聚山民起义,迅速发展到几十万人,连陷州郡,官军屡次征讨失败,梁红玉的祖父和父亲都因在平定方腊之乱中贻误战机,战败获罪被杀。梁家由此中落,梁红玉也沦落为京口营妓,即由各州县官府管理的官妓。但由于她精通翰墨,又生有神力,能挽强弓,每发必中,对平常少年子弟更多白眼相看,毫无娼家气息。

方腊起义,延及诸多州县。朝廷以童贯、谭稹统率大军镇压。方腊最后被一位小校所捉,这个小校就是韩世忠。韩世忠,陕西延安人,虎背熊腰,一身是胆,为人耿直,尤喜济人急难。童贯平定方腊后,班师回朝行到京口,召营妓侑酒,梁红玉与诸妓入侍,就在席上认识了韩世忠。韩世忠在众多将领的欢呼畅饮中,引起了梁红玉的注意;梁红玉的英姿,不落俗媚的神气也引起了韩世忠的关注,两人各通殷勤,互生怜惜,于是英雄美人成眷属。

北宋灭亡后,金军大掠汴京而退。躲避金兵的宋高宗赵构从海上返回临安(今杭州),于是改汴京为开封,以宗泽为开封留守。御营统制苗傅与威州刺史刘正彦拥众作乱,袭杀了执掌枢密的王渊,分头捕杀宦官,强迫高宗让出帝位,内禅皇太子,由隆佑太后垂帘听政。这次叛乱,在秀州拥有重兵的韩世忠,其夫人梁红玉及其儿子也被扣押在内。

事变发生之后,宰相朱胜非与隆佑太后密商,派梁红玉出城,驰往秀州,催促韩世忠火速进兵杭州勤王,并由太后封梁红玉为安国夫人，封韩世忠为御营平寇左将军。梁红玉怀抱儿子，跨上马背，疾驰而去，一昼夜赶到秀州。韩世忠得知情况后，当即会同张浚、张俊，带兵平定了苗傅等人的叛乱。宋高宗喜出望外，亲自到宫门口迎接韩世忠夫妇，立即授韩世忠武胜军节度使，不久又拜为江浙制置使。

金军在完颜宗弼率领下长驱直入，攻入江浙。宋高宗一味逃跑。金军所到之处，疯狂抢掠，孤军深入五个多月，江南各地到处爆发了汉人的反抗。完颜宗弼见再待下去必定“劳师久困”，于是在大肆掳掠之后北返。

时任浙西制置使的韩世忠正驻守江口，得知金军北撤，便率水军八千人急赴镇江截击，并募集海船百余艘“进泊金山下”。金军统帅完颜宗弼觉得韩世忠是在以卵击石，于是下战书给韩世忠，约定日期开战。到了约定的日子，金军开始北渡长江。韩世忠率军在江面上拦截。双方在江面上激战。梁红玉冒着箭雨亲自擂鼓，连续打退了金军的十几次攻击，金军始终不能渡江。

梁红玉击鼓战金山的故事，在民间广为流传，她被后人称为中国古代四大女中豪杰之一（花木兰、穆桂英、樊梨花、梁红玉）。

金军遭到重挫，大出完颜宗弼所料。于是他派出使者对韩世忠说，只要韩世忠肯放他们一条生路，他愿意归还所有在江南掠夺的财物，另外还送给韩世忠名马作为谢礼。韩世忠一口回绝。双方在长江上且战且走。金军不熟悉地理，被宋军逼入黄天荡死港。此时本是消灭金军的最好时机，但是韩世忠和梁红玉的兵力实在太少，又没有陆军配合，完颜宗弼趁机凿通湮塞已久的老鹳河故道三十里，撤向建康（今南京）。

完颜宗弼在撤向建康的途中又遭到岳飞的阻击，不得已折回长江继续北渡。韩世忠水军多海船，形体高大，稳性好，攻击力强。为了发挥这个优势，韩世忠令工匠制作了许多用铁链联结的大铁钩，并挑选健壮的水兵练习使用，用以对付金军的小战船。四月十二日清晨，金水军首先发起进攻，韩世忠水军分两路迎战，陷敌于腹背受击的境地。南宋战船乘风扬帆，往来如飞，居高临下用大钩钩住敌船一舷，使劲一拽，敌船便随之倾覆。宋军再一次获胜。

连战皆胜让韩世忠非常骄傲，认为金军不习水战，遂大意起来。不料有人向完颜宗弼建议利用海船无风难以开动这一点，选一个无风天，向宋军攻击定能取胜。完颜宗弼设坛祈求无风，在这个仪式中，完颜宗弼杀白马，割破自己的额头，又将掳掠来的妇女开膛剖腹，挖出心脏祭祀上天。结果第二天真的没有风了。完颜宗弼立即率领船队向宋军发动总攻。金军以小舟纵火，用火箭射击宋军的船帆。宋军的海船无法开动，都成了金军火箭的靶子。全部都被烧毁。宋军大将孙世询、严允战死。

韩世忠败回镇江，金军突围而去。

虽然在从战术上看，韩世忠此战败得很惨，但是从战略上来说，韩世忠以绝对弱势兵力而能阻击金兵达四十八日，而且金兵北去后不敢南顾，已经达到了击退金兵的战略目的。金兵突围北去之后，梁红玉不但不居功请赏，反而因金兵突破江防，上疏弹劾丈夫韩世忠“失机纵敌”，请朝廷“加罪”。这一义举，使举国上下，人人感佩，传为美谈。朝廷为此再加封她为“杨国夫人”。

此后，梁红玉与韩世忠驻守楚州（今江苏省淮安市）十多年，与士卒同劳役，共甘苦，受到军民爱戴，“兵仅三万，而金不敢犯”。

戚继光抗击倭寇

戚继光(1528—1587),山东蓬莱人。字元敬,号南塘,晚号孟诸。明朝抗倭名将,杰出的军事家、民族英雄。

嘉靖二十三年(1544年),17岁的戚继光袭任父职,成为登州卫指挥佥事。

嘉靖二十七年(1548年)至三十一年(1552年),奉命率领卫所士兵远戍蓟门(今北京市东北),春去秋归,每年一次。二十八年(1549年)考中武举,次年进京会试,正逢蒙古俺答汗兵围北京城,戚继光临时守卫京城九门,并两次上书陈述守御方略。三十二年(1553年),被提升为都指挥佥事,管理登州、文登、即墨三营二十五个卫所,防御山东沿海的倭寇。到任以后,戚继光整顿卫所,训练士卒,严肃纪律,使山东沿海的防务大大改观。

因为浙江倭患严重,嘉靖三十四年(1555年),戚继光被调任浙江都司佥书,次年升任参将,镇守宁波、绍兴、台州三府。此后,戚继光率部多次与倭寇作战,先后取得龙山、岑港、桃渚之战的胜利。

定海县境内的龙山所，北面濒临大海，是倭船往来必经之路。嘉靖三十五年(1556 年)九月，倭寇八百多人打到龙山所，戚继光这时新任参将不久，听到消息后立刻率军前往。倭寇分成三路猛冲，明军纷纷溃退，戚继光见形势危急，连忙跳到一块高石上，一连三箭将三个倭酋射倒，倭寇这才退去。十月，倭寇又在龙山所登陆，戚继光与俞大猷等率军抗击，三战三捷，倭寇乘夜撤退。

嘉靖三十六年(1557 年)，浙江巡抚胡宗宪诱捕斩杀了海盗汪直，其党羽三千余人盘踞岑港，声称要为汪直报仇。岑港在舟山岛的西面，地形复杂，倭寇只留一条小路以便出入，将其余通路一概堵死。嘉靖三十七年(1558 年)春，各路官兵进攻岑港，戚继光由左路进攻。倭寇居高临下，明军仰攻很不方便，双方死伤都很惨重。岑港久攻不下，明政府认为将官作战不力，撤去俞大猷、戚继光等人的职务，限令一个月内攻克岑港。未至一月，嘉靖便下旨，自总兵官以下，全部戴罪立功。随着期限的临近，戚继光等亲率士卒，奋勇冲锋，倭寇抵挡不住，在一个深夜乘船退出岑港。

此后不久，戚继光便连续两次上书，向上司提出练兵建议，但由于种种原因，建议未能及早实现。嘉靖三十八年(1559 年)九月，戚继光第三次提出建议得到批准，遂到义乌招募农民和矿工。戚继光进行了严格的挑选，最后选定三千多人，编立队伍，分发武器，进行严格的训练。从此，这支军队转战各地，取得了辉煌的战绩，人称“戚家军”。

嘉靖四十年(1561 年)四五月间，倭寇大举进犯浙江，船只达数百艘，人数达一两万，骚扰地区达几十处，声势震动远近。戚继光在花街、上峰岭、藤岭、长沙等地大败倭寇，先后十三战十三捷，共擒斩倭寇一千多人，焚、溺死四千多人，使侵犯台州的倭寇遭到毁灭性的打击。与此同时，其他将领也在宁波、温州一带和倭寇交战十多次，取得重大胜利，浙江倭患基本平息。由于台州大捷，戚继光被提升为都指挥使，“戚家军”也名闻天下。

倭寇在浙江受到沉重的打击后，开始在福建猖獗活动。嘉靖四十一年(1562 年)，戚继光受命入闽剿倭，先后荡平横屿、牛田、林墩三大倭巢，随后回浙江补充兵员。

戚继光刚离开，倭寇就相互庆贺说，戚老虎去，我们还怕什么！嘉靖四十一年(1562 年)冬，倭寇六千余人攻陷兴化府城，烧杀抢劫，无恶不作。次年二月，据莆田东南的平海卫为巢。四月，戚继光率领一万多人到达福建。五月，福建巡抚谭纶命戚家军为中路，刘显为左翼，俞大猷为右翼，向平海卫发动总攻势。倭寇仓皇应战，戚家军用火器猛烈射击，倭寇战马受惊，乱跑乱窜。左右两翼乘势并进，倭寇大败，或被烧死，或被杀死，逃窜者也多坠崖、蹈海而死，共被斩首两千余人。

嘉靖四十二年(1563 年)十一月，倭寇约两万人围攻仙游，城内居民昼夜死守，双方伤亡都很严重。谭纶和戚继光统兵来救，驻扎于仙游城外二十里处，这时戚继光的部下只有六千多人，敌我力量相差悬殊，不宜立即决战。次年一月，换防的军队到达，戚继光进行周密部署后，分数路向仙游进军。倭寇结为四巢，分别盘踞于东、南、西、北四门，中路军直冲倭寇南巢，其他各路配合作战，倭寇丢盔弃甲，全线崩溃，仙游之围得以解除。戚继光以寡敌众，大获全胜，展现了卓越的军事才能。

东南沿海的倭患虽然平息了，但北边仍然存在鞑靼的威胁，为了加强北边的防务，朝廷决定调戚继光训练边兵。隆庆元年(1567 年)十二月，戚继光奉命北上，到京师不久，便上《请兵破虏四事疏》，提出自己的边防策略。但一些官员议论不休，纷进谗言，戚继光结果被任命为禁军神机营副将。二年(1568 年)夏天，由于新任蓟辽保定总督谭纶的推荐，戚继光被任命为总理蓟州、昌平、辽东、保定之军务。

戚继光到蓟镇后，将精力主要用到了防御工事上。他将旧城墙加高加厚，并修筑了大量空心敌台。敌台修成后，戚继光又设立车营，创立各兵种协同作战的战术。在此期间，因北方士兵纪律散漫，苟且偷安，戚继光请求调浙兵北上，得到朝廷同意。开始只调来三千人，后增至九千人，最后增加到两万人，成为守边的主力。

戚继光根据北方的地理条件，提出车、骑、步三军配合作战。敌台修筑完毕后，戚继光便建立七座车营，分别驻守建昌、遵化、昌平等地。每营有重车一百五十六辆，轻车二百五十六辆，步兵四千人，骑兵三千人；每车配备士兵两人，佛朗机炮两门。作战时，骑兵在前面阻挡敌人，战车在后面排成战斗队形；敌军逼近时，骑兵退入战车阵内，车上的士兵施放火器；火器的威力发出后，步兵从车后冲出；敌人攻势被挫后，骑兵又从车后出击。

戚继光镇守蓟州不久，俺答汗就放弃了骚扰政策，与明政府达成协议。明朝封俺答汗为顺义王，设立互市于大同、宣府等地，俺答汗则严禁诸部入边劫掠。

戚继光从东南抗倭到北镇蓟州，得到了上司以及执政大臣张居正等人的支持。尤其是张居正，常把那些作对的官员调开，甚至免除职务，所以戚继光能久镇北边，发挥所长。万历十年(1582年)，张居正病死，反对派群起攻击，戚继光也受到牵连。十一年(1583年)，戚继光被调往广东。十三年(1585年)，戚继光被朝廷罢免官职，回到家乡登州，两年后病逝。

郑成功收复台湾

郑成功(1624—1662)，福建泉州府南安县人，明末抗清名将，民族英雄。本名森，字明俨，号大木，幼名福松，因蒙隆武帝赐明朝国姓朱，赐名成功，人称“国姓爷”，又因永历帝封延平王，称“郑延平”。

崇祯十一年(1638年)，郑成功考中秀才，又经考试成为南安县二十位“廪膳生”之一。十四年(1641年)，迎娶福建泉州惠安进士礼部侍郎董杨先侄女。

崇祯十七年(1644年)，郑成功进入南京国子监深造，拜在江浙名儒钱谦益门下；钱谦益为了勉励郑成功，替他起“大木”别字。同年，李自成攻破北京，崇祯帝自缢于煤山，明朝灭亡；随后明山海关总兵吴三桂引清军入关，击败李自成，进驻北京城。明朝遗臣遂于南京拥立福王朱由嵩登基，翌年(1645年)改元弘光。

弘光元年五月，清朝豫亲王多铎率军南下，破扬州、南京，兵部尚书史可法等人殉国，弘光帝被杀，弘光政权灭亡。

弘光政权覆灭后，郑成功之父郑芝龙、郑鸿逵兄弟于福州拥戴唐王朱聿键称帝，同年七月改元隆武。不久，鲁王朱以海称监国于绍兴，隆武、监国两政权虽皆“矢志恢复”，却彼此矛盾、冲突不断，各行其是。

隆武二年（清顺治三年，1646 年）起，郑成功即开始领军，多次奉命进出闽、赣与清军作战，颇受隆武帝器重。然而真正握有军政大权的郑芝龙，却无意全力抗清，甚至在清军南下福建的时候，命令仙霞关守将施福（又名施天福，施琅族叔）将军队撤回福州（隆武政权所在地）。此举导致清军攻入闽北时几乎没有遭受抵抗。

清朝大学士洪承畴为泉州武荣人，郑芝龙同乡，在其承诺给予三省王爵的利诱下，郑芝龙不顾郑成功、郑鸿逵等人的反对，决意带着其他几个儿子北上向清朝投降。郑成功劝阻父亲不成，只好带着部分士兵出走金门。郑芝龙本以为降清之后不但得保家业，还能加官晋爵；不料清军征闽主帅博洛背约，不但将郑芝龙与诸子一同挟往北京，更出兵攻打郑家的故乡闽南南安。郑成功之母田川氏不幸碰上此次劫难，于战乱中自缢身亡；郑成功得知母亲死后，更加坚定了抗清的决心。

同年八月，清军攻克浦城、霞浦，隆武帝出奔江西，在汀州遭清军俘虏，之后绝食而亡。南明帝系旋由桂王朱由榔继承，改元“永历”。

隆武政权灭亡后，郑成功避走金门，然后开始于沿海各地招兵买马、收编郑芝龙旧部，更在南澳募集了数千兵力。同年十二月，郑成功在小金门，以“忠孝伯招讨大将军罪臣国姓”之名誓师反清。

在此后四年多的时间里，郑成功几度大败清军。清顺治帝敕封郑成功为“海澄公”，郑成功不受。八月，双方于泉州府安平报恩寺内议和，郑军得以休兵筹措粮饷，稍事整顿。十一月，顺治帝再度敕封，并承诺给予一府（泉州府）之地安置兵将，郑成功仍不接受。永历八年（1654 年，清顺治十一年），二月，清廷再遣使与郑成功承诺，给予兴化、泉州、漳州、潮州四府地方；郑成功以“兵马繁多，非数省不足安插”为由，再次拒绝。八月，清又遣使往议，郑成功又一次拒绝清廷提出的条件。

十一月，清朝漳州协守刘国轩向郑成功投降，引郑军进入漳州府城，漳州总镇张世耀与以下官员尽皆向郑军投降。十二月，郑军分兵进击，攻下同安、南安、惠安、安溪、永春、德化诸县，军队进入兴化地方。永历九年(1655 年)九月，郑军取得泉州战役的胜利。永历十年十二月，郑成功部队又在闽东北取得护国岭战役的胜利。永历十四年(1660 年)，郑成功在福建海门港歼灭清将达素所率水师四万余人，取得厦门战役的胜利，声威复振。

自从小金门起兵抗清后，郑军转战浙、闽、粤等行省东南沿海，多次帮助明朝宗室与民众渡海定居台湾及东南亚各地。为了解决大军的后勤给养问题，郑成功听从何斌之建议，决定夺取时由荷兰东印度公司支配的台湾岛。永历十五年(1661 年)，郑成功亲率将士二万五千余人、战船数百艘，自金门料罗湾出发，经澎湖，向台湾进军。荷兰于台岛西南建有两大防御要塞，一为位于大员(今台南市安平区)的热兰遮城，二为位于台江内陆赤崁地方(今台南市中西区)的普罗民遮城。同年四月初一，郑军经由鹿耳门水道进入，并于禾寮港(今台南市北区开元寺附近)登陆，意图先取防御薄弱的普罗民遮城。随后郑军击沉荷兰军舰赫克特号，取得台江内海控制权，并同时在北线尾地区击败荷兰陆军，以优势兵力包围普罗民遮城。于四月初五即迫使普罗民遮城守军出降。五月初五，郑成功改赤崁为“东都明京”，设承天府及天兴、万年二县。

取得普罗民遮城之后，郑军随即由海、陆两面围困热兰遮城。由于考虑到两万大军的粮饷调度不易，郑成功并没有做持久战的打算，一开始即对热兰遮城施压，试图胁迫荷兰军队投降。遭拒后，郑成功一度下令强攻热兰遮城，却遭遇荷军顽强抵抗，郑军损失惨重。郑成功被迫改变策略，派出大部分的军队至南北各地屯田、征收钱粮，对热兰遮城改取长期包围战略。

永历十五年(1661年)七月，荷兰东印度公司从巴达维亚调遣的援军抵达大员，除了六百多名士兵、十一艘军舰以外，还带来大量补给品与火药。此时郑成功的军力仍分散台湾各地，驻守大员以及普罗民遮城的军力不足三千，遂使荷兰军重新燃起反扑的希望。七月中旬，停泊于外海的荷兰援军遭遇强风，被迫离开大员海域，前往澎湖避风;其中荷兰军舰Urck号搁浅，船上人员皆被郑军俘虏。此一变故，使郑军获得整备的时机，待荷兰军舰于八月回到大员海域时，郑军已完成作战准备。八月中旬，荷、郑两军于台江内海展开激战，郑军大获全胜，自此荷军丧失主动出击的能力。

十二月初八，荷兰大员长官揆一修书给郑成功，表示同意“和谈”。几经谈判，终于在十二月二十日向郑成功屈服，退出台湾。至此，沦陷了八年之久的台湾，又重新回到了祖国的怀抱。

永历十五年(1661年，清顺治十八年)，顺治驾崩，皇三子玄烨继位，斩成功之父郑芝龙，并挖郑氏祖坟。

郑成功接连听闻噩耗，加上在台将士水土不服，人心惶惶，郑成功内外交逼，于永历十六年(1662年，清康熙元年)五月初八急病而亡，死前大喊:“我无面目见先帝于地下”，抓破脸面而死，年仅39岁。

傅山忠贞气节高

傅山(1607—1684),初名鼎臣,字青竹,改字青主,又有真山、浊翁、石人等别名。出生于太原府阳曲县(今山西省太原市)。明清之际思想家、书法家。

傅山出生于官宦书香之家,家学渊源,祖父傅霖累官山东参议、辽海兵备,颇有政绩,其父傅子谟终生不仕,精于治学。傅山少时,受到严格的家庭教育,博闻强记,读书数遍即能背诵。15 岁补博士弟子员,20 岁试高等廪饩,成为一名禀生。后就读于三立书院,受到山西提学袁继咸的指导和教诲,是袁氏颇为青睐的弟子之一。

袁继咸,是明末海内咸知的耿直之臣,曾在朝为兵部侍郎,为官清廉,为人耿直,敢于直言。提学山西时,以“立法严而用意宽”的精神宗旨,整顿三立书院学风,不拘一格,选拔人才。他极重于文章、气节的教育,对傅山影响颇深,傅山亦以学业精湛、重节气得意于袁氏门下。

清军入关建都北京之初,全国抗清之潮此伏彼起,气势颇高,傅山渴望南明王朝日益强大，早日北上驱逐清王朝，匡复明室，并积极同桂王朱由榔派来山西的总兵官宋谦联系，密谋策划，积蓄力量，初定于顺治十一年(1654 年)三月十五日从河南武安五汲镇起义，向北发展势力。然而，机事不密，宋谦潜往武安不久，即被清军捕获，并供出了傅山。于是傅山被捕，关押太原府监狱。羁拘期间，傅山矢口否认与宋谦的关系，即便是严刑逼供，也只说宋曾求他医病，遭到拒绝，遂怀恨在心。一年之后，清廷不得傅山口供，遂以“傅山的确诬报，相应释宥”的判语，将他释放。

康熙二年(1663 年)，参加南明政权的昆山顾炎武寻访英雄豪杰，来太原找到傅山，两人抗清志趣相投，结为同志，自此过从甚密。他们商定组织票号，作为反清的经济机构。以后傅山又先后与申涵光、孙奇逢、李因笃、屈大筠以及王显祚、阎若璩等坚持反清立场的名人和学者，多有交往。尤其是曾在山东领导起义的阎尔梅也来太原与傅山会晤，并与傅山结为“岁寒之盟”。

清初，为了笼络人心，泯除亡明遗老们的反清意识，康熙帝在清政权日益巩固的形势下，于康熙十七年(1678 年)颁诏天下，令三品以上官员推荐“学行兼优、文辞卓越之人”，并称“朕将亲试录用”。给事中李宗孔、刘沛先推荐傅山应博学宏词试。傅山称病推辞，阳曲知县戴梦熊奉命促驾，傅山被迫进京。至北京后，傅山继续称病，卧床不起。清廷宰相冯溥并一干满汉大员隆重礼遇，多次拜望诱劝，傅山靠坐床头淡然处之。他既以病而拒绝参加考试，又在皇帝恩准免试、授封“内阁中书”之职时仍不叩头谢恩。康熙皇帝面对傅山如此之举并不恼怒，反而表示要“优礼处士”，诏令“傅山文学素著，念其年迈，特授内阁中书，着地方官存问。”

傅山由京返回后，地方诸官闻讯都去拜望，并以内阁中书称呼。对此，傅山低头闭目不语不应，泰然处之。阳曲知县戴氏奉命在他家门首悬挂“凤阁蒲轮”的额匾，傅山凛然拒绝，毫不客气。

在学术和学术思想上，傅山的学问文章，都追踪当时的进步思潮，赞扬具有革命新精神，被明朝统治者视作洪水猛兽的李贽学术思想和刘辰翁、杨慎、钟星等节高和寡之士的文风。他对明末的政治腐败，官场龌龊，是有清醒的认识。明王朝灭亡后，傅山一反清初一般学者以经学为中心的研究范围，而是独辟研究子学的途径，冲破宋、明以来重理的羁绊，开拓了新的学术研究领域，成为清之后研治诸子的开山鼻祖。至于傅山的诗赋，则是继承了屈原、杜甫以来的爱国主义传统，他主张诗文应该“生于气节”，以是否有利于国家和民族为衡量标准。傅山一生著述颇丰，可惜所著宏论，大都散失，只存书名和篇名，留存于世的有《霜红龛集》和《两汉人名韵》两部。

在诗、文、书、画诸方面，傅山皆善学妙用，造诣颇深。傅山的书法被时人尊为“清初第一写家”。他的画也达到了很高的艺术境界，所画山水、梅、兰、竹等，均精妙，被列入逸品，在中国古典书画艺术中，博得后人的高度赞赏。

傅山在医学上，也有着巨大的成就。他内科、妇科、儿科、外科，科科均有很高医术，而尤以妇科为最。其医著《傅氏女科》《青囊秘诀》，至今流传于世，造福于人。

傅山作为封建社会中的知识分子，一生中处处表现了坚韧不拔的战斗精神。他那种“富贵不能淫，贫贱不能移，威武不能屈”的品格和气节，毫不愧对“志士仁人”的评价。

康熙二十三年(1684 年)初，傅山的爱子傅眉忽逝，年逾古稀进入风烛残年的傅山悲痛异常，再也经受不起如此打击，不久就撒手人寰，与世长辞，时年 77 岁。

顾炎武浩气常存

顾炎武(1613—1682),本名继坤,改名绛,字宁人,南直隶苏州府昆山(今江苏省昆山市)人。著名思想家、史学家、语言学家,与黄宗羲、王夫之并称为明末清初三大儒。14岁取得诸生资格后,屡试不中,自27岁起,断然弃绝科举之学,遍览历代史乘、郡县志书,以及文集、章奏之类,辑录其中有关农田、水利、矿产、交通等记载,兼以地理沿革的材料,开始撰述《天下郡国利病书》和《肇域志》。崇祯十六年(1643年)夏,以捐纳成为国子监生。

清兵入关后,顾炎武暂居语濂经,由昆山县令杨永言推荐,投入南明朝廷,任兵部司务。顺治二年(1645年)五月,顾炎武取道镇江赴南京就职,尚未到达,南京即为清兵攻占,弘光帝被俘,南明军崩溃,清军铁骑又指向苏、杭。其时,江南各地抗清义军纷起。顾炎武和挚友归庄、吴其沆投笔从戎,参加了佥都御史王永祚为首的一支义军。义军失败后顾炎武潜回昆山,又与杨永言、归庄等守城拒敌;不数日昆山失守,死难者多达四万,顾炎武生母何氏右臂被清兵砍断,两个弟弟被杀,顾炎武本人则因城破之前已往语濂经而侥幸得免。9天后，常熟陷落，顾炎武嗣母王氏闻变，绝食殉国，临终嘱咐顾炎武说："我虽妇人，身受国恩，与国俱亡，义也。汝无为异国臣子，无负世世国恩，无忘先祖遗训，则吾可以瞑于地下。"

当年闰六月，明宗室唐王朱聿键在福州称帝，年号隆武。经大学士路振飞推荐，隆武帝遥授顾炎武为兵部职方司主事；由于嗣母新丧，顾炎武一时难以赴任。

此后四五年中，顾炎武"东至海上，北至王家营（今属江苏省淮安市淮阴区），仆仆往来"，奔走于各股抗清力量之间，谋通消息，意图纠合各地义军伺机而动。

虽然弘光及隆武等南明政权先后瓦解，顾炎武亲身参与的抗清活动也一再受挫，但是，顾炎武并未因此而颓丧。他以填海的精卫自比："万事有不平，尔何空自苦，长将一寸身，衔木到终古。我愿平东海，身沉心不改，大海无平期，我心无绝时。呜呼！君不见，西山衔木众鸟多，鹊来燕去自成窠。"

顺治十二年（1655年）春季，顾炎武回到家乡昆山，因遭人诬陷而入狱。翌年春顾炎武出狱。此后他决计北游，以结纳各地抗清志士，考察北方山川形势，徐图复明大业。远行避祸当然也是一个原因。

顺治十六年（1659年），至山海关，凭吊古战场，此后二十多年间，他孑然一身，游踪不定，足迹遍及山东、河北、山西、河南，"往来曲折二三万里，所览书又得万余卷"，结识了许多志同道合的朋友；晚年，始定居陕西华阴。

康熙七年（1668年），又因莱州黄培诗案入狱，得友人李因笃等营救出狱。十年（1671年），游京师，翰林院学士、经筵讲官熊赐履设宴款待，邀请他修《明史》。顾炎武拒绝说："果有此举，不为介之推逃，则为屈原之死矣！"

康熙十七年（1678年），康熙帝开博学鸿儒科，招致明朝遗民，顾炎武三度致书叶方蔼，表示“耿耿此心，终始不变”，以死坚拒推荐，又说“七十老翁何所求？正欠一死！若必相逼，则以身殉之矣！”。第二年，清廷开明史馆，顾炎武以“愿以一死谢公，最下则逃之世外”回拒熊赐履。

康熙二十一年(1682年)正月初四，顾炎武在山西曲沃韩姓友人家，上马时不慎失足，呕吐不止，初九(2月15日)丑刻，这位明末清初著名的思想家与世长辞。

顾炎武“明道救世”的经世思想，宣告了晚明空疏学风的终结。更为突出的是他提出了“天下兴亡，匹夫有责”的响亮口号。顾炎武所说的天下兴亡，不是指一家一姓王朝的兴亡，而是指广大的中国人民生存和整个中华民族文化的延续。因此，他提出的“天下兴亡，匹夫有责”具有深远意义和影响，成为激励中华民族奋进的精神力量。而在顾炎武的一生中，也确实是以“天下为己任”，奔波于大江南北，即令他在病中，还在呼吁“天生豪杰，必有所任……今日者，拯斯人于涂炭，为万世开太平，此吾辈之任也。”

龚自珍疾呼变革

龚自珍(1792—1841),浙江仁和(今浙江省杭州市余杭区)人。字璱(sè)人,号定盦(ān),后更名易简,字伯定;又更名巩祚,号定庵,近代思想家、文学家。出身于世代官宦学者家庭。

嘉庆十九年(1814 年),龚自珍著四篇《明良论》,第一次明快地表露了自己的政治见解,对君权专制进行抨击。他指出,腐败的原因首先在于皇帝视臣下如犬马、奴才,使大臣不知廉耻,只知朝夕长跪,只知追求车马、服饰,以言词取媚君上。在这种制度下,“官益久则气愈偷,望愈崇则谄愈固,地益近则媚亦益工”。入骨三分的针砭,令不少人惊叹。

嘉庆二十四年(1819 年),28 岁的龚自珍会试不中,在京师与魏源一起师事文学家刘逢禄,研读《公羊春秋》。嘉庆二十五年(1820 年),龚自珍会试再度落第,以举人挑选为内阁中书。从道光元年起,又任国史馆校对等官职,先后十几年。其间,他阅读了内阁丰富的档案和典籍,勾索旧闻,探讨历代得失,以后又参加《大清一统志》的修撰,写出了《西域置行省议》等有深刻见解的文章。

道光九年（1829 年），38 岁的龚自珍经过第六次会试，终于考中进士。他在殿试对策中撰《御试安边抚远疏》，议论新疆平定准噶尔叛乱后的善后治理，从施政、用人、治水、治边等方面提出改革主张。“胪举时事，洒洒千余言，直陈无隐，阅卷诸公皆大惊。”主持殿试的大学士曹振镛是个有名的“多磕头、少说话”的三朝不倒翁，他“以楷法不中程，不列优等”，将龚自珍置于三甲第十九名，不得入翰林，仍为内阁中书。在任京官的 20 年中，龚自珍虽困阨闲曹，仍屡屡上书，指斥时弊，但都未被采纳，甚至被同僚视为“痼疾”。这一时期，他也撰写了更加成熟的一些政论文章，如《乙丙之际箸议》《大誓答问》《古史钩沉论》等，讥刺封建官僚的昏庸。

由于龚自珍屡屡揭露时弊，触动时忌，因而不断遭到权贵的排挤和打击。道光十九年（1839 年）春，他又忤其上司，决计辞官南归，于四月二十三日离京。同年九月又自杭州北上接还眷属。两次往返途中，百感交集的龚自珍写下了许多激扬、深情的忧国忧民诗文，这便是著名的《己亥杂诗》。

道光二十一年（1841 年）春，龚自珍执教于江苏丹阳云阳书院。夏末，他曾写信给江苏巡抚梁章钜，准备辞去教职，赴上海参加反抗外国侵略的战斗。但八月十二日（9 月 26 日），突患急病暴卒于丹阳。

“薮泽无才盗”，是晚清大诗人龚自珍针对当时中国人才极度匮乏所发出的感叹，为此他写出了那首振聋发聩的诗：

九州生气恃风雷，
万马齐喑究可哀。
我劝天公重抖擞，
不拘一格降人才。

诗的前两句用了两个比喻，写出了诗人对当时中国形势的看法。“万马齐喑”比喻在腐朽、残酷的反动统治下，思想被禁锢，人才被扼杀，到处是昏沉、庸俗、愚昧，一片死寂、令人窒息的现实状况。“风雷”比喻新兴的社会力量，比喻尖锐猛烈的改革。从大处着眼、整体着眼、大气磅礴、雄浑深邃的艺术境界。诗的后两句，“我劝天公重抖擞，不拘一格降人才”是传诵的名句。诗人用奇特的想象表现了他热烈的希望，他期待着优秀杰出人物的涌现，期待着改革大势形成新的“风雷”、新的生机，一扫笼罩九州的沉闷和迟滞的局面，既揭露矛盾、批判现实，更憧憬未来、充满理想。它独辟奇境，别开生面，呼唤变革，呼唤未来。

【己亥杂诗】

［清］龚自珍

浩蕩高愁白日斜，
吟鞭东指即天涯。
落红不是无情物，
化作春泥更护花。

林则徐虎门销烟

林则徐(1785—1850),福建侯官(今福建省福州市)人,字元抚,又字少穆、石麟,晚号俟村老人、俟村退叟、七十二峰退叟、瓶泉居士、栎社散人等。是清朝后期政治家、思想家和诗人,曾任湖广总督、陕甘总督和云桂总督,两次受命钦差大臣,是中华民族抵御外辱的民族英雄。

林则徐出生在一个下层封建知识分子的家庭,生性聪颖,14 岁中秀才后到福建著名的鳌峰书院读书。嘉庆九年(1804 年),20 岁的林则徐参加乡试中举。但此后由于家庭日难,外出当塾师。嘉庆十一年(1806 年)秋,应房永清之聘到厦门任海防同知书记,专责处理商贩洋船来往、米粮兵饷的文书记录。其时厦门的鸦片走私问题严重,历任厦门海防同知皆是贪官污吏,外商贿赂成风,无人打击走私。林则徐在其任内受到福建巡抚张师诚赏识,被招为幕僚。

张师诚将自己公事上的知识、权术一一传授给林则徐,甚至他在嘉庆十四年八月(1809 年 9 月),镇压海盗蔡牵时亦带林则徐一同随往。张师诚事后对林则徐大加赞赏。

同年年底，张师诚推荐林则徐父亲林宾日为乐正书院主持，林家经济得以改观。后林则徐又在这年参加京师会试，可惜仍然落第，他依然留在张师诚处当幕僚。直到嘉庆十六年(1811 年)，林则徐终中进士，殿试高居第二甲第四名，从此踏上官宦之路。

在京为官，他矢志做一个济世匡时的正直官吏。他广泛搜集元、明以来关于兴修畿辅水利的奏疏、著述，写了《北直水利书》，指出“直隶水性宜稻，有水皆可成田”“农为天下本务，稻又为农家之本务”。认为只有发展水利，提倡种稻，就地解决漕粮，才能合理解决南粮北运及由此产生的漕运积弊问题。

嘉庆二十五年(1820 年)七月，林则徐外任浙江杭嘉湖道。甄拔人才，建议兴修海塘水利，颇有作为。

道光二年(1822 年)四月，到浙江受任江南淮海道，未履任前曾署浙江盐运使，整顿盐政，取得成效。林则徐受到道光皇帝的宠信。道光三年(1823 年)正月，提任江苏按察使。在任上，他整顿吏治、清理积案，平反冤狱，并把鸦片毒害视为社会弊端加以严禁。

道光七年(1827 年)六月，任陕西按察使、代理布政使，在任一月即调任江宁布政使。

道光十年(1830 年)秋，任湖北布政使，翌年春调任河南布政使，擢东河河道总督。面对关系到河道民生重大问题，决心“破除情面”“力振因循”，以求“弊除帑节，工固澜安。”为了治理黄河，亲自顶着寒风，步行几百里，对备用的几千个治水商梁秸进行检查，还将沿河地势，水流情况，绘画张挂，便于了解和治理。

道光十二年(1832 年)一月，调任江苏巡抚。道光十七年(1837 年)正月，升湖广总督。面对湖北境内每到夏季大河常泛滥成灾，林则徐采取有力措施，提出“修防兼重”，使“江汉数千里长堤，安澜普庆，并支河里堤，亦无一处漫口。”保障了沿岸州县百姓的生命财产安全。

道光十八年(1838 年),鸿胪寺卿黄爵滋上疏主张以死罪严惩吸食鸦片者,道光帝令各地督抚各抒己见。林则徐坚决支持黄爵滋的严禁主张,提出六条具体禁烟方案,并率先在湖广实施,成绩卓著。八月,他上奏指出,历年禁烟失败在于不能严禁。警告:"若犹泄泄视之,是使数十年后中原几无可以御敌之兵,且无可以充饷之银。"九月应召进京,力陈禁烟方略。十一月,受命为钦差大臣,前往广东禁烟,并节制广东水师,查办海口。

道光十九年(1839 年)正月,林则徐抵广州。他会同两广总督邓廷桢等传讯洋商,令外国烟贩限期交出鸦片。采取撤买办工役、封锁商馆等措施,挫败英国驻华商务监督义律和烟贩的狡赖,收缴英国趸船上的全部鸦片,四月二十二(6 月 3 日)起在虎门海滩销烟。其间,林则徐注意了解外国情况,组织翻译西文书报,供制定对策、办理交涉参考。所译资料,先后辑有《四洲志》《华事夷言》《滑达尔各国律例》等,成为中国近代最早介绍外国的文献。为防范外国侵略,林则徐大力整顿海防,积极备战,购置外国大炮加强炮台,搜集外国船炮图样准备仿制。他坚信民心可用,组织地方团练,从沿海渔民、村户中招募水勇,操练教习。七月因义律拒不交出杀害中国村民的英国水手,又不肯具结保证不再夹带鸦片,他下令断绝澳门英商接济。义律诉诸武力,挑起九龙炮战和穿鼻洋海战。林则徐亲赴虎门布防,督师屡败英军。十一月遵旨停止中英贸易。十二月实授两广总督,此时他已觉察英国正蓄意发动侵华战争,以所得西方消息五次奏请令沿海各省备战。

道光二十年(1840 年)六月,鸦片战争开始后,英军攻粤闽未逞,改攻浙江,陷定海,再北侵大沽。道光帝惊恐求和,归咎林则徐在广东"办理不善",屡次下旨斥责。九月林则徐被革职,留粤备查问,但仍奔走察看要隘,筹募壮勇守卫广州,反对钦差大臣琦善畏敌求和;继而向主持粤战的奕山上防御建议,不被采纳。

道光二十一年(1841 年)三月受命赴浙江协办海防。在浙积极筹议战守，提供炮书，帮助研制新式炮车和车轮战船。五月道光帝以广东战败，归咎前任，林则徐被革去四品卿衔，从重惩处，充军伊犁。途经镇江，授老友魏源以《四洲志》及有关外国资料，嘱撰《海国图志》。后因黄河在河南开封祥符决口，酿成水患，奉旨往河南黄河工地治河，工竣仍戍伊犁。

道光二十二年(1842 年)抵伊犁。他协助办理垦务，亲历南疆库车、阿克苏、叶尔羌等地勘察，行程三万里，所至倡导水利，开辟屯田。又绘制边疆地图，建议兵农合一，警惕沙俄威胁。

道光二十五年(1845)，林则徐被重新起用署陕甘总督，次年转任陕西巡抚；二十九年(1849 年)因病辞职归籍。翌年十月十九日(1850 年 11 月 22 日)逝世，全国哀悼，福州建祠奉祀。

三、礼篇

孔子问礼于老子

春秋时期，孔子曾问礼于老聃。公元前523年的一天，孔子对弟子南宫敬叔说："周朝管藏书的史官老子，博古通今，知礼乐之源，明道德之要。今吾欲去周求教，你愿同去否？"南宫敬叔欣然同意，随即报请鲁君。鲁君准行。遣一车二马一童一御，由南宫敬叔陪孔子前往。

老子见孔丘千里迢迢而来，非常高兴，教授之后，又引孔丘访大夫苌弘。苌弘善乐，授孔丘乐律、乐理；引孔丘观祭神之典，考宣教之地，察庙会礼仪，使孔丘感叹不已。逗留数日，孔丘向老子辞行。老子送至馆舍之外，赠言道："吾闻之，富贵者送人以财，仁义者送人以言。吾不富不贵，无财以送你；愿以数言相送。当今之世，聪明而深察者，其所以遇难而几至于死，在于好讥人之非也；善辩而通达者，其所以招祸而屡至于身，在于好扬人之恶也。为人之子，勿以己为高；为人之臣，勿以己为上，望切记。"孔丘顿首道："吾定谨记在心！"

行至黄河之滨，见河水滔滔，浊浪翻滚，其势如万马奔腾，其声如虎吼雷鸣。孔子伫立岸边，不觉叹曰："逝者如斯夫，不舍昼夜！黄河之水奔腾不息，人之年华流逝不止，河水不知何处去，人生不知何处归?"闻孔子此语，老子道："人生天地之间，乃与天地一体也。天地，自然之物也；人生，亦自然之物；人有幼、少、壮、老之变化，犹如天地有春、夏、秋、冬之交替，有何悲乎？生于自然，死于自然，任其自然，则本性不乱；不任自然，奔忙于仁义之间，则本性羁绊。功名存于心，则焦虑之情生；利欲留于心，则烦恼之情增。"孔子解释道："吾乃忧大道不行，仁义不施，战乱不止，国乱不治也，故有人生短暂，不能有功于世、不能有为于民之感叹矣。"

老子道："天地无人推而自行，日月无人燃而自明，星辰无人列而自序，禽兽无人造而自生，此乃自然为之也，何劳人为乎？人之所以生，所以无，所以荣，所以辱，皆有自然之理、自然之道也。顺自然之理而趋，遵自然之道而行，国则自治，人则自正，何须津津于礼乐而倡仁义哉？津津于礼乐而倡仁义，则违人之本性远矣！犹如人击鼓寻求逃跑之人，击之愈响，则人逃跑得愈远矣！"

少顷，老子手指滔滔黄河，对孔子说："何不学水之大德呢?"孔子问："水有何德?"老子说："上善若水：水善利万物而不争，处众人之所恶，此乃谦下之德也；故江海所以能为百谷王者，以其善下之，则能为百谷王。天下莫柔弱于水，而攻坚强者莫之能胜，此乃柔德也；故柔之胜刚，弱之胜强坚。因其无有，故能入于无间，由此可知不言之教、无为之益也。"孔子闻言，恍然大悟道："先生此言，使我顿开茅塞也：众人处上，水独处下；众人处易，水独处险；众人处洁，水独处秽。所处尽人之所恶，夫谁与之争乎？此所以为上善也。"老子点头说："然也！你可切记：与世无争，则天下无人能与之争，此乃效法水德也。水几于道：道无所不在，水无所不利，避高趋下，未尝有所逆，善处地也；空处湛静，深不可测，善为渊也；损而不竭，施不求报，善为仁也；圜必旋，方必折，塞必止，决必流，善守信也；

洗涤群秽，平准高下，善治物也；以载则浮，以鉴则清，以攻则坚强莫能敌，善用能也；不舍昼夜，盈科后进，善待时也。故圣者随时而行，贤者应事而变；智者无为而治，达者顺天而生。你此去后，应去骄气于言表，除志欲于容貌。否则，人未至而声已闻，体未至而风已动，张张扬扬，如虎行于大街，谁敢用你？”孔子道：“先生之言，出自肺腑而入吾之心脾，受益匪浅，终生难忘。吾将遵奉不怠，以谢先生之恩。”说完，告别老子，与南宫敬叔上车，依依不舍地向鲁国驶去。

回到鲁国，众弟子问道：“先生拜访老子，可得见乎？”孔子道：“见之！”弟子问。“老子何样？”孔子道：“鸟，我知它能飞；鱼，吾知它能游；兽，我知它能走。走者可用网缚之，游者可用钩钓之，飞者可用箭取之，至于龙，吾不知其何以？龙乘风云而上九天也！吾所见老子也，其犹龙乎？学识渊深而莫测，志趣高邈而难知；如蛇之随时屈伸，如龙之应时变化。老子，真吾师也！”

颜回尊师吃污饭

颜回(前 521—前 490):曹姓,颜氏,名回。春秋末鲁国都城(今山东省宁阳县)人。字子渊、颜渊,孔子最得意弟子,极富学问。孔子说他“一箪食,一瓢饮,在陋巷,人不堪其忧,回也不改其乐”。为人谦逊好学,“不迁怒,不贰过”。他异常尊重老师,对孔子无事不从,无言不悦。孔子称赞他“贤哉回也”。

颜回跟随孔子周游列国,过匡地遇乱及在陈、蔡间遇险时,子路等人对孔子的学说都产生了怀疑,而颜回始终不渝,并解释道:“老师的理想很高,学问很深,所以才不被一般世人所理解、采用,这正是他们的耻辱。”孔子听了很高兴。

颜回素以德行著称,严格按照孔子关于“仁”“礼”的要求,“敏于事而慎于言”。故孔子常称赞颜回具有君子四德,即强于行义,弱于受谏,怵于待禄,慎于治身。他终生所向往的就是出现一个“君臣一心,上下和睦,丰衣足食,老少康健,四方咸服,天下安宁”的无战争、无饥饿的理想社会。

颜回一生,大多为追随孔子奔走于各国,归鲁后亦未入仕,而是穷居陋巷。他生活于天下大

乱、礼崩乐坏的社会，在儒家的仁义之志、王者之政常被斥为愚儒、讥为矫饰的社会环境中，丝毫不改其志。

颜回刚入孔门时，在弟子中年龄最小，性格又内向，沉默寡言，才智较少外露，有人便觉得他有些愚。

颜回的忠厚与内向，掩盖了他的聪颖善思，就连孔子一时也难以断定颜回的天资究竟属于哪个层次。经过一段时间的深入观察了解，孔子才指出颜回并不愚。就连能言善辩的子贡也坦率地说不敢与颜回相比。

颜回聪敏过人，虚心好学，使他较早地体认到孔子学说的精深博大，他对孔子的尊敬已超出一般弟子的尊师之情。他以尊崇千古圣哲之情尊崇孔子，其亲若父与子。颜回曾感叹地说，老师的道，越抬头看，越觉得它高明，越用力钻研，越觉得它深奥；看着它似乎在前面，等我们向前面寻找时，它又忽然出现在后面。老师的道虽然这样高深和不易捉摸，可是老师善于有步骤地诱导我们，用各种文献知识来丰富我们，提高我们，又用一定的礼来约束我们，使我们想停止学习都不可能。我已经用尽我的才力，似乎已能够独立工作，要想再向前迈一步，又不知怎样着手了。

鲁哀公四年至六年（公元前 491—前 489），颜回在随孔子到楚国去的过程中，曾辗转于陈国、蔡国、叶国之间。楚王听说后就派人去请孔子。消息传到陈、蔡，两国大夫深恐孔子入楚对己不利，便派兵拦截。孔子师徒最初不了解陈、蔡派兵的意图，为躲避军兵的袭扰，他们只好在旷野中行进，不料陷入了绝粮的境地。

颜回随孔子在陈、蔡绝粮 7 天，子贡费了许多周折才买回一石米。颜回与子路在破屋墙下做饭，有灰尘掉进饭中，颜回便取出来自己吃了。子贡在井边远远望见，很生气，以为他偷饭吃，便跑去问孔子，仁人廉士也改变自己的节操吗？孔子说，改变节操还叫仁人廉士吗？子贡说，像颜回，也不改变节操了吗？子贡便把自己看到的情况告诉孔子。孔子说，我相信颜回是仁人已非止一日，你虽如此说，我仍不会怀疑他，这里边必定有缘故。你等等，我将问他。孔子把颜回叫到身边说，日前我梦见先人，大概是启发佑助我。你把做好的饭端进来，我将祭奠先人。颜回对夫子说，刚才有灰尘掉进饭里，留在锅里不干净，丢掉又太可惜，我就把它吃了，不可以用来祭奠了。孔子说，是这样，我也一起吃吧。颜回出去后，孔子环顾了一下身边的弟子说，我相信颜回不是从今天开始的。从此以后，大家更加信赖颜回了。

秦孝公任人唯贤

秦孝公(前381—前338),战国时秦国国君。嬴姓,名渠梁。秦献公之子。秦孝公重用卫鞅(即商鞅)实行变法,奖励耕战,并迁都咸阳(今陕西省咸阳市东北),建立县制行政,开阡陌,在加强中央集权的同时,不断增进农业生产。对外,秦与楚和亲,与韩订约,联齐、赵攻魏安邑(今山西省夏县西北),拓地至洛水以东,自此国力日强,为秦统一六国奠定了基础。

在战国七雄中,秦是比较落后的国家,“六国卑秦,不与之盟”,当时秦被称为西戎。公元前361年,新国君秦孝公即位。他感到秦国外受强邻的欺压,内有贵族的专横,决心奋发图强。为了寻求改革贤才,秦孝公下令:“宾客群臣有能出奇计强秦者,吾且尊官,与之分土。”当时在魏国得不到重用的商鞅“闻是令下”,西入秦国求见孝公。

商鞅到了秦国,很快得到了秦孝公的接见。但他并不了解秦孝公的真实意图。一见孝公,说了些“帝道”之类不实在的空话,孝公“时时睡,弗听”。二见孝公,说得多是“王道”之类的大话,均不中孝公之意。三见孝公，因言及“霸道”，孝公终于感到“可与语矣”。四见孝公，“以强国之术说君”，孝公听了大喜，一连交谈了几日。孝公四见商鞅，表现了他求贤若渴的心态，也表现了他的宽容和耐心。

改革必然要触及既得利益者，必然会遭到方方面面的反对。秦孝公没有采取强制压迫的办法，而是把大臣们召集在一起辩论，以理服人。既让主张改革的商鞅说话，也让反对改革的甘龙、杜挚说话，各自把自己要说的都讲出来，看看谁更有道理。直至商鞅以无可辩驳的事实，使反对派哑口无言，才称之为“善”，才任命商鞅为左庶长，“卒定变法之令”。这说明，秦孝公是民主的，是善于听取不同意见的，也是善于统一思想的。

既用商鞅，孝公对其信任始终如一。在变法前商鞅曾要求秦孝公答应他三个条件，其中之一就是国君对变法主政大臣必须深信不疑，不受挑拨离间。否则，权臣死而法令溃。秦孝公欣然答应，并说：“三百年来，变法功臣皆死于非命，此乃国君之罪也。你我君臣相知，终我一世，绝不负君！”孝公言行一致。在商鞅改革之初，“百姓苦之”；商鞅相秦十年，“宗室贵戚多怨王者”，秦孝公始终没有动摇对商鞅的信任，甚至孝公在病重时，曾打算把君位让给商鞅。正是因为这样的信任，才使商鞅能放开手脚推行改革。

秦孝公还以实际行动支持商鞅的改革。改革前，孝公就允诺商鞅，执法不避权贵。新法一旦推行，举国唯法是从，即或宫室宗亲，违法亦与庶民同罪。新法实施以后，遭到了一些旧贵族的强烈反对，这些旧贵族暗暗串通太子的师傅公子虔和公孙贾，挑动太子驷犯法，企图打开一个缺口，破坏整个变法事业。商鞅毫不动摇，对秦孝公说：“法之不行，自上犯之。”要责罚太子。秦孝公完全同意。考虑到太子是国君的继承者，不能用刑，便处罚了太子的老师公子虔和公孙贾，一个割了鼻子，一个脸上刺了字。从此，再也没有人敢公开反对新法了。

新法推行了十年，秦国的国力得到极大的增强。

百里奚相堂认妻

百里奚(约前723—前626),姓百里,名奚,字子明。春秋时期楚国宛邑(今河南省南阳市)一说为虞国(今山西省平陆县)人。饱读诗书,才学过人,可是家境贫困,加上楚国宗法制度森严,平民没有希望入仕为官。

百里奚的妻子杜氏是一个很有见识的女子,深知自己的丈夫是旷世奇才,便鼓励百里奚出游列国求仕。在百里奚出游那天,家中已经揭不开锅了。杜氏一大清早起来,宰杀了唯一的一只下蛋母鸡,劈了门闩炖母鸡,煮小米饭,给丈夫饯行。

百里奚从南阳出游后,历经宋国、齐国,都没有得到录用。在齐国,百里奚陷入困境,一度沿街乞讨。所幸在郅地他遇见了蹇叔,两人一番高谈阔论,结为知己。此后,他在蹇叔的举荐下,到虞国当了个大夫。但虞国国君是个爱财如命的人,在收了晋国的垂棘(垂棘地方产的宝玉)和宝马等财物以后,就答应借道路给晋国,让晋国途经虞国去征讨自己的邻国虢国,也是虞国的同姓兼同盟国。百里奚对虞国国君述说唇亡齿寒的道理,在劝说无效

的情况下，闭口不再劝谏，并对同僚宫之奇说："对蠢人直言相劝，无异于把珍宝丢弃在路上。"果然，晋国灭虢国后便灭了虞国，俘虏了虞国国君及百里奚。百里奚拒绝在晋国做官，被充做奴隶。晋献公嫁女与秦穆公，百里奚被作为陪嫁的小臣去往秦国。他以此为耻，便在去秦国的途中逃跑，结果被楚国边境的人抓获。

楚国国君楚成王听说百里奚善于养牛，就让他为自己养牛。

刚当上秦国国君的秦穆公，是一位胸有大志的国君。他听说百里奚是人才，就想用重金赎回。秦穆公的谋臣公子絷说："楚成王一定是不知道百里奚的才能，才让他养牛。若用重金赎他，那不就等于告诉人家百里奚是难得的人才吗?"秦穆公问："那我该怎样才能得到百里奚?"公子絷说："可以贵物贱买，用一个奴隶的市价，也就是五张黑公羊皮来换取。那样楚成王就一定不会怀疑了。"

当百里奚被押回秦国后，秦穆公亲自接见了他。百里奚说："我是亡国之臣，哪里值得国君垂询!"秦穆公说："虞君不用你，才使你被掳，并不是你的过错。"秦穆公亲自为他打开囚锁，并与他商谈，讨教国家大事。两人一谈就是三天，言无不合。秦穆公十分赏识他，要拜他为上大夫(上卿)，委以国政，实际上是把秦国的军政大权都交给百里奚。百里奚坚决辞让不受，并推荐自己的好友蹇叔。最后，秦穆公就让他用重礼将蹇叔请到秦国，让他和蹇叔一道做秦国的上大夫。因百里奚是秦穆公用五张黑公羊皮换回来的奴隶，故世人称百里奚为"五羖大夫"。羖，就是黑公羊皮的意思。

百里奚在秦国当了上大夫(丞相)以后，内修国政，教化天下，恩泽施于民众，始终保持着爱民思想。他勤勉政事，劳作不乘车马，酷暑炎热不张伞盖，在都城行走，不用车马随从，不用甲兵护卫，深得秦国百姓信赖。

有一次，百里奚的相府觥筹交错，宾主笑语频频，热闹非凡。相府内一个洗衣服的女佣主动要求为百里奚演奏一曲。那妇人走到大庭广众之下，落落大方地援琴抚弦，自弹自唱道：

百里奚，初娶我时五羊皮。

临当别时烹乳鸡，今适富贵忘我为。

百里奚，百里奚，母已死，葬南溪。

坟以瓦，覆以柴，舂黄黎。

百里奚，百里奚，西入秦，五羖皮，今日富贵捐我为。

听着这委婉幽怨、字字真切的歌声，百里奚大为惊讶，就上前去询问，才知道原来是自己的结发妻子杜氏千里寻夫来到跟前。杜氏自丈夫离别之后，几十年杳无音讯。家境贫困，又逢上灾荒年景，就带上儿子外出逃荒。杜氏讨饭到秦国，打听到百里奚已经在秦国当了大夫，她便设法到百里奚府中当了洗衣的佣人。

相堂相认后，夫妻俩抱头痛哭。秦国人知道这件事情以后，很为百里奚的品质所感动。秦穆公还派人送来了许多财宝以示祝贺。从此，百里奚位高不忘旧情，相堂认妻的故事在民间广为流传。

在百里奚辅佐治理下，秦国逐渐强大起来。而作为秦晋之好的友邦晋国却经历了几次大的国内动荡。

晋献公二十六年(前651年)，晋献公去世，晋献公的妃子郦姬想让自己的儿子奚齐继位，不久就被大臣里克杀死。国君也没有了继承者。百里奚护送在秦国当人质的晋国公子(王子)夷吾归国继位，称为晋惠公。夷吾荒淫无道，还对外无信义，不兑现将河西八城割给秦国的许诺，秦晋两国关系出现裂痕。

晋惠公三年(前648年)，晋国遭受严重自然灾害，百里奚主张借粮救济，他说："福祸各有轮替，再说，秦国借粮给晋国，也不是给夷吾一人，而是为了晋国的黎民。"于是，秦穆公同意通过水道运了大量粟米给晋。这次义举，征服了晋国的人心，史称"泛舟之役"。

到了晋惠公五年(前646年)，秦国也发生饥荒，晋国却不仅不给秦国粮食，反而出兵攻秦。第二年，秦晋两国在韩原展开决战，秦军最终胜利，并生俘晋惠公。为了给秦国发展争取好的外部环境，百里奚主张释放晋惠公，保持秦晋友好关系。

晋惠公死后，百里奚又辅佐秦穆公从楚国把晋国公子（王子）重耳接到秦国，并将重耳送回国，驱逐晋惠公的儿子子圉（晋怀公），立重耳为君，史称晋文公。

在百里奚辅佐秦穆公争霸的过程中，还经历了周王室之乱。晋惠公元年（前636年），周的京都洛阳发生战乱，周襄王避难到竹川（今河南省襄县附近）。百里奚劝秦穆公把周襄王接到秦国，乘机称霸。由于秦穆公担心夹在中间的晋国阻拦，结果半途而废，拱手让给了晋文公。

晋文公称霸以后，百里奚继续着手修复秦晋之间的友好关系，开始共同征伐附近与楚国结盟的小国曹国、卫国和郑国。晋文公五年（前632年），秦晋军队在城濮打败了进犯中原的楚国军队。秦国成为继晋国以后，北方最具实力的强国。

燕昭王求贤筑台

燕昭王(？—前279),姬姓,名职,燕王哙之子,公元前311年继位,在位32年。燕国本来也是个大国,后来由于内乱,国势开始衰弱,屡次败于齐国。燕昭王即位后,立志强国复仇,下决心物色治国人才。可是一直没找到合适的人。有人提醒他,老臣郭隗有见识,不如去找他商量一下。

燕昭王亲自登门拜访郭隗,对郭隗说:“齐国趁我们国家内乱侵略我们,这个耻辱我是忘不了的。但是如今燕国国力弱小,还不能报这个仇。要是有个贤人来帮助我报仇雪耻,我宁愿伺候他。您能不能推荐这样的人才呢?”

郭隗摸了摸自己的胡子,沉思了一会儿说:“要推荐现成的人才,我也说不上,请允许我先说个故事吧。”接着,他就说了如下的故事:

古时候,有个国君,最爱千里马。他派人到处寻找,找了三年都没找到。有个侍臣打听到远处某个地方有一匹名贵的千里马,就跟国君说,只要给他一千两金子,准能把千里马买回来。那个国君挺高兴,就派侍臣带了一千两金子去买。没料到侍臣到了那里,千里马已经害病死了。侍臣想,空着双手回去不好交代,就把带去的金子拿出一半,把马骨买了回来。

侍臣把马骨献给国君,国君大发雷霆,说:“我要你买的是活马,谁叫你花了钱把没用的马骨买回来?”侍臣不慌不忙地说:“人家听说你肯花钱买死马,还怕没有人把活马送上来嘛?”

国君将信将疑，也不再责备侍臣。这个消息一传开，大家都认为那位国君真爱惜千里马。不出一年，果然从四面八方送来了好几匹千里马。

郭隗讲完这个故事，说："大王一定要征求贤才，就不妨把我当马骨来试一试吧。"

燕昭王听了大受启发，回去以后，马上派人造了一座很精致的房子给郭隗住，还拜郭隗为老师。各国有才干的人听到燕昭王这样真心实意招请人才，纷纷赶到燕国求见。为了广揽人才，昭王还在沂水之滨，修筑了一座高台，用以招徕天下贤士。台上放置了几千两黄金，作为赠送给贤士的进见礼。这座高台便是著名的"黄金台"。

燕昭王爱贤敬贤的名声不胫而走，风传天下，各国才士争先恐后地奔赴燕国。武将剧辛从赵国来，谋士邹衍从齐国来，屈庸从卫国来……真是人才济济。邹衍是阴阳五行家，当时已名闻天下。昭王敬请邹衍以师长身份给自己授业，还特意为邹衍修建了一座碣石宫，供其居住讲学。昭王的这些做法引起了很大的反响，投奔燕国的士人更为踊跃。昭王大开国门，不拘一格地广为接纳。不唯欢迎知名学者，而且把那些有志灭亡齐国的、熟悉齐国险阻要塞和君臣关系的、善于用兵打仗的士人，尽数收留下来，并给予优厚的待遇。聚集于燕都之中最杰出的人物要数乐毅。乐毅是名将乐羊之后，才学出众，深通兵法，燕昭王拜乐毅为亚卿，请他整顿国政，训练兵马，燕国果然一天天强大起来。

燕昭王看到齐愍王骄横自大，不得人心，就对乐毅说："如今齐王无道，正是我们雪耻的时候，我打算率领全部人马去打齐国，你看怎么样？"

乐毅说："齐国地广人多，靠我们一个国家去打，恐怕不行。大王要攻打齐国，一定要跟别的国家联合起来。"于是，燕昭王就派乐毅到赵国跟赵惠王联络，另派人前往韩、魏两国，还叫赵国去联络秦国。这些国家都愿意跟燕国一起联合发兵伐齐。

燕昭王二十八年（前284年），燕昭王拜乐毅为上将军，统率五国兵马，浩浩荡荡杀奔齐国。齐愍王慌忙将全国兵马集中起来抵抗联军，在济水的西面打了一仗。在乐毅指挥下，五国联军士气旺盛，把齐国军队打得一败涂地。

赵、韩、秦、魏的将士打了胜仗，各自占领了齐国的几座城，不想再打下去了。只有乐毅不肯罢休，他亲自率领燕国军队，长驱直入，一直打到齐国都城临淄。齐愍王不得不出走，最后在莒城被人杀死。

燕昭王认为乐毅立了大功，亲自到济水边劳军，论功行赏，封乐毅为昌国君。

燕太子受了大夫骑劫的挑唆，向昭王进谗言，说大将乐毅费了三年功夫还打不下齐国的莒城和即墨两个地方，是阴谋以恩德感化两地的百姓，等齐民真归顺了，乐毅便可当上齐王。昭王始终认为乐毅是知己，一听此话便怒不可遏，给太子一顿好揍，指着太子的鼻子骂他是个忘恩负义的畜生，说："先王的仇是谁给报的？乐毅的功劳简直没法说，咱们把他当作恩人还不够尊敬，你们还要说他的坏话！就是他真做了齐王，也是应该的。"

昭王责打了太子后，立即派使者拿节杖去见乐毅，立乐毅为齐王。乐毅十分感动，对天起誓，情愿死也不接受封王的命令。此后，乐毅更加尽心尽力地为燕国效劳。

在中国历史上，大张旗鼓地招贤纳士之举，莫过于燕昭王高筑黄金台。唐代大诗人李白曾写过一首五言诗颂扬这千古佳话："燕昭延郭隗，遂筑黄金台。据辛方赵至，邹衍复齐来……"

张良礼让得兵法

张良(？—前186)，字子房，颍川城父(今河南省宝丰县)人。汉高祖刘邦的重要谋臣，与韩信、萧何并列为“汉初三杰”。以出色的智谋，协助刘邦在楚汉之争中最终夺得天下，被封为留侯。他精通黄老之道，深知“日中则移，月满则亏”的道理，不留恋权位，避免了韩信、彭越等“兔死狗烹、鸟尽弓藏”的下场。高祖刘邦评价他说：“夫运筹策帷帐之中，决胜于千里之外，吾不如子房。”

张良出身于贵族世家，祖父韩开地，连任韩国三朝宰相。父亲韩平，亦继任韩国二朝宰相。至张良时代，韩国已逐渐衰落，亡失于秦。韩国的灭亡，使张良失去了继承父业的机会，丧失了显赫荣耀的地位，故他心存亡国亡家之恨，并把这种仇恨集中于一点——反秦。

张良到东方拜见仓海君，共同制订谋杀行动计划。他弟死不葬，散尽家资，找到一个大力士，为他打制一只重达一百二十斤的大铁锥(约合当今60斤)，然后差人打探秦始皇东巡行踪。按照君臣车辇规定，天子六驾，即秦始皇所乘车辇由六匹马拉车，其他大臣四匹马拉车，刺杀目标是六驾。

秦始皇二十九年(前218年)，张良得知巡游车队即将到达阳武县(现原阳县的东半部)，于是他指挥大力士埋伏在到阳武县的必经之地——博浪沙。看到车队由西边行走过来，前面鸣锣开道，紧跟着是马队清场，黑色旌旗仪仗队走在最前面，车队两边，大小官员前呼后拥。见此情景，张良与大力士确定是秦始皇的车队到达。但所有车辇全为四驾，分不清哪一辆是秦始皇的座驾，只看到车队最中间的那辆车最豪华。于是张良指挥大力士向该车击去。一百二十斤的大铁锥一下子将乘车者击毙倒地。张良趁乱钻入芦苇丛中，逃离现场，那个大力士却被秦军杀死。

然而，被大力士击中的却为副车，秦始皇因多次遇刺，早有预防，所有车辇全部四驾，并时常换乘座驾，张良自然很难判断哪辆车中是秦始皇。秦始皇幸免于难，对此事十分恼怒，下令全国缉捕刺客，但是大力士已经被杀，又不知道另一位刺客是谁，张良得以"逍遥法外"，后来不了了之。博浪沙从此一举成名。

张良椎击秦王未遂，被悬榜通缉，不得不隐姓埋名，逃匿于下邳（今江苏省睢宁县北），静候风声。一天，张良闲步桥头，遇一穿着粗布衣裳的老翁，这个老翁走到张良的身边时，故意把鞋脱落桥下，然后傲慢地差使张良道："小子，下去给我捡鞋！"张良愕然，但还是勉强忍下心中的不满，违心地替他取了上来。随后，老人又跷起脚来，命张良给他穿上。此时的张良心中怒火上升，但因他已久历人间沧桑，饱经漂泊生活的种种磨难，因而强压怒火，膝跪于前，小心翼翼地帮老人穿好鞋。老人非但不谢，反而仰面长笑而去。张良呆视良久，只见那老翁走出里许之地，又返回桥上，对张良赞叹道："孺子可教矣。"并约张良五日后的凌晨再到桥头相会。张良不知何意，但还是恭敬地跪地应诺。

五天后的鸡鸣时分，张良急匆匆地赶到桥上。谁知老人故意提前来到桥上，此刻已等在桥头，见张良来到，愤愤地斥责道："与老人约，为何误时？五日后再来！"说罢离去。结果第二次张良再次晚老人一步。第三次，张良索性半夜就到桥上等候。他经受住了考验，其至诚和隐忍精神感动了老者，于是送给他一本书，说："读此书则可为王者师，十年后天下大乱，你可用此书兴邦立国；十三年后再来见我。"说罢，扬长而去。这位老人就是传说中的神秘人物——隐身岩穴的高士黄石公，亦称"圯上老人"。

张良惊喜异常，天亮时分，捧书一看，乃《太公兵法》。从此，张良日夜研习兵书，俯仰天下大事，终于成为一个深明韬略、文武兼备、足智多谋的"智囊"。

秦二世元年（前209年）七月，陈胜、吴广在大泽乡揭竿而起，举兵反秦。紧接着，各地反秦武装风起云涌。矢志抗秦的张良也聚集了百余人，扯起了反秦的大旗。后因自感身单势孤，难以立足，只好率众往投景驹（自立为楚假王的农民军领袖），途中正好遇上刘邦率领义军在下邳一带发展势力，两人一拍即合。

张良多次以《太公兵法》（《素书》）进说刘邦，刘邦多能领悟，并常常采纳张良的谋略。于是，张良果断决定跟从刘邦。作为士人，深通韬略固然重要，但施展谋略的前提则是要有善于纳谏的明主。这次不期而遇，张良"转舵"明主，反映了他在纷纭复杂的形势中清醒的头脑和独到的眼光。从此，张良深受刘邦的器重和信赖，聪明才智也得以充分发挥。

陈平崇贤归明主

陈平(？—前178),阳武(今河南省原阳县东南)人,谋略家。少时,家中十分贫困,可他又偏偏喜欢读书,尤其喜欢黄老学说。陈平的哥哥见陈平喜欢交游,便承担了家中的全部劳动,使陈平有时间出外游学。

秦二世元年(前209年),陈胜在大泽乡起义,并立魏咎为魏王。于是,陈平辞别兄长,前往临济投奔魏王。后来又转入项羽手下做谋士。但陈平得不到项羽的重视,郁郁不得志。他在鸿门宴上见到了刘邦后,认为刘邦将来必成大器。

刘邦被项羽困在咸阳,等于软禁。刘邦问计于张良,可张良也身陷敌营,一筹莫展。这时,张良想到了项羽营中的陈平,没想到两人一见如故,相见恨晚。临别,张良直言来访的意图,陈平思考片刻后,说:“要从项羽身边救出刘邦,首先要‘调虎离山’,必须让范增离开项羽几天,不然怎么也不行。”

第二天,陈平设计:请项羽给楚怀王上义帝的尊号,送他到郴州去养老,这样项羽就可以以此号召天下。陈平的话,正中项羽的心意。于是，项羽对范增说："天无二日，民无二主。"他把陈平的话变成自己的话说了一遍，范增立即附和说："大王，这事儿还真得解决，宜快不宜迟。而且，这事儿还就得我去。"但范增毕竟也是谋士，临行前向项羽提出，不能让刘邦回到汉中。项羽答应后，范增才上路。陈平估计范增走远了，就趁着早朝奏上一本说："刚安定下来，必须节约。现在诸侯们聚集在咸阳，每路兵马都不下四万人，军粮的负担极重，若不赶快让他们回各自的领地，恐怕老百姓就负担不起了。"

项羽听了陈平的话，立即传旨：各路诸侯，路远的给十天期限，路近的给五天期限，在限期内做好回国的准备；唯有刘邦留在咸阳，陪王伴驾。

项羽扣住刘邦，也在陈平的意料之中，陈平趁各路诸侯返回的机会，授意张良，使用声东击西的计策。于是，刘邦依张良之意上表，向项羽请假回故乡沛县省亲。

项羽犹疑不决，张良故意说："不能叫刘邦回故乡取家眷，不然他也许就在沛县称王了。您不如派遣他带着残兵败将回汉中去，再派人去沛县取他的家眷做人质，好教他规规矩矩做人。"

陈平乘机上奏："陛下既封刘邦为汉王，也已经布告天下，臣民共知，却不让他上任，恐怕不足以取信天下吧。人家也许会说，陛下一登位便说假话，那以后执行法令，也会阳奉阴违了。不如听张良的话，把刘邦的眷属当人质，留在咸阳，遣他回汉中去，这样既可以保全信用，又可以约束刘邦，这不是两全其美吗？"

项羽想了很久，同意了。刘邦心里欢喜无比，回营后立即拔寨起程。陈平出的声东击西的计策救出了刘邦，不仅保住了刘邦的性命，更为刘邦日后东山再起赢得了良机。

高祖二年（前 205）春，因司马卯背楚降汉，项羽迁怒于陈平。陈平不仅遭到了项羽的责备，而且他出的计谋项羽也不再采纳。陈平已看清了项羽是个鲁莽武夫，最终是不可能取得胜利的。于是他挂印封金，偷偷地走了。他想起在汉王手下的魏无知是自己的老朋友，决定前去投奔汉王刘邦。

天快黑时，他逃到了黄河边，请船夫送他过河。陈平上了船，从船舱里又出来了一个船夫。他想这两个人可能是水盗，以为他身上带着珠宝，想图财害命。陈平为人机灵，浑身是计，为了保全自己的性命，他马上脱掉衣服，扔在船上，光着上身来帮船夫划船。船夫看他腰间什么也没有，衣服掉在船上也没有什么声音，知道他身上什么贵重东西都没有，也就打消了加害他的念头。一场凶险，竟被他轻而易举地化解了。

陈平经汉将魏无知推荐，面见刘邦，两人纵论天下大事，十分投机。刘邦破例任命陈平为都尉，留在身边做参乘(陪他出行，为他驾驭马车的官员)，并命他监护三军将校。这引起了将领们的不满，纷纷说他品行不端，贪图贿赂(也就是后人有时提起的“昧金”“盗嫂”)，认为这种人不能信任重用。

刘邦经不住众人再三诋毁陈平，便也心生疑团，召陈平来质问道:“听说你原来是帮助魏王的，后来离开魏王去帮助楚霸王，现在又来帮助我，这怎么不让别人怀疑你的信义呢?”陈平不紧不慢地回答道:“同样一件有用的东西，在不同的人手里作用就不同了。我侍奉魏王，魏王不能用我，我离开他去帮助楚霸王，霸王也不信任我，所以我才来归附大王。我虽然还是我，但用我的人可不一样了。我久慕大王善于用人，所以才不远千里来投奔大王。我什么也没带，来到这儿，所以什么都没有，才接受了人家的礼物。没有钱，我就生活不了，也就办不了事。如果大王听信谗言，不起用我，那么，我收下的那些礼物还没有动用，我可以全部交出来，请大王给我一条生路，让我辞职回家，老死故乡。”寥寥数语，道明了各方的政治优劣，话中有话。

刘邦的疑虑顿消，对陈平倍增好感，并重重地赏赐一番，提升他为护军中尉，专门监督诸将。从此，陈平一心一意为刘邦“六出奇计”夺取天下，成为西汉安邦定国的著名谋臣。

韩信拜将汉无双

韩信(？—前 196),淮阴(今江苏省淮安市淮阴区西南)人,西汉开国功臣,中国历史上杰出的军事家,与萧何、张良并列为“汉初三杰”。曾先后封齐王、楚王,后贬为淮阴侯。为汉朝的天下立下赫赫战功,被萧何誉为“国士无双”,刘邦评价说:“战必胜,攻必取,吾不如韩信。”

韩信,从小家境贫寒,曾受胯下之辱。秦末,天下大乱,群雄并起,韩信仗剑从军,初随项羽,仅任执戟郎中,言不听计不从,终于在项羽定鼎咸阳,分封天下,如日中天之时,毅然决然地离开项羽,投奔刘邦。

刘邦初始也没把韩信当将才使用,只任命他为连敖。在他当连敖的时候,犯了错误,要斩首正法,临刑前韩信仰天长叹:“难道汉王不想得天下了吗？为什么要杀壮士呢？”滕公夏侯婴当时是监斩官,听韩信说出这话,再看韩信,觉得这个人不同寻常,于是把他放了。夏侯婴跟他谈了一番话,更觉得这个人是奇才,就把他推荐给刘邦。刘邦让韩信当了治粟都尉(管生产军粮),但仍没有把韩信当作天下奇才来看待。

萧何非常欣赏韩信的才华,在刘邦往南郑进发的时候,很多将领半路逃跑了。韩信猜想萧何等已经数次向刘邦举荐自己,但是刘邦始终没有重用自己,于是决定离开刘邦而出走。

丞相萧何听说韩信跑了,没来得及报告刘邦,就亲自骑马去追韩信,终于将韩信追回,并由此留下了“萧何月下追韩信”的美谈。

萧何去追韩信时，刘邦以为萧何也跑了，大为愤怒，如失去了左右手。当萧何追回韩信后去拜见刘邦时，刘邦问他："为何逃跑？"萧何回答"为了追回韩信。"刘邦怒道："众将逃跑了好几十个人，你都没有去追，偏偏去追个韩信，骗谁呢？"萧何答道："诸将易得。但韩信，国士无双。你若想一辈子就当个汉中王，不需要重用韩信；若想争夺天下，非韩信不可。请您决定。"刘邦说："我也想向东发展以图中原，怎么能在这鸟不拉屎的地方待一辈子？"萧何答道："王雄心夺得天下，能重用韩信，韩信即留下；不能用，韩信终究要跑的。"刘邦问："我拜他为将军怎么样？"萧何说："虽为将，信必不留。"刘邦说："拜为大将。"萧何说："很好。"于是刘邦欲召韩信拜之。萧何又说："你平时傲慢无礼，今拜大将如呼小儿，此乃韩信所以离开的原因。你既然想拜韩信为大将，择良日，斋戒，设坛场，具礼，才行。"刘邦答应了。

一听说汉王要拜大将军，众将领都很高兴，人人都以为自己能当大将军。等到拜韩信为大将军时，个个都大为惊讶。

韩信用兵“多多益善”。作为战术家韩信为后世留下了大量的战术典故：明修栈道，暗度陈仓；临晋设疑、夏阳偷渡、木罂渡军、背水为营、拔帜易帜、传檄而定、沉沙决水、半渡而击、四面楚歌、十面埋伏等，其用兵之道，为历代兵家所推崇。

作为军事家，韩信是继孙武、白起之后，最为卓越的将领，其最大的特点就是灵活用兵，是中国战争史上最善于灵活用兵的将领，其指挥的井陉之战、潍水之战都是战争史上的杰作；作为战略家，他在拜将时的言论，成为楚汉之争胜利的根本方略；作为统帅，他一人之下，万人之上，协助汉王刘邦率军出陈仓、定三秦，京索之战败楚军，随后分兵北伐，擒魏、破代、灭赵、降燕、伐齐，直至垓下全歼楚军，无一败绩，天下莫敢与之相争；作为军事理论家，他与张良整理兵书，并著有兵法三篇。

韩信拜将后，刘邦问韩信有何定国安邦的良策。韩信问：“同您东向而争天下的不是项羽吗？那大王自己估计一下，论兵力的英勇、强悍、精良，同项羽比谁高谁下？”刘邦沉默良久，认为不如项王。韩信再拜，赞同地说：“不仅大王，就连我也觉得您不如项王。可是我曾经侍奉过项王，请让我谈谈项王的为人。项王一声怒喝，千人会吓得胆战腿软，可是他不能放手任用贤将，这只算匹夫之勇。项王待人恭敬慈爱，人有疾病，同情落泪，把自己的饮食分给他们。可是等到部下有功应当封爵时，他把官印的棱角都磨光滑了也舍不得给人家，这是妇人之仁。项王虽然独霸天下而使诸侯称臣，可是却不居关中而都彭城，又违背义帝的约定，把自己的亲信和偏爱的人封为王，诸侯对此愤愤不平。诸侯见项王驱逐义帝于江南，也都回去驱逐他们原来的君王而自立为王了。凡是项羽军队经过的地方，无不遭蹂躏残害，所以天下人怨恨他，百姓只是在他的淫威下勉强屈服。他名义上虽为天下的领袖，实质上已失去民心，所以他的强大会很快变成衰弱的！在这种情况下大王如能反其道而行之，任用天下勇武之人，何愁敌人不被诛灭！把天下的土地分封给功臣，何愁他们不臣服！率领英勇的、一心想打回老家去的士兵，何愁敌人不被打败！况且三秦的封王章邯、董翳、司马欣本为秦将，率领秦国弟子已有数年，战死和逃亡的人不计其数，又欺骗他们的部下和将领投降了项羽。至新安，项羽用欺诈的手段坑杀秦降卒二十余万，唯独章邯、董翳、司马欣得脱，秦人对这三人恨之入骨。而这时项羽以武力强封这三人为王，秦国百姓都不拥戴他们。您入武关时，秋毫无犯，废除秦苛酷刑法，与秦民约法三章，秦国百姓无不想拥戴你在关中为王。根据当初诸侯的约定，大王理当在关中称王，关中的百姓都知晓。可大王失掉应有的封爵而被安排在汉中做王，秦地百姓无不怨恨项王。如今大王起兵向东，攻三秦的属地，只要号令一声即可收服。”

刘邦听后大喜，对韩信言听计从，部署诸将准备出击。韩信的这番议论，实际上为刘邦制定了东征以夺天下的方略。

汉明帝尊敬师长

汉明帝刘庄(28—75),是光武帝刘秀的第四子。建武十九年(43年),立为皇太子,建武中元二年(57年)二月,即皇帝位。明帝性格刚毅严酷,即位后,一切遵奉光武制度,提倡儒学,注重刑名文法,为政苛察,总揽权柄,权不借下。他严令后妃之家不得封侯与政,对贵戚功臣也多方防范。同时,他也致力消除北方匈奴的威胁。永平十六年(73年),命窦固征伐北匈奴。其后,又以班超出使西域,由是西域诸国皆遣子入侍。次年,复置西域都护。此外,随着对外交往的正常发展,佛教已在西汉末年开始传入中国。明帝之世,吏治比较清明,境内安定。

汉明帝还是太子的时候,就对自己的老师、当时的议郎桓荣非常尊敬,从不摆皇太子的架子。一次,桓荣病重在床,不能前来太子宫讲课,年轻的刘庄每天早晚都要派人前去询问病情,并且送去最好吃的东西。桓荣那时已六十岁了,刘庄为了照顾他,遇到下雨,或者天晚,行走不便,就留老师在太子宫住。几年后,由于桓荣的悉心教导，刘庄成了当时出色的经学家之一。为了表达对老师教诲的感激之情，他亲自给桓荣写了一封信，殷切希望老师“注意饮食起居，好好保重身体。”即位当皇帝后，虽然处在唯我独尊的地位，但尊敬老师却一如既往，从不把桓荣当一般臣下看待。当时桓荣已八十多岁了，明帝为了照顾他，首先免去了上朝奏事的礼节，让他在家里好好休养。为了能经常见到老师，继续向老师学习，并让桓荣教授更多的人，明帝常常带领百官到太常府去听桓荣讲解经义。到了桓荣家后，明帝亲自搀扶老师起坐，让他坐在东面，把自己仍放在原来当学生的地位。老师坐定后，明帝就叫侍从把几案摆在老师面前，明帝亲自手捧经书，带着百官及儒生侍立在老师面前，恭恭敬敬地听桓荣讲课。在学习中，有人向明帝请教，他总是很谦逊地说：“太师在这里，我们好好听太师讲吧！”一到休息的时间，明帝又亲自捧着从皇宫带来的点心到老师面前，请老师食用。

对桓荣的健康状况，明帝尤为关怀备至。只要一听说桓荣生病，明帝马上就派侍从带着药品和美味佳肴，前去慰问。后来桓荣一病不起，在弥留之际，特意写了奏章，向明帝谢恩，并请求交还他的爵位和封地。明帝看了奏章，知道老师的病情严重，就立即决定亲自前往桓荣家。

明帝下令免去朝仪，连早饭都顾不上吃，就乘辇到太常府去。当御辇进入桓荣居住的小巷时，明帝怕惊动老师，就下辇步行。他忧心忡忡，愁容满面，双手捧着经书，轻脚轻手地走在前面，其余大臣和侍从，也默默地紧跟在后，这支不太长的队伍，缓缓地向前移动着。

小巷两旁高楼庭院，多是官宦人家。他们听说当今皇上亲自来看望桓荣的病情，虽不敢走出门外，但男女老幼都早已聚集在门口、窗前。他们看到这种情景，都默不作声，肃然起敬。

到了桓荣家，明帝放松了脚步，慢慢来到桓荣的病榻前。看到生命垂危、肤色蜡黄、说话已含糊不清的老师，明帝忍不住流下了眼泪。他还不停地安慰老师要静心养病，争取早日康复。这样劝慰了一会儿，明帝不再说话，只是默默地站着，过了好些时候，才依依不舍地离去。

时隔一天，桓荣病故的消息就传到了皇宫。明帝这时怎么也抑制不住巨大的悲痛，他当即吩咐内宫为他准备丧服，亲自去吊唁。到了太常府门前，没等侍从揭开辇帘，明帝已下了辇，急忙走了进去，径直来到了桓荣老师的灵柩前，亲自献上挽联，并赐予首阳山修筑坟墓安葬。

刘玄德三顾茅庐

汉末，黄巾事起，天下大乱。曹操坐据朝廷，孙权拥兵东吴。汉宗室豫州牧刘备听徐庶和司马徽说诸葛亮很有学识，又有才能，就和关羽、张飞带着礼物到南阳去请诸葛亮出山。恰巧诸葛亮这天外出不在家，刘备只得失望而回。不久，刘备又和关羽、张飞冒着大雪第二次去请。不料诸葛亮又出外闲游去了。张飞本不愿意再来，见诸葛亮不在家，就催着要回去。刘备只好留下一封信，表达自己对诸葛亮的敬佩和请他出来帮助自己挽救国家危局的意思。过了一段时间，刘备吃了三天素之后，准备再去请诸葛亮。关羽说，诸葛亮也许是徒有虚名，未必有真才实学，不用去了。张飞却主张由他一个人去叫，如诸葛亮不来，就用绳子把他捆来。刘备把张飞责备了一顿，又和他俩第三次去请诸葛亮。当他们三人来到诸葛亮的住屋前，已经是中午，诸葛亮正在睡觉。刘备不敢惊动他，一直站在外边，直到诸葛亮醒来，才彼此相见，坐下谈话。

《三国演义》把刘备三次亲自请诸葛亮的这件事情，叫作“三顾茅庐”。诸葛亮在著名的《出师表》中，也有“先帝不以臣卑鄙，猥自枉屈，三顾臣于草庐之中”的语句。于是后人就引用这句话来形容请人的渴望和诚恳的心情。也就是不耻下问，虚心求才的意思。

建安十二年(207 年)，诸葛亮 27 岁时，刘备“三顾茅庐”会见诸葛亮，问统一天下大计，诸葛亮精辟地分析了当时的形势，提出了首先夺取荆、益二州作为根据地，对内改革政治，对外联合孙权，南抚夷越，西和诸戎，等待时机，两路出兵北伐，从而统一全国的战略思想的宏伟蓝图。刘备三顾茅庐是蜀汉历史上的一件重要事情。刘备为何要请诸葛亮出山？有读者提出以下两种解释。

第一种：延揽人才。诸葛亮未出山之前，刘备手中的人均属中等人才，想要定国安邦，必须有一个像诸葛亮这样的人才，当时不是有这样一句话："卧龙，凤雏得一可得天下。"再加上徐庶的推荐，刘备找诸葛亮是必然的，他为了实现自己的抱负，当然要找诸葛亮这样的人才。这也是普遍接受的一种说法。

第二种：利用诸葛亮在荆州的社会关系。刘备三次往驾以见孔明，真正的目的是为了借诸葛亮的势力和影响，诸葛亮根本不是布衣，相反，他与荆州三方面势力都有密切关系。一是，以庞德公为首的荆襄地方豪强势力；二是，通过黄承彦与荆州蔡氏集团发生了潜在关系；三是，成为刘琦的入幕之宾，获得了刘表长子的信任。正是由于他的广泛、复杂的社会关系，所以刘备才找到他。刘备三顾茅庐后，结果怎么样呢？史书上说："荆楚群士从之如云"，这难道和诸葛亮的社会影响力没有关系吗？

刘备正是获得了诸葛亮的辅佐，才成就了三足鼎立的蜀国。

孙权烧门求贤臣

孙权(182—252),字仲谋,吴郡富春(今浙江省富阳市)人,三国时代吴国的建立者。孙权的父亲孙坚和兄长孙策,在东汉末年群雄割据中打下了江东基业。19岁时兄长孙策遭刺杀身亡后,孙权继而掌事,成为一方诸侯。

建安十三年(208年),孙权与刘备联合,于赤壁打败曹操军队,建立了孙刘联盟。建安二十四年(219年),孙权派吕蒙偷袭刘备的荆州成功,使吴国的领土面积大大增加,黄初三年(222年)被魏文帝曹丕封为吴王,建立吴国;黄龙元年(229年)称帝,是三国统治者中在位最长的。孙权称帝后,设置农官,实行屯田,平定山越,设置郡县,促进了江南经济的发展。

孙权在晚年上了公孙渊一当:当时割据辽东的公孙渊派来使者向孙权称臣,这时的孙权还没有正式称帝建立吴国,但是大臣们已经有人开始劝进，让他做皇帝了。公孙渊的称臣让孙权非常高兴，打算派使者去封公孙渊为燕王，还准备派将领率兵一万一同前去。文武大臣都极力劝阻，说这是公孙渊背叛魏国之后受到了魏国的压力，想利用江东来对抗魏国，根本不用这么兴师动众，只派个使者去就行了。孙权不听，还是派了使者和将领前去。

老臣张昭是孙策在临终前托付辅佐孙权的两位重臣之一（另一位是周瑜），耿言直谏。他见孙权如此刚愎自用，一气之下装病在家，退居不朝。孙权劝解无果，盛怒之下，让人弄来土将张昭家的门堵住，表示让他永远不必出门。张昭更干脆，让家人从里边也用土堵住，表示自己也永远不打算出门了。

张昭与孙权斗气也不是一次，有一次孙权摆酒席，命群臣必须大醉方归。张昭闻讯非常愤怒，马上离席。孙权拦住他说："为共作乐耳，公何为怒乎？"张昭答道："昔纣王为糟丘酒池长夜之饮，当时亦以为乐，不以为恶也。"孙权大为惭愧。

孙权还有一个故事：有一次他喝醉了酒，生了气，要杀一个大臣，因为别人劝说而没有杀成。第二天大臣们说起此事，他竟什么也不记得了。孙权非常懊悔，特别下了一道命令：以后他醉酒之后如果再要杀人，一律不准杀。

这一次，孙权果然上了公孙渊的当，公孙渊杀了孙权派去的使者，又归降了曹魏一方，孙权大怒："我活了这么大年纪，还没有这样被人所骗，要不杀掉这个鼠辈，我还有什么脸面在皇帝位置上坐着！我一定要亲自去杀了这个小人，以解我心头之根。"

此时孙权已经认识到老臣张昭劝说自己有理，而自己刚愎自用吃了亏。但是他不愿意主动认错道歉，而是下令用火烧张昭的家门，想用这种方法逼张昭出门。无奈张昭还是闭门不出。孙权百般无计只好又下令将火扑灭，在张昭家门前久站不去。最后，张昭在儿子的搀扶下才走出家门，君臣重归于好。

孙权权衡利弊，最终也没有发动攻打公孙渊的战争。

孔融让梨长为先

孔融(153—208),字文举,鲁国(今山东省曲阜市)人,汉末文学家,"建安七子"之首;家学渊源,是孔子二十世孙,父亲孔宙,做过太山都尉。

孔融少时成名,和王粲等人被合称"建安七子",为人不拘小节,恃才负气,刚正不阿。其散文辞藻华丽,多用骈句,但能以气运词,有新变化。曹丕《典论·论文》称他:"体气高妙,有过人着者。然不能持论,理不胜词。"代表作《论孝章书》和《荐祢衡表》,都显示这种特色。诗仅存7首,其中《杂诗·岩岩钟山首》写远大怀抱,情辞慷慨;《远送新行客》写丧子的悲痛,情致哀婉,富有抒情色彩。

孔融4岁时,正好是他祖父六十大寿,来客很多。有一盘梨,

放在寿台上面，母亲叫孔融把它分了。于是孔融就按长幼次序来分，每个人都分到了自己应得的一份，唯独给自己的那一个是最小的。父亲奇怪地问他，别人都分到大的梨子，你自己却分到小的，为什么呢？孔融从容答道：树有高的和低的，人有老的和小的，尊敬老人敬爱长辈，是做人的道理！父亲很是高兴。

孔融10岁那年随父亲到京城洛阳。当时，著名的士大夫李膺也在京城，如果不是名士或他的亲戚，守门的人一般是不通报的。孔融想看看李膺是个什么样的人，就登门拜访。守门人不让进，他对守门人说："我是李膺的亲戚。"守门人通报后，李膺接见了他。李膺问他说："请问你和我有什么亲戚关系呢？"孔融回答道："从前我的祖先孔子和你家的祖先老子有师资之尊(孔子曾向老子请教过关于周礼的问题)，因此，我和你也是世交呀！"当时很多宾客都在场，对孔融的回答十分惊奇。

中大夫陈韪来到李膺府第，宾客把这件事情告诉他，他却不以为然地说："小时了了，大未必佳(小时候聪明，长大后就不一定聪明了)。"孔融立即反驳道："想君小时，必当了了(意思是您小时候一定很聪明，长大才这么愚蠢)。"陈韪无话可说。李膺大笑，说："高明必为伟器(你这么聪明将来肯定能成大器)。"

东汉末期，"党锢之祸"迭起，宦官把持朝政，大肆搜捕、诛杀正直之士。张俭因得罪宦官侯览遭到通缉。孔融的哥哥孔褒是张俭的好友，于是张俭便去投奔他。不巧孔褒不在家，孔融当时只有16岁。张俭因孔融年纪太小，没有把实情告诉他。孔融见张俭行色慌张，于是便把张俭留下。后来事情败露，张俭逃走，孔融、孔褒却被逮捕下狱。孔融说人是他留下的，他该负责；孔褒说："彼来求我，非弟之过。"坚持要由他负责；孔母说她是家长，她该负责，闹得"一门争死"。郡县官吏拿不定主意，只好如实上报朝廷。最后，皇帝定了孔褒的罪，下令杀了他。孔融因此名声大噪。州郡几次辟举他为官，都被他辞谢了。

孔融于灵帝时“辟司徒杨赐府”，开始步入仕途，负责弹劾贪污官僚。河南尹何进迁为大将军，司徒杨赐派孔融前往祝贺，却被挡在门外，即时留下弹劾状辞职。何进十分生气，私自派遣剑客欲追杀孔融。不料剑客却对何进说：“孔文举有重名，如果将军和此人结怨，那么四方之士都会离你而去。不如对他以礼相待，可以用来向天下展示将军的宽广胸怀。”何进忌惮其名声，辟举为侍御史，因与中丞赵舍不和，孔融再次辞官。何进再辟举为司空掾，北军中侯，在职三日，升迁为虎贲中郎将。董卓总揽朝政后，想要废掉汉少帝，孔融与之言辞激辩，常有匡正之言。董卓怀恨在心，转任其为议郎，随后又将孔融派到黄巾军最为猖獗的北海国（治所在今山东省昌乐县西）为相。

孔融到北海后起兵讲武，讨伐黄巾军张饶，战败，转移保朱虚县。后置城邑，立学校，表显儒术荐举贤良郑玄、彭璆、邴原等。因颇有政声，时人又称他为“孔北海”。后被管亥所围，遣太史慈求救于平原相刘备。刘备受宠若惊，立即发兵解围。当时袁绍、曹操势力逐渐强大，而孔融知绍、操终究是要篡夺汉室的，所以不愿意投靠他们。北海国的左承祖者劝孔融要结纳袁绍或者曹操，孔融怒而杀之。建安元年（196 年），袁谭攻击北海，城被攻陷后孔融逃往东山，妻儿为袁谭所虏获。

汉献帝建都许昌后，征孔融为将作大匠，升任少府，后被封为太中大夫。孔融为人恃才负气，言论往往与他人相悖，不仅屡屡反对曹操的决定，而且多次在公开场合使曹操难堪。建安十三年（208 年）八月，孔融被曹操以招合徒众，欲图不轨，“谤讪朝廷”“不遵超仪”等罪名杀死，株连全家，时年 55 岁。

华佗虚心医精湛

华佗（？—208）字元化，一名旉，沛国谯（今安徽省亳州市）人，东汉末年著名医学家，与董奉、张仲景（张机）并称为“建安三神医”。少时曾在外游学，钻研医术而不求仕途。他医术全面，尤其擅长外科，精于手术，被后人称为“外科圣手”“外科鼻祖”。精通内、妇、儿、针灸各科，外科尤为擅长，行医足迹遍及安徽、河南、山东、江苏等地。

他曾用“麻沸散”使病人麻醉后施行剖腹手术，是世界医学史上最早应用全身麻醉进行手术治疗的医术；又仿虎、鹿、熊、猿、鸟等禽兽的动态创作名为“五禽之戏”的体操，教导人们强身健体。

华佗性情爽朗刚强，淡于功名利禄，曾先后拒绝太尉黄琬征召他出任做官和谢绝沛相陈珪举他当孝廉的请求，只愿作一个平凡的民间医生，以自己的医术来解除病人的痛苦。他乐于接近百姓，深得百姓的信任和爱戴。他还懂得养生之道，传说当时人们都认为他的年龄将近 100 岁，可外表看上去还像壮年人一样。他精通医方药物，治病时配制汤药不过用几味药，心里掌握着药物的分量、比例，只用手抓取，用不着称量，把药煮热，就让病人饮服，同时告诉服药的禁忌或注意事项，等到华佗一离开，病人也就好了。如果需要灸疗，也不过一两个穴位，每个穴位不过灸七八根艾条，病痛也就应手消除。如果需要针疗，也不过扎一两个穴位，下针时对病人说：针刺感应当延伸到某处，如果到了，请告诉我。当病人说“已经到了”，随即起针，病痛很快就痊愈了。如果病患集结郁积在体内，扎针吃药都不能奏效，应须剖开割除的，就饮服他配制的“麻沸散”，一会儿病人就如醉死一样，毫无知觉，于是他就开刀切除患处，取出结积物。病患如果在肠中，就割除肠子病变部分，洗净伤口和易感染部分，然后缝好刀口，用药膏敷上，四五天后，病就好了，不再疼痛。华佗在多年的医疗实践中，非常善于区分不同病情和脏腑病位，对症施治。一日，有军吏二人，俱身热头痛，症状相同，但华佗的处方却大不一样，一用发汗药，一用泻下药。二人颇感奇怪，但服药后均告痊愈。原来华佗诊视后，已知一为表征，用发汗法可解；一为内热征，非泻下难以为治。

又有督邮顿某，就医后自觉病已痊愈，但华佗经切脉后却告诫说：“君疾虽愈，但元气未复，当静养以待完全康复，切忌房事，不然，将有性命之虞。”其时，顿妻闻知夫病已经痊愈，便从百里外赶来看望。当夜，顿某未能慎戒房事，三日后果病发身亡。

某郡守患疑难症，百医无效，其子来请华佗，陈述病情，苦求救治。华佗来到病人居室，问讯中言语轻慢，态度狂傲，索酬甚巨，却不予治疗而去，还留书谩骂。郡守原已强忍再三，至此大怒，派人追杀，踪迹全无。愤怒之下，吐黑血数升，沉疴顿愈。原来这是华佗使用的一种心理疗法，利用喜、怒、忧、思等情志活动调理机体，以愈其疾。

华佗对民间治疗经验十分重视，常吸取后加以提炼，以治疗一些常见病。当时黄疸病流传较广，他花了三年时间对茵陈蒿的药效做了反复试验，决定用春三月的茵陈蒿嫩叶施治，救治了许多病人。华佗还以温汤热敷，治疗蝎子螫痛；用青苔炼膏，治疗马蜂螫后的肿痛；用韭菜酱治虫病；用紫苏治食鱼蟹中毒；用白前治咳嗽；用黄精补虚劳。如此等等，既简便易行，又收效神速。

正当华佗热心在民间奉献自己的精湛医术时，崛起于中原动乱中的曹操，闻而相召。原来曹操早年得了一种头风病，中年以后，日益严重。每发，心乱目眩，头痛难忍。诸医施治，疗效甚微。华佗应召前来诊视后，在曹操胸椎部的鬲俞穴进针，片刻便脑清目明，疼痛立止。曹操十分高兴。但华佗却如实相告："您的病，乃脑部痼疾，近期难于根除，须长期攻治，逐步缓解，以求延长寿命。"曹操听后，以为华佗故弄玄虚，因而心中不悦，只是未形于色。他不仅留华佗于府中，还允许他为百姓治病。

《三国演义》一书中，有一段关云长刮骨病毒的故事：有一次，关羽到樊城去攻打曹操，右臂被毒箭射中。后来，伤口渐渐化脓肿大，十分疼痛，不能动弹。经医生多方诊治，始终无效。一天，关羽和他的部将正在发愁，忽然，部下前来报告，说医生华佗要进见。关羽说："快请进帐来！"

华佗进帐后，关羽说："先生一路辛苦，请暂且休息。"

华佗说："我是为了治您的病才来的。"并说，只是怕您忍受不了疼痛。关羽听后笑了笑说："我是一个久经沙场、出生入死的军人，千军万马尚且不怕，疼痛有什么了不起！"

华佗说："那就好了。您中的箭是乌头毒箭，现在毒已入骨。我准备在房梁上钉上一个铁环，把您的右臂伸进铁环中去，再把您的眼睛蒙上，然后给您动手术。"关羽说："不用什么铁环，你就给我治吧！"

翌日，关羽设宴犒劳华佗。饮宴完毕，关羽一边和谋士对弈，一边袒胸伸出右臂。华佗抽出消过毒的尖刀，割开关羽的胳膊，骨头已变成青色。他用刀"咔嚓""咔嚓"地将骨头上的箭毒刮净，而后缝合复原，敷上药，包扎好。手术时，关羽疼痛难忍；手术后，关羽站起来对华佗说："现在我的右臂不疼了，您真是妙手回春啊！"

后因给曹操治病，华佗被曹操所杀。

吴道子虚心拜师

吴道子(约680—759),又名道玄,阳翟(今河南省禹州市)人。唐代著名画家,被后世尊称为“画圣”,被民间画工尊为祖师。吴道子的绘画具有独特风格,是中国山水画之祖师。他创造了笔简意远的山水“疏体”。据文献记载,他曾画过《五圣图》《八十七神仙图》《菩提寺舍利佛》《天王力士》《地狱变相》《钟馗捉鬼》等。日本大阪市立美术馆藏有《天王送子图》传为其作,敦煌103窟唐壁画《维摩变相》可见其风格影响。

吴道子刻苦好学,才华出众,20岁时就已经很有名气。开元元年(713年)左右,唐玄宗把他召入宫中担任宫廷画师,为他改名道玄。成了御用画家的他,没有皇帝的命令,不能擅自作画。这样,一方面对他这样一个平民意识很强的艺术家是一种约束和限制;另一方面,他得到了最优厚的生活条件,可以施展自己的艺术才华。吴道子性格豪爽,喜欢在酒醉时作画。当时的都城长安是中国的文化中心,汇集了许多著名的文人和书画家。

吴道子经常和这些人在一起，相互促进、提高技艺。

吴道子入内供奉之后，多在宫中作画，有时也随从玄宗巡游各地。一次，他随驾去东都洛阳，会见了将军裴旻和书法家张旭，三人各自展示了自己的绝技：裴旻善于舞剑，当即舞剑一曲；张旭长于草书，挥毫泼墨，作书壁；吴道子也奋笔作画“俄顷而就，有若神助”。洛阳士庶，一时大饱眼福，人们都高兴地说：“一日之中，获睹三绝”。后来，裴旻将军居母丧，请吴道子于东都天宫寺画神鬼像数壁“以资冥助”。吴道子回答说：“废画已久，若将军有意，为吾缠结，舞剑一曲，庶因猛励，获通幽灵。”裴旻听了，遂脱去缞服，如平时装束，走马如飞，剑在手中“左旋右抽”，忽地将剑抛向高空，距地面有数十丈，落地如电光下射。裴旻举起剑鞘，不左不右，正好插入鞘内。观者数千人，齐声喝彩。吴道子看了裴旻的舞剑英姿，一时灵感大兴，遂挥毫作画，“飒然风起，为天下之壮观”。这是吴道子一生的杰作，“得意无出于此”。

开元十三年(725 年)，唐玄宗东封泰山，吴道子陪同前往。事后还至潞州(今山西省长治市)，车驾过金桥，御路“曲折萦转”。玄宗见数千里间“旗鲜洁，羽卫整肃”，心中非常兴奋，对左右侍从说：“张说言‘勒兵三十万，旌旗千里间，陕右上党，至于太原’。真才子也。”左右皆呼万岁。于是招来吴道子、韦无忝、陈闳等，命他们三人共同绘制《金桥图》。陈闳主画玄宗真容及所乘照夜白马，韦无忝主画狗马、骡驴、牛羊等动物之类，而桥梁、山水、车舆、人物、草树、雁鸟、器仗、帷幕等主题部分则由吴道子主画。《金桥图》绘成后，“时谓三绝”。

天宝年间(742—755)的一天，唐玄宗忽然想起蜀中嘉陵江山清水秀，遂命吴道子乘驿传赴嘉陵江去写生。到了嘉陵江，吴道子漫游江上，纵目远眺，好山好水，一幕一景缓缓掠过，当时的体会与感受，便深深铭记在心上，并没有绘制一张草图。当吴道子游览之后回到长安，玄宗问他绘画的情况时，他回答说：“臣无粉本，并记在心。”玄宗命他在大同殿壁上绘画。吴道子早已把嘉陵江一山一水、一丘一壑引人入胜的境界揽于胸中，把这一带的山川壮丽优美与自然特色作了高度的概括，凝神挥笔一日而成。嘉陵江三百里的旖旎风光跃然纸上，玄宗看了啧啧称赞。吴道子不仅善于画山水画，画动物也颇能传神。他在大同殿上曾画了五条龙，“麟甲飞动，每欲大雨，即生烟雾”，真是生龙活现。

唐代佛教、道教都十分流行，宗教艺术也有长足的发展。因此，吴道子的佛画艺术也有很高的成就。他在东、西两京寺观作壁画四十（一作四百）余间，而且“人相诡状，无一同者”。

吴道子在绘画艺术上之所以取得如此卓然超群的成就，是由于他刻意求新，勇于创作。他在绘画艺术上不落俗套，大胆创新。

《天王送子图》

张旭是唐代著名的狂草书法大师，向以不拘一格、敢于创新的精神为人称道，人们颂扬他为“狂”，正是对他的创新精神的肯定。

吴道子跟着张旭学习书法，一方面从他笔走龙蛇的草书艺术中吸取营养；一方面学习张旭的创新精神。经过刻苦努力，终于熔书法绘画为一体，首创“兰叶描”技法。当他完成了这段学习任务，准备拜离张旭时，对张旭讲了自己的心里话。他说：“弟子本习丹青绘画，可惜现今画坛技法俱已陈旧。弟子志在创新。幸得偶见恩师书法，笔走龙蛇，大气磅礴，猛悟得若能以书法绘画，便可一改前代画风，于是拜在恩师门下。现在弟子就此告辞，还要去云游山川、庙宇，再创山水画技！”吴道子的大胆创造精神使得一向不师古法勇于创造的张旭也深为叹服。他称赞吴道子：“绝顶聪颖绝顶狂，天生道子世无双！”

《八十七神仙图》局部

杜环尊礼奉常母

杜环，字叔循，一元子，明庐陵(今江西省吉安市)人，擅长书法，入侍春坊，仕终太常丞。

早年，杜环随侍父亲杜一元远游到江东做官，于是就在金陵定居。杜一元本来就是位好客之人，他所交往的人都是各地方的知名人士。杜环特别好学，专精书法；为人正派，很守信用，喜欢去救助别人的急难。

杜环父亲的朋友兵部主事常允恭在九江死去，家庭破碎。常母张氏，年纪六十多岁，在九江城下痛哭，无家可归。有认识常允恭的人，可怜常母年迈，就告诉她说："现在的安庆太守谭敬先，不正是常允恭的朋友吗？何不前去投靠，他看到了您，顾念和常允恭的旧交情，必定不会抛弃您。"常母照那人的话去做，搭船去见谭敬先，谭却谢绝不肯接纳。常母处境大为困窘。常母想到儿子允恭曾经在金陵作过官，那儿也许还有亲戚朋友活在世上，就再度哭哭啼啼随人到金陵。打听过一二人都已经不在了，于是就向人打听杜一元家在哪里，路上的人回答她说："杜一元已经死去很久了，只有他儿子杜环还活着；他家就在鹭洲坊里头，门内有两株橘子树可以辨认。"

常母穿着破烂的衣服，淋着雨走到杜环家里。杜环正与宾客对坐，他看到常母后大为吃惊，似乎在哪里曾经见过面。于是就问她说："您不是常夫人吗？您为什么会到这里呢？"常母哭着告诉杜环原因，杜环听了也哭了起来。杜环扶着常母坐下，向她礼拜行礼，再把妻子叫出来拜见她。环妻马氏脱下衣服让常母更换淋湿的衣服，捧粥给常母吃，又抱出棉被让常母睡觉。常母问起儿子允恭过去一些亲近、交情深厚的老朋友近况，也问起她的小儿子常伯章在哪里。杜环知道常允恭的老朋友没有一个在这儿，又不知道常伯章是死还是活，就姑且安慰她说："现在正在下雨，等雨停了，我再替您老人家去找找他吧！如果真没有人事奉您老人家的话，我杜环虽然贫穷，难道就不能侍奉您老人家吗？况且先父和允恭先辈的交情好似亲兄弟一样，现在您老人家贫穷困顿，您不到别人家里去，而来到我杜环家里，这真是他们两位老人家在冥冥中引导的啊！希望您老人家不要再多想了。"当时正是战争过后饥荒的岁月，百姓连亲生骨肉都难以保全。常母看杜环家境贫穷，雨停后，就坚决要出去找常允恭其他的老朋友。杜环就叫丫环跟在她后面。到了傍晚，常母果然没有找到任何朋友而回来了。这时常母才定居下来。杜环买了些布帛，叫太太替常母缝制衣裳，全家人都把常母当作亲母亲侍奉。

常母的个性急躁而又狭隘，只要稍稍不顺她的心意，往往就发怒骂人。杜环私底下告诫家里人，尽量顺从常母，不可以因为她贫

穷困顿，就对她轻视、傲慢，和她计较。常母患有痰疾，杜环亲自替她煎药，还一匙一匙地喂她喝；因为常母的缘故，杜环家人都不敢大声说话。

过了十多年，杜环担任太常赞礼郎的官职，奉诏去祭祀会稽山，回来路过嘉兴，正好遇到了常母小儿子常伯章。杜环对他说："太夫人在我家里头，因为日夜思念着你而生病了，你真应该早点儿去看看她老人家啊！"常伯章好像充耳不闻，只说："我也知道这件事情，只是路途遥远不能去。"杜环回家半年后，常伯章才来。这天正好是杜环的生日，常母看到了小儿子，两人抱在一起痛哭。杜环家人认为这样不吉祥，就去劝阻他们。杜环说："这是人之常情啊，有什么不吉祥呢？"后来，常伯章看母亲年迈，怕她无法远行，竟然拿其他事情欺骗常母就走掉了，而且再也没有回来过。杜环更加谨慎地侍奉常母，然而常母更加想念小儿子，病情突然加重，三年后就过世了。

常母临终的时候，举起手对杜环说："是我拖累了你哪！是我拖累了你哪！盼望以后杜君您的子子孙孙，都能够像您一样的好。"话说完就断了气。杜环替她准备了棺木，举行入敛安葬的礼仪，在城南钟家山买块地给她安葬，逢年过节就去那儿扫墓，祭拜。

杜环后来担任晋王府的录事，很有名，有史官说："和朋友交往真是难啊！从前汉朝的翟公说过：'人到了一死一生的时候，才能够看出朋友真正的交情啊！'他说的并不是过分的言论，实在是有感于现实的人情世态才说的啊！人们在意气相投的时候，常常拿自己的生命来做保证，好像世界上没有什么困难的事情。可是到了事态变化、形势窘迫的时候，根本无法实践他们的诺言，背弃离开对方，实在是太多太多了哪！更何况是在朋友已经死亡之后而能够奉养他的亲人呢？我观察杜环的事迹，即便是古代所称赞的忠义烈士也比不上他啊，世俗常常说今人不如古人，这不也是冤屈了全天下人了吧！"

史可法恩报左公

史可法(1602—1645),字宪之,号道邻,祥符(今河南省开封市)人,祖籍顺天府大兴县(今北京市大兴区),明末政治家,军事统帅。

清代文人方苞写的《左忠毅公逸事》记述了左光斗初识史可法的过程。左光斗在北京任畿辅学政期间担任主考。一天,风雪交加特别寒冷,几个骑马的随从跟着左公外出,私行察访走进一座古庙。他们到了堂下小屋里,见一个书生趴着桌子睡着了,桌子上放着刚写成的草稿。左公看了暗暗称赞,就脱下貂皮裘衣盖在书生身上,并给他关好门。

左光斗问庙里的和尚,得知这个书生就是史可法。等到考试开始,吏官叫到史可法的名字时,左光斗惊喜地注视着他。呈上试卷,左公当场就批点他是第一名。后又召他让他拜见了左夫人,并对夫人说:“我们的几个孩子都平庸无能,将来继承我的志向和事业的只有这个书生了。”

左光斗对史可法极为器重,多方栽培,使他树立了忧国忧民、忠贞刚正的思想品质。

左光斗后来被人诬陷，被送进东厂监狱，史可法早晚守在监狱的大门外边。狱卒防范很严，即使左家的佣人也不能靠近。过了好久，听说左光斗受到炮烙酷刑，不久就要死了，史可法拿出五十两银子，哭泣着跟看守商量。看守受到感动，让史可法换上破旧衣服，穿上草鞋，背着筐，用手拿着长锹，装作打扫粪便的下人，进入牢房。

史可法见到左光斗靠着墙坐在地上，脸和额头烫焦溃烂不能辨认，左膝以下筋骨全部脱落了，便立即走上前去跪下，抱着已经血肉模糊、不成人形的左光斗呜咽不止。左光斗听出是史可法的声音，可是眼睛睁不开，于是奋力举起胳臂用手指拨开眼皮，目光像火炬一样明亮，恼怒地说："没出息的东西！这是什么地方，你竟然跑进来了！国家的事情，败坏到了不可收拾的地步，我已经完了，你还这么糊涂来到此地？还不赶快离开，要等到坏人捏造罪名来陷害你么？我现在就打死你！"于是摸索地上刑具，做出投打的样子。史可法闭着嘴不敢发声，快步地退了出来。后来史可法常常流着泪讲述这件事，说："我的老师的肝肺，都是铁石所铸造出来的。"

崇祯十六年(1643)七月，史可法任兵部尚书，翌年，张献忠的起义军在蕲春、黄冈、潜山、桐城一带活动。史可法以凤阳、庐州道员的身份奉命防守御敌。每次有警报，就几个月不能上床睡觉，他让士兵轮番休息，可是自己就在帐篷外边坐着。他挑选了强健的士卒十人，命令二人蹲坐着用背靠着他，过了一更就轮番替换一次。每到寒冷的夜晚站立起来，抖动自己的衣裳，铠甲上的冰霜散落下来，像金属的响声。有人劝他稍微休息一下，他说："我上怕辜负朝廷，下怕愧对我的老师呀！"清兵南下，因南明朝廷内争权夺利，史可法被遣往扬州守城。

弘光元年(1645 年)扬州被围，清兵十万余人，扬州守兵仅一万多人，可谓众寡悬殊。清兵首领多铎不断派明降将劝降，史可法说："我为朝廷首辅，岂肯反面事人？"他召集诸将说："吾誓与城为殉，然仓皇之中不可落于敌人之手以死，谁可为我临期成此大节？"副将史德威慨然任之。

扬州城破，清兵攻入，史可法欲以佩刀自杀，部属强行夺下佩刀，被俘后，多铎以宾礼相待，口称先生，当面劝降，许以高官厚禄。史可法骂不绝口，严词拒绝："我为朝廷大臣，岂肯偷生为万世罪人！吾头可断，身不可辱，愿速死，从先帝于地下。""我意已决，即碎尸万段，甘之如饴，但扬城百万生灵，不可杀戮！"壮烈牺牲于南城楼上，时年仅44岁。

四、智篇

柳下跖智辩孔子

孔子跟柳下季是朋友，柳下季的弟弟名叫盗跖。盗跖的部下有九千人，横行天下，侵扰各国诸侯。他所经过的地方，大国避守城池，小国退入城堡，百姓被他弄得很苦。孔子对柳下季说："大凡做父母的，必定能告诫自己的子女，做兄长的，必定能教育自己的弟弟。假如做父亲的不能告诫自己的子女，做兄长的不能教育自己的兄弟，那么父子、兄弟之间的亲密关系也就没有什么可贵的了。如今先生你，是当世的贤士，然而兄弟却被叫作盗跖，成为天下的祸害，而且不能加以管教，我私下里替先生感到羞愧。我愿意替你前去说服他。"

柳下季说："先生谈到做父亲的必定能告诫自己的子女，做兄长的必定能教育自己的弟弟，假如子女不听从父亲的告诫，兄弟不接受兄长的教育，即使像先生这样能言善辩，又能拿他怎么样呢？而且盗跖的为人，思想活跃犹如喷涌的泉水，感情变化就像骤起的

暴风，勇武强悍足以抗击对手，巧言善辩足以掩盖过失，顺从他的心意他就高兴，违背他的意愿他就发脾气，容易用言语侮辱别人。先生千万不要去见他。”

孔子不听，让颜回驾车，子贡作骖乘，前去见盗跖。盗跖正好在泰山的南麓休整队伍。孔子下了车走上前去，见了禀报的人员说：“鲁国人孔丘，听说将军刚毅正直，多多拜托转达我前来拜见的心意。”

盗跖听说孔子求见，勃然大怒，双目圆睁，头发怒起，说：“这不就是那鲁国的巧伪之人孔丘吗？替我告诉他：‘你矫造语言，托伪于文王、武王的主张；你头上戴着树杈般的帽子，腰上围着宽宽的牛皮带，满口的胡言乱语；你不种地却吃得不错，不织布却穿得讲究；你整天摇唇鼓舌，专门制造是非，用以迷惑天下的诸侯，使天下的读书人全都不能返归自然的本性，而且虚妄地标榜尽孝尊长的主张以侥幸得到封侯的赏赐而成为富贵的人。你实在是罪大恶极，快些滚回去！”

孔子再次请求通报接见，说：“我荣幸地跟柳下季相识，诚恳希望能够面见将军。”

禀报人员再次通报。盗跖说：“叫他进来！”孔子小心翼翼地快步走进帐去，又远离座席连退数步，向盗跖深深施礼。盗跖一见孔子便大怒不已，伸开双腿，按着剑柄怒睁双眼，喊声犹如哺乳的母虎，说：“孔丘你上前来！你所说的话，合我的心意便可以活，不合我的心意你就得死。”孔子说：“我听说，大凡天下人有三种美德：生就魁梧高大，长得漂亮无双，无论少小年长、高贵卑贱，见到他都十分喜欢，这是上等的德行；才智能够包罗天地，能力足以分辨各种事物，这是中等的德行；勇武、剽悍、果决、勇敢，能够聚合众人统率士兵，这是下一等的德行。大凡人们有此一种美德，足以南面称王了。如今将军同时具备了上述三种美德，你高大魁梧身长八尺二寸，面容和双眼熠熠有光，嘴唇鲜红犹如朱砂，牙齿整齐犹如编贝，声音洪亮合于黄钟，然而名字却叫盗跖，我暗暗为将军感到羞耻并且认为将军不应有此恶名。将军如果有意听从我的劝告，我将南边出使吴国、越国，北边出使齐国、鲁国，东边出使宋国、卫国，西边出使晋国、秦国，派人为将军建造数百里的大城，确立数十万户人家的封邑，尊将军为诸侯，跟天下各国更除旧怨开启新的一页，弃置武器休养士卒，收养兄弟，供祭祖先。这才是圣人贤士的作为，也是天下人的心愿。”

盗跖大怒说：“孔丘上前来！凡是可以用利禄来规劝、用言语来谏正的，都只能称作愚昧、浅陋的普通顺民。如今我身材高大魁梧，面目英俊美好，人人见了都喜欢，这是我的父母给我留下的美德。你孔丘即使不当面吹捧我，我难道不知道吗？而且我听说，喜好当面夸奖别人的人，也好背地里诋毁别人。如今你把建造大城、汇聚众多百姓的意图告诉给我，这是用功利来诱惑我，而且是用对待普通顺民的态度来对待我，这怎么可以长久呢！城池最大的，莫过于整个天下。尧舜拥有天下，子孙却没有立锥之地；商汤与周武王立做天子，可是后代却遭灭绝，这不是因为他们贪求占有天下的缘故吗？况且我还听说，古时候禽兽多而人少，于是人们都在树上筑巢而居躲避野兽，白天拾取橡子，晚上住在树上，所以称他们叫作有巢氏之民。古时候人们不知道穿衣，夏天多多存积柴草，冬天就烧火取暖，所以称他们叫作懂得生存的人。到了神农时代，居处安静闲暇，行动优游自得，人们只知道母亲，不知道父亲，跟麋鹿生活在一起，自己耕种自己吃，自己织布自己穿，没有伤害别人的心思，这就是道德鼎盛的时代。然而到了黄帝时期就不再具有这样的德行，跟蚩尤在涿鹿的郊野上争战，流血百里。尧舜称帝，设置百官，商汤放逐了他的君主，武王杀死了纣王。从此以后，世上总是倚仗强权欺凌弱小，倚仗势众侵害寡少。商汤、武王以来，就都是属于篡逆叛乱的人了。如今你研修文王、武王的治国方略，控制天下的舆论，一心想用你的主张传教后世子孙，穿着宽衣博带的儒式服装，说话与行动矫揉造作，用以迷惑天下的诸侯，而且一心想用这样的办法追求高官厚禄，要说大盗再没有比你大的了。天下为什么不叫你作盗丘，反而竟称我是盗跖呢？你用甜言蜜语说服了子路让他死心塌地地跟随你，使子路去掉了勇武的高冠，解除了长长的佩剑，受教于你的门下，天下人都说你孔子能够制止种种坏事。可是后来，子路想要杀掉篡逆的卫君却不能成功，而且自身还在卫国东门上被剁成了肉酱，这就是你那套说教的失败。你不是自称才智的学士、圣哲的人物吗？却两次被逐出鲁国，在卫国被人铲削掉所有足迹，在齐国被逼得走投无路，在陈国蔡国之间遭受围困，不能容身于天下。而你所教育的子路却又遭受如此的祸患，做师长的没有办法在社会上立足，做学生的也就没有办法在社会上为人，你的那套主张难道还有可贵之处吗？世上所尊崇的，莫过于黄帝，黄帝尚且不能保全德行，而征战于涿鹿的郊野，流血百里。唐尧不慈爱，虞舜不孝顺，大禹半身不遂，商汤放逐了他的君主，武王出兵征讨商纣，文王曾经被囚禁在羑里。这以上的六个人，都是世人所尊崇的，但都是因为追求功利迷惑了真性而强迫自己违反了自然的禀赋，他们的做法实在是极为可耻的。世人所称道的贤士，就如伯夷、叔齐。伯夷、叔齐辞让了孤竹国的君位，却饿死在首阳山，尸体都未能埋葬……申徒狄多次进谏不被采纳，背着石块投河而死，尸体被鱼鳖吃掉。介子推算是最忠诚的了，割下自己大腿上的肉给晋文公吃，文公返国后却背弃了他，介子推一怒之下逃出都城隐居山林，也抱着树木焚烧而死。尾生跟一女子在桥下约会，女子没有如期赴约，河水涌来尾生却不离去，竟抱着桥柱子而淹死。这以上的六个人，跟肢解了的狗、沉入河中的猪以及拿着瓢到处乞讨的乞丐相比没有什么不同，都是重视名节轻生赴死，不顾念身体和寿命的人……伍子胥被抛尸江中，比干被剖心而死，这两个人，世人都称作忠臣，然而最终被天下人讥笑，都是不值得推崇的。你孔丘用来说服我的，假如告诉我怪诞离奇的事，那我是不可能知道的；假如告诉我人世间实实在在的事，不过如此而已，都是我所听闻的事。现在让我来告诉你人之常情，是眼睛就想要看到色彩，耳朵就想要听到声音，嘴巴就想要品尝滋味，志气就想要满足、充沛。人生在世高寿为一百岁，中寿为八十岁，低寿为六十岁，除掉疾病、死丧、忧患的岁月，其中开口欢笑的时光，一月之中不过四五天罢了。天与地是无穷尽的，人的死亡却是有时限的，拿有时限的生命托付给无穷尽的天地之间，迅速地消逝就像千里良驹从缝隙中骤然驰去一样。凡是不能够使自己心境获得愉快而颐养寿命的人，都不能算是通晓常理的人。你孔丘所说的，全都是我想要废弃的，你赶快离开这里滚回去，不要再说了！”

孔子听罢，一再拜谢快步离去，走出帐门登上车子，多次失落拿在手里的缰绳，眼光失神模糊不清，脸色犹如死灰，低垂着头靠在车前的横木上，颓丧地不能大口喘气。

孔子回到鲁国东门外，正巧遇上了柳下季。柳下季说：“近来多日不见，心里很不踏实，看看你的车马好像外出过的样子，恐怕是前去见到盗跖了吧？”孔子仰天长叹道：“是的。”柳下季说：“盗跖莫不是像先前我所说的那样违背了你的心意吧？”孔子说：“正是这样。我这样做，真叫作没有生病而自行扎针一样，自找苦吃，急急忙忙地跑去撩拨虎头，编理虎须，几乎不免被虎口吞掉啊！”

孙膑设计天庞涓

孙膑，生卒年不详，战国时期军事家、兵家代表人物。孙膑生于阿、鄄之间（今山东省阳谷县阿城镇、菏泽市鄄城县北一带），是军事家孙武后代，深谙《孙子兵法》。

孙膑在师从鬼谷子学习兵法时，有一个师弟叫庞涓。庞涓的天资学业虽较好，但实际能力和孙膑差得很多，而且为人奸猾，善弄小权术。他与孙膑同学兵法时，很是嫉妒孙膑的才能。

孙膑、庞涓两人经过鬼谷子的精心调教，兵法、韬略大有长进。这时，传来了魏惠王招贤纳士的消息。本是魏国人的庞涓，觉得机会来了，决定下山应招。临别时，他向孙膑保证，此行一旦顺利，马上引荐他下山，共同做一番事业。孙膑自然深表谢意，嘱咐他多加保重，两人洒泪告别。

庞涓到魏国后，很快得到了魏惠王的赏识，被封为将军。随后，庞涓指挥军队同卫国和宋国开战，打了几个胜仗后，庞涓成了魏国上下皆知的人物，从此更得魏惠王的宠信。

墨子与鬼谷子是好朋友，他从魏国来找鬼谷子，见孙膑才华出众，就向魏惠王推荐了孙膑。鬼谷子见孙膑仁义、贤德，悟性高，便以夜间驱鼠为由，单独把孙武的《兵法十三篇》传授给了孙膑，孙膑一目十行，只用三天，就把《兵法十三篇》背得滚瓜烂熟，又把书还给了老师。这时，庞涓已是魏国上将军，担心自己的本领远不如孙膑，就迟迟未向魏王推荐。经墨子一说，魏惠王一问，庞涓只得写信请孙膑出山。

原来，春风得意的庞涓始终有一块心病：论天下的用兵之法，除了孙膑之外没人能赶上自己了。一想到孙膑，他心里就有一种说不出来的滋味。按照当初的诺言办吧，就得把孙膑推荐给魏惠王，孙膑的声名威望很快就会超过自己；不去履行当初的诺言吧，孙膑一旦去了别的国家，施展起来自己同样不是对手。庞涓寝食不安，日夜思谋着对策。

一天，正在山上攻读兵书的孙膑，接到庞涓差人送来的一封信。信上庞涓先叙述了他在魏国受到的礼待重用，然后又说，他向魏惠王极力推荐了孙膑的盖世才能，终于把惠王说动，请他来魏国就任将军之职。孙膑看了来信，想到自己就要有大显身手的机会了，深觉自己的师弟讲义气，立即随同来人赶往魏国的都城大梁。

孙膑来后，庞涓大摆筵席，盛情款待。几天过去了，就是没有魏惠王的消息，庞涓也不提此事。孙膑自然不便多问，只好耐心等待。

一天，孙膑闲得难受，找到一本书读起来。忽然，屋外传来一阵吵嚷声，他还没有弄清是怎么回事，就已被闯进屋子的兵士捆绑起来，宣布孙膑犯有私通齐国之罪，奉魏惠王之命对其施以膑足、黥脸之刑。孙膑被这突如其来的事情惊呆了，随即省悟过来，高声为自己辩白。然而，那些兵士不分青红皂白，扒去孙膑的衣裤，剜掉了他的膝盖骨，并在他的脸上刺上犯罪的标志。

原来，庞涓把孙膑骗来之后，即在魏惠王面前巧言诬陷，使孙膑遭此伤身之祸。庞涓以为，受刑后的孙膑成了残废，纵有天大的本事，也难以和自己较量了。

孙膑的伤口渐渐愈合，但他再也站不起来了，而且，还有人时时刻刻监视着他。他知道庞涓在陷害他，恨得咬牙切齿。不久，孙膑疯了，他一会儿哭，一会儿笑，叫闹个不停。送饭的人拿来吃的，他竟连碗带饭扔出好远。庞涓听说了这些，并不相信孙膑会疯，便叫人把他扔到猪圈里，又偷偷派人观察。孙膑披头散发地倒在猪圈里，弄得满身是猪粪，甚至把粪塞到嘴里大嚼起来。庞涓认为孙膑是真疯了，从此看管逐渐松懈下来。

孙膑一边装疯，一边暗中寻找逃离的机会。一天，他听说齐国有个使臣来到大梁，便找了个空隙，偷偷前去拜访。齐国的使臣听了孙膑的叙述，从谈吐中认定他是一个很了不起的人才，十分钦佩，遂答应帮他逃走。这样，孙膑便藏身于齐国使臣的车子里，秘密地回到了齐国。这个时候，正值齐、魏争霸，交战不断。孙膑很快见到齐国的大将田忌。田忌十分赏识孙膑的才干，将他留在府中，以上宾的礼节加以款待。

田忌喜欢赛马，但却时常输掉。有一次，他又与齐威王赛马，马分上、中、下三等，对等竞赛，三场全输，田忌好不丧气。恰巧孙膑在场，便给田忌出主意说："待到下一轮比赛时，你用上马对齐威王的中马，用中马对威王的下马，用下马对威王的上马，必赢无疑。"田忌依计行事，造成两个局部的优势和一个局部的劣势，以一负二胜赢得齐威王千金。齐威王大感惊讶，忙问田忌是何原因？田忌把孙膑找来，借机推荐给齐威王。

齐威王见是一个双腿受刑的残疾人，开始并未十分看重，当孙膑陈述自己对战争问题的看法时，齐威王便有意问道："依你的见解，不用武力能不能使天下归服呢？"孙膑果断地回答说："这不可能，只有打胜了，天下才会归服。"然后，他列举黄帝打蚩尤，尧帝伐共工，舜帝征三苗，以及武王伐纣等事实，说明哪一个朝代都是靠武力解决问题，用战争实现国家的统一。这使齐威王大受震动。再询问兵法，孙膑更是滔滔不绝，对答如流。齐威王感到孙膑其人确实不简单，从此以"先生"相称，把他作为老师看待。

周显王十四年(前 354 年)，魏将军庞涓发兵八万，突袭赵国的都城邯郸。赵国抵挡不住，派使者向齐国求救。齐威王拜田忌为大将，孙膑为军师，发兵八万，前往救赵。大军既出，田忌欲直奔邯郸，速解赵国之围。孙膑提出应趁魏国国内兵力空虚之机，发兵直取魏都大梁，迫使魏军弃赵回救。这一战略思想，将避免齐军长途奔袭的疲劳，而致魏军于奔波被动之中，立即为田忌采纳，率领齐军杀往大梁。

魏军好不容易将邯郸攻陷，却传来齐军压境，魏都城大梁告急的消息。庞涓顾不得休整部队，除留少数兵力防守邯郸外，忙率大军驰援大梁。没料到，行至桂陵陷入齐军包围。魏军长期劳顿奔波，士卒疲惫不堪，哪还顶得住以逸待劳的齐军？结果被打得落花流水，大败而逃，连主将庞涓也被活捉。结果，魏国只好同齐国议和，乖乖归还了邯郸。这就是历史上有名的"围魏救赵"之战。其实，也是孙膑对庞涓的重重一击。但孙膑并没有杀庞涓，只是训导他一番，又将他放了。

周显王二十七年（前 342 年），庞涓又带领十万大军、千余辆兵车，分三路进攻韩国。小小的韩国抵挡不住庞涓的进攻，遂接连派出使臣向齐国求救。齐威王召集群臣商讨对策，有主张坐山观虎斗的，有主张发兵救援的，相互争执不下。孙膑一直没有说话。齐威王见状便说："先生是不是认为这两种意见都不对啊？"孙膑点头说："是的。我以为，魏国以强凌弱，如果韩国被攻陷，肯定对齐国不利，因此我不赞成见死不救的主张。但是，魏国现在锐气正盛，如果我们匆忙出兵，岂不是要代替韩军承受最初的打击？"齐威王问："那么，依先生的意见怎么办好？"孙膑说："我看可以先答应韩国的请求。他们知道我们能出兵相救，必然会全力抗击入侵的魏军；而魏军经过激烈拼杀，人力物力也会大大消耗。到那个时候我们再发兵前去，攻击疲惫不堪的魏军，拯救危难之中的韩国，就可以用力少而建功多，取胜易而受益大，不知陛下以为如何？"齐威王十分赞赏孙膑的建议，当即采纳。时过不久，当魏、韩两军激烈交战，双方实力已大大削弱的时候，齐威王才决定派兵出战，仍以田忌为主将，孙膑为军师。于是，孙膑与庞涓又一次相逢在战场，开始了一场大规模的生死较量。

战役之初，按照孙膑的计策，齐军长驱直入把攻击的矛头指向魏国的都城大梁。时过不久，孙膑得知庞涓回师都城的禀报，便对田忌说："魏军一向自恃骁勇，现急于同我军决战。我们要抓住他们这个心理，诱使他们上当。"田忌说："军师的意思是……"孙膑接口道："我们可以装出胆小怯战的样子，用追兵减灶的办法诱敌深入。"随后，孙膑如此这般地对田忌叙说一遍。当庞涓日夜兼程赶回魏国本土，传令抓住齐军主力，与其决一雌雄时，齐军却不肯交战，稍一接触即向东退去。庞涓挥师紧追不放。头一天，见齐军营地有十万人的饭灶；第二天，还剩五万人的灶；到第三天，只剩三万人的灶了。庞涓见状高兴地说道:“我早知道齐国的士兵都是胆小鬼,如今不到三天就逃跑了大半!”于是传令:留下步兵和笨重物资,集中骑兵轻装前进,追歼齐军。

孙膑得知庞涓轻骑追击的探报,高兴地对众人说:“庞涓的末日到了!”这时,齐军正好来到一个叫马陵道的地方。马陵道处于两座高山之间,树多林密,山势险要,中间只有一条狭窄的小路可走,是一个伏击歼敌的好战场。孙膑传令:就地伐树,将小路堵塞;另挑选路旁的一棵大树,刮去一段树皮,在树干上面写道:“庞涓死于此树之下”几个大字。随后,命令弓箭手埋伏在两边密林中,吩咐他们夜里只要看见树边出现火光,就一齐放箭。说话间已到傍晚,庞涓率领的魏军骑兵果真来到马陵道。听说前面的道路被树木堵塞,庞涓忙上前察看。朦胧间他见路旁有一大树,白茬上隐约有字,遂命人点起火把。当庞涓看清树上的那一行字时,大吃一惊,知道中了孙膑的计谋。他急令魏军后退,但已经晚了。埋伏在山林中的齐军万箭齐发,猝不及防的魏军死伤无数,乱成一团。庞涓身负重伤,知道败局已定,拔出佩剑自杀了。齐军乘胜追杀,将魏军的后续部队全部打垮,连魏太子都给俘虏了。马陵道大捷后,孙膑名声大噪。

蔺相如完璧归赵

蔺相如(前 329—前 259)，战国时赵国上卿，相传为今河北省曲阳县人，一说山西省临汾人，赵国宦官头目缪贤的门客，战国时期著名的政治家、外交家。

赵惠文王时，赵国得到楚国的和氏璧。秦昭王听说这件事，派人送给赵王一封信，说愿意把十五座城给赵国，请求换取和氏璧。赵王想把这块宝玉给秦国，又怕得不到秦国的城，白白受欺骗；想不给吧，又担心秦兵打过来。主意拿不定，想找个可以派遣去回复秦国的人，又找不到。宦官头目缪贤说："我的门客蔺相如可以出使。"赵王问："你根据什么知道他可以出使呢?"缪贤回答说："我曾经犯有罪过，私下打算要逃到燕国去。我的门客蔺相如阻拦我说：'您凭什么知道燕王会收留您?'我告诉他，我曾跟随大王与燕王在边境相会，燕王私下握着我的手说'愿意交个朋友'，所以打算去他那里。蔺相如对我说：'当初赵国强，燕国弱，您又受赵王宠幸，所以燕王想跟您结交。但您若从赵国逃奔到燕国，燕王害怕赵国，这种形势下燕王一定不敢收留您，反而会把您捆绑起来送回赵国的。您不如袒胸露臂，趴在斧质上请罪，可能侥幸得到赵王赦免'。我听从了他的意见，幸而大王赦免了我。我私下认为蔺相如是个勇士，有智谋，适宜出使秦国。"

于是赵王召见蔺相如，问他："秦王打算用十五座城换我的璧，可不可以给他?"蔺相如说："秦国强大，赵国弱小，不能不答应他的要求。"赵王说："拿走我的璧，不给我城，怎么办?"蔺相如说："秦王用城换璧而赵国不答应，理亏的是赵国；赵国给秦璧而它不给赵国城，理亏的是秦国。比较这两种对策，宁可答应秦的请求而让它负理亏的责任。”赵王问：“可以派谁去呢？”蔺相如回答说：“大王如果找不到人，我愿意带着和氏璧出使秦国。城给了赵国，就把璧留在秦国；城不给赵国，我保证把和氏璧完整地带回赵国。”赵王就派蔺相如带着和氏璧向西进入秦国。

秦王坐在章台宫接见蔺相如。蔺相如捧着和氏璧呈献给秦王。秦王非常高兴，把和氏璧传给妃嫔及左右侍从人员看，群臣都欢呼“万岁”。

蔺相如看出秦王没有把城给赵国的意思，就上前说：“璧上有点瑕疵，请让我指给大王看。”秦王把和氏璧交给蔺相如。蔺相如于是捧着璧退了几步站住，背靠着柱子，怒发竖立，像要把帽子顶起来。他对秦王说：“大王想要得到和氏璧，派人送信给赵王，赵王召集所有大臣商议，都说：‘秦国贪婪，依仗它强大，想用空话来诈取和氏璧，补偿给赵国的城恐怕得不到。’打算不给秦国和氏璧。但是我认为平民之间的交往，尚且不相互欺骗，何况是大国之间的交往呢！而且因为一块璧的缘故惹得强大的秦国不高兴，不应该。于是赵王斋戒了五天，派我捧着和氏璧，在朝堂上行过叩拜礼，亲自拜送了国书。这是为什么？为的是尊重大国的威望而表示敬意。如今我来到秦国，大王却在一般的宫殿里接见我，礼节显得十分怠慢；得到璧后又将它传给妃嫔们看，以此来戏弄我。我看大王无意补偿给赵国十五座城，所以要把它取回来。大王若要逼迫我，我的头立刻就与和氏璧一起撞碎在柱子上！”

秦王怕他撞碎和氏璧，就婉言道歉，请求他不要把和氏璧撞碎，并召唤负责的官吏察看地图，指点着说要把从这里到那里的十五座城划归赵国。蔺相如料定秦王只不过以欺诈的手段假装把城划给赵国，就对秦王说：“和氏璧是天下公认的宝贝，赵王敬畏大王，不敢不献出来。赵王送璧的时候，斋戒了五天。那么您也该斋

戒五天，在朝堂上设九宾的礼节，我才敢献上和氏璧。”秦王估计这种情况终究不能强夺，就答应斋戒五天，把蔺相如安置在宾馆里。

蔺相如料定秦王必定违背信约，就让他的随从穿着粗布衣服，怀揣那块璧，从小路逃回赵国。

秦王斋戒五天后，就在朝堂上设了“九宾”的礼仪，宴请赵国使者蔺相如。蔺相如对秦王说：“秦国自从秦穆公以来的二十多个国君，不曾有一个是坚守信约的。我实在怕受大王欺骗而对不起赵国，所以派人拿着璧已经从小路回赵国了。再说秦国强大而赵国弱小，大王派一个小小的使臣到赵国，赵国会立刻捧着璧送来。凭借秦国的强大，先割十五座城给赵国，赵国怎么敢留着璧而得罪大王呢？我知道欺骗大王的罪过应该处死，我请求受汤镬之刑。希望大王和大臣们仔细商议这件事。”

秦王和大臣们面面相觑，发出惊呼的声音。侍从中有的要拉蔺相如离开朝堂加以处治。秦王就说：“杀了蔺相如，终究不能得到和氏璧，反而断绝了秦、赵的友好关系。不如趁此好好招待他，让他回赵国去。难道赵王会因为一块璧的缘故而欺骗秦国吗？”终于在朝廷上，完成接见的礼节，送他回赵国去了。蔺相如回国以后，赵王认为他是个贤能的大夫，出使到诸侯国家能不受辱，就任命他做上大夫。此后秦国没有给赵国城池，赵国最后也没有把和氏璧给秦国。

后来，秦军攻打赵国，攻下石城。第二年秦军又攻打赵国，杀了赵国两万人。秦王派使臣告诉赵王，打算与赵王和好，在西河外渑池相会。赵王害怕秦国，想不去。廉颇、蔺相如商量说："大王不去，显得赵国既软弱又怯懦。"赵王于是动身赴会，蔺相如随行。

赵王和秦王在渑池会见。秦王喝酒喝得高兴时说："我私下听说赵王喜好音乐，请赵王弹弹瑟吧！"赵王就弹起瑟来。秦国的史官就写道："某年某月某日，秦王与赵王会盟饮酒，命令赵王弹瑟。"蔺相如走向前去说："赵王私下听说秦王善于演奏秦地的乐曲，请允许我献瓦缶给秦王，请秦王敲一敲，借此互相娱乐吧！"秦王发怒，不肯敲缶。蔺相如说："如果大王不肯敲缶，在五步距离内，我能够把自己颈项里的血溅在大王身上！"秦王身边的侍从要用刀杀蔺相如，蔺相如瞪着眼睛呵斥他们，他们都被吓退了。于是秦王很不高兴地为赵王敲了一下瓦缶。蔺相如回头召唤赵国史官写道："某年某月某日，秦王为赵王击缶。"秦国的众大臣说："请赵王用赵国的十五座城来给秦王祝寿。"蔺相如也说："请把秦国的都城咸阳送给赵王祝寿。"直到酒宴结束，秦王始终未能占赵国的上风。

公输班巧制云梯

鲁班(前 507—前 444),姓公输,名盘(bān)。鲁国公族之后。又称公输子、公输盘(bān)、班输、鲁班。因是鲁国(都城为今山东省曲阜市)人。“般”和“班”同音,古时通用,故人们常称他为鲁班。

鲁班生活在春秋末期到战国初期,出身于世代工匠家庭,从小就跟随家里人参加过许多土木建筑工程劳动,逐渐掌握了生产劳动的技能,积累了丰富的实践经验。

鲁班很注意对客观事物的观察、研究,他受自然现象的启发,致力于创造发明。一次攀山时,手指被一棵小草划破,他摘下小草仔细察看,发现草叶两边全是排列均匀的小齿,于是就模仿草叶制成伐木的锯。他看到各种小鸟在天空自由自在地飞翔,就用竹木削成飞鹞,借助风力在空中试飞。开始飞得时间较短,经过反复研究,不断改进,竟能在空中飞行很长时间。他一生注重实践,善于动脑,在建筑、机械等方面做出了很大贡献。他能建造“宫室台榭”;曾制作出攻城用的“云梯”，舟战用的“勾拒”；创制了“机关备制”的木马车；发明了曲尺、墨斗、刨子、凿子等各种木作工具，还发明了磨、碾、锁等。

这些木工工具的发明，使当时工匠们从原始、繁重的劳动中解放出来，劳动效率成倍提高，土木工艺出现了崭新的面貌。这里面都包含着原始的物理科学知识。

鲁班还是一个很高明的机械发明家。他制造的锁，机关设在里面，外面不露痕迹，必须借助配合好的钥匙才能打开。

《墨子》一书中有这样的记载：“公输子削竹木以为鹊，成而飞之，三日不下。”说的就是鲁班制作的木鸟，能乘风力飞上高空，三天不降落。

大约在公元前450年以后，他从鲁国来到楚国，帮助楚国制造兵器。他曾创制云梯，准备攻宋国，但被墨子制止。传说鲁班为楚国的水军发明了“钩”和“拒”，当敌军处于劣势时，“钩”能把敌军的船钩住，不让它逃跑；当敌军处于优势时，“拒”能抵挡住敌军的船只，不让它追击。鲁班向墨子夸耀说：“我有舟战的钩和拒，你的义也有钩和拒吗?”墨子是主张和平、反对战争，鼓励人们相敬、相爱，仁义至上的。墨子于是回答：“我是用爱来钩，用恭来拒。你用钩钩人，人家也会用钩钩你；你用拒拒人，人家会用拒拒你。你说‘义’的钩拒，难道不比‘舟’的钩拒强吗?”墨子主张制造实用的生产工具，反对为战争制造武器，鲁班接受了这种思想。后来不再制作这类战争工具，专门从事生产和生活上的创造发明，以造福于劳动人民。

两千多年来，人们为了表达对鲁班的热爱和敬仰，把古代劳动人民的集体创造和发明也都集中到他的身上。因此，有关他的发明和创造的故事，实际上是中国古代劳动人民发明创造的故事。

另据《世本》记载，石磨也是鲁班发明的。传说鲁班用两块比较坚硬的圆石，各凿成密布的浅槽，合在一起，用人力或畜力使它转动，就把米麦磨成粉了。这就是我们所说的磨，在此之前，人们加工粮食是把谷物放在石臼里用杵来舂捣，而磨的发明把杵臼的上下运动改变为旋转运动，使杵臼的间歇工作变成连续工作，大大减轻了劳动强度，提高了生产效率，这是古代粮食加工工具的一大进步。

鲁班不愧是中国古代最优秀的土木建筑工匠。两千多年以来，他一直被土木工匠们尊奉为“祖师”，受到人们的普遍尊敬和纪念。

甘罗十二做上卿

甘罗(约前266—?),战国末期楚国下蔡(今安徽省凤台县辖内)人,战国中期秦国著名大臣甘茂之孙,从小聪明过人,是著名的少年政治家。小小年纪拜入秦国丞相吕不韦门下,做其门客。甘茂死时,12岁的甘罗即被秦王拜为上卿。

司马迁所作《史记·樗里子甘茂列传》,记述了甘罗的生平事迹。

秦始皇派刚成君蔡泽到燕国,三年后燕国国君喜派太子丹到秦国做人质。秦国准备派张唐去辅助燕国,打算跟燕国一起进攻赵国来扩展河间一带的领地。张唐对文信侯(吕不韦)说:"我曾经为昭王进攻过赵国,因此赵国怨恨我,曾称言说:'能够逮住张唐的人,就赏给他方圆百里的土地。'现在去燕国必定要经过赵国,我不能前往。"文信侯听了怏怏不乐,可是没有什么办法勉强他去。

甘罗见此就问:"君侯您为什么闷闷不乐得这么厉害?"文信侯说:"我让刚成君蔡泽侍奉燕国三年,燕太子丹已经来秦国做人质了,我亲自请张卿去燕国任相,可是他不愿意去。"甘罗说:"请允许我说服他去燕国。”文信侯呵叱说：“快走开！我亲自请他去他都不愿意，你怎么能让他去？”甘罗说：“项橐七岁就做了孔子的老师。如今，我已经满十二岁了，您还是让我试一试吧。何必这么急着呵斥我呢？”于是文信侯就同意了。

甘罗去拜见张唐，说：“您的功劳与武安君白起相比，谁的功劳大？”张唐说：“武安君在南面挫败强大的楚国，在北面施威震慑燕、赵两国，战而能胜，攻而必克，夺城取邑，不计其数，我的功劳可比不上他。”甘罗又说：“应侯范雎在秦国任丞相时与现在的文信侯相比，谁的权力大？”张唐说：“应侯不如文信侯的权力大。”甘罗进而说：“您确实明了应侯不如文信侯的权力大吗？”张唐说：“确实明了这一点。”甘罗接着说：“应侯打算攻打赵国，武安君故意让他为难，结果武安君刚离开咸阳七里地就死在杜邮。如今文信侯亲自请您去燕国任相，而您却执意不肯，我不知您要死在什么地方了。”张唐说：“那就依着你这个童子的意见前往燕国吧。”于是让人整理行装，准备上路。行期已经确定，甘罗便对文信侯说：“借给我五辆马车，请允许我为张唐赴燕先到赵国打个招呼。”

文信侯就进宫把甘罗的请求报告给秦始皇，说：“过世的甘茂有个孙子甘罗，年纪很轻，然而是著名门第的子孙，所以诸侯们都有所闻。最近，张唐想要推托有病不愿意去燕国，甘罗说服了他，使他毅然前往。现在甘罗愿意先到赵国把张唐的事通报一声，请答应派他去。”

秦始皇召见了甘罗，就派他去赵国。

赵襄王到郊外远迎甘罗。甘罗对赵王说：“大王听说燕太子丹到秦国作人质吗？”赵王回答说：“听说这件事了。”甘罗又问道：“听说张唐要到燕国任相吗？”赵王回答说：“听说了。”甘罗接着说：“燕太子丹到秦国来，说明燕国不欺骗秦国。张唐到燕国任相，表明秦国不欺骗燕国。燕、秦两国互不相欺，没有别的缘故，就是要攻打赵国来扩大自己在河间一带的领地。大王不如先送给我五座城邑来扩大秦国在河间的领地，我请求秦王送回燕太子，再帮助强大的赵国攻打弱小的燕国。”

赵王立即亲自划出五座城邑来扩大秦国在河间的领地。秦国送回燕太子，赵国有恃无恐便进攻燕国，结果得到上谷三十座城邑，让秦国占有其中的十一座。

甘罗回来后把情况报告了秦王，秦王于是封赏甘罗，让他做了上卿，又把原来甘茂的田地房宅赐给了甘罗。

太史公司马迁评价说：甘罗年纪很轻，然而献出一条妙计，名垂后世。虽然他算不上品行忠厚的君子，但也是战国时代名副其实的谋士。须知，当着秦国强盛起来的时候，天下特别时行权变谋诈之术呢！

王允设计杀董卓

王允(137—192),字子师,太原祁(今山西省祁县)人,东汉末年大臣。王允出身官宦世家,19岁就开始任公职,壮年时任豫州刺史。因为在和中常侍张让的斗争中失败,王允被迫去官隐居,在中平六年(190年),何进掌权之后重新出仕,历任从事中郎和河南尹。在何进被宦官诛杀,董卓掌权时,他已经代替杨彪成为司徒兼尚书令。身为地方官的他勤政爱民,由于朝廷腐败而被迫在此为官,从而密谋刺杀董卓。董卓死后,王允与吕布共执朝政,但是董卓余党李傕、郭汜、樊稠等率军攻破长安,吕布出逃,王允被处死。

罗贯中在《三国演义》中,详尽地描写了王允设计杀董卓的过程。

貂蝉是中国民间传说中的美女,与西施、杨玉环、王昭君并称中国古代四大美女。在《三国演义》中,貂蝉是作为东汉司徒王允的义女登场的。国色天香,有倾国倾城之貌的貂蝉,见东汉王朝被奸臣董卓所操纵，于月下焚香祷告上天，愿为主人分忧。王允眼看董卓将篡夺东汉政权，于是，不动声色设下连环计。王允先把貂蝉暗地里许给吕布，再明把貂蝉献给董卓。吕布年少，董卓老奸巨猾。为了拉拢吕布，董卓收吕布为义子。从此以后，貂蝉周旋于此二人之间，送吕布以秋波，报董卓以妩媚。

正是由于貂蝉的出现，才有了司徒王允巧施连环计的佳话，才有了吕布大闹凤仪亭的风波，才有了凶横无忌权倾一时的董卓宫门前的被戮，才有了儿女情长武功盖世吕布的白门楼上的殒命。貂蝉形象存在的意义就在于，在这个清一色男人争霸的世界里，成功地显示出了一个绝色女子的胆量与智慧，加速了汉末军阀战乱时代的结束，促成了一代雄才曹操、刘备、孙权等人的崛起，从而使已经风雨飘摇的汉室江山得以继续延续。

貂蝉，其人本姓霍，无名，今山西省忻州市人。自幼人才出众，聪敏过人，因而被选入汉宫，任管理宫中头饰、冠冕的女官，故称“貂蝉”官。因遭十常侍之乱，避难出宫，为司徒王允收留并认为义女，方成就了离间董卓、吕布的壮举。

传说貂蝉降生人世，三年间当地桃杏花开即凋；貂蝉午夜拜月，月里嫦娥自愧不如，匆匆隐入云中；貂蝉身姿俏美，细耳碧环，行时风摆杨柳，静时文雅有余，貂蝉之美，蔚为大观。正是因了这种美貌，让弄权作威的董卓、勇而无谋的吕布反目成仇，使得动乱不堪的朝野稍有安宁之象。

《三国演义》对貂蝉的描写和刻画，影响颇大，民间传说尤为动人，成为家喻户晓、妇孺皆知的“人中杰”“女中英”。

孔明空城退魏兵

三国时期，诸葛亮因错用马谡而失掉战略要地——街亭，魏将司马懿乘势引大军十五万向诸葛亮所在的西城蜂拥而来。当时，诸葛亮身边没有大将，只有一班文官，所带领的五千军队，也有一半运粮草去了，只剩两千多名士兵在城里。众人听到司马懿带兵前来的消息都大惊失色。诸葛亮登城楼观望后，对众人说："大家不要惊慌，我略用计策，便可教司马懿退兵。"

于是，诸葛亮传令，把所有的旌旗都藏起来，士兵原地不动，如果有私自外出以及大声喧哗的，立即斩首。又叫士兵把四个城门打开，每个城门之上派二十几名士兵扮成百姓模样，洒水扫街。诸葛亮自己则披上鹤氅，戴上高高的纶巾，领着两个小书童，带上一把琴，到城上望敌楼前凭栏坐下，燃起香，然后慢慢弹起琴来。

司马懿的先头部队到达城下，见了这种气势，都不敢轻易入城，便急忙返回报告司马懿。司马懿听后，笑着说："这怎么可能呢？"于是便令三军停下，自己飞马前去观看。离城不远，他果然看见诸葛亮端坐在城楼上，笑容可掬，正在焚香弹琴。左面一个书童，手捧宝剑；右面也有一个书童，手里拿着拂尘。城门里外，二十几个百姓模样的人在低头洒扫，旁若无人。司马懿看后，疑惑不已，便来到中军，令后军充作前军，前军作后军撤退。他的二子司马昭说："莫非是诸葛亮手中无兵，所以故意弄出这个样子来？父亲您为什么要退兵呢？"司马懿说："诸葛亮一生谨慎，不曾冒险。现在城门大开，里面必有埋伏，我军如果进去，正好中了他们的计，还是快快撤退吧！"于是各路兵马都退了回去。

空城计是《三国演义》中描写得特别精彩的一个计谋，历来为人们津津乐道。空城计运用的是一种"虚而虚之"的心理战术，在战争的紧急关头和力量虚弱的情况下，运用这种战术，故意以空虚无兵之势示敌，就可能使敌人疑中生疑，怕中埋伏，从而达到排危解难的目的。

在街亭之战中，马谡因为不听王平"据汲水之道，据下城，改善部署"等建议，而被张郃大败。王平身为裨将军，领兵只有一千人，但是面对兵力五万精锐在手的魏国名将张郃的进攻，在大军溃败、无险可依、极度被动的情况下，施展两大军事策略，首先就是虚实战略，鸣鼓自持，徐徐而退，致使魏国名将张郃怀疑有伏兵不敢进攻；同时施展滚雪球战术，徐徐收合诸营遗兵，军力迅速扩大，使张郃把王平所创造的空城计误以为伏兵计，不敢冒进。致使魏国彻底击退诸葛亮北伐主力成为泡影。事后王平加拜参军，统五部兼当营事，进位计讨寇将军，封亭侯。在诸葛亮北伐时，率军所向无前，立下赫赫军功。

小曹冲智称大象

曹冲(196—208),字仓舒,东汉末年人,曹操之子。从小聪明仁爱,与众不同,深受曹操喜爱。

曹冲五六岁的时候,智力就和成人相仿。有一次,东吴的孙权送给曹操一只大象,曹操带领文武百官一同去观看。曹操等人都没有见过大象。这大象又高又大,光腿就有大殿的柱子那么粗,人走近去比一比,还够不到它的肚子。曹操对大家说:“这只大象真是大,可是到底有多重呢?你们哪个有办法称它一称?”嘿!这么大个家伙,可怎么称呢!大臣们纷纷议论开了。

一个说:“只有造一杆顶大顶大的秤来称。”

另一个说:“这可要造多大的一杆秤呀!再说,大象是活的,也没办法称呀!我看只有把它宰了,切成块儿称。”

他的话刚说完,所有的人都哈哈大笑起来。大家说:“你这个办法呀,真叫笨极啦!为了称称重量,就把大象活活地宰了,不可惜吗?”

大臣们想了许多办法,一个个都行不通。

这时，从人群里走出一个小孩，对曹操说："父亲，儿有个办法，可以称大象。"曹操一看，正是他最疼爱的儿子曹冲，就笑着说："你小小年纪，有什么法子？你倒是说说，看有没有道理。"

曹冲把办法说了。曹操一听连连叫好，吩咐左右立刻准备称象，然后对大臣们说："走！咱们到河边看称象去！"

众大臣跟随曹操来到河边。河里停着一只大船，曹冲叫人把象牵到船上，等船身稳定了，在船舷上齐水面的地方，刻了一条痕迹。再叫人把象牵到岸上来，把大大小小的石头，一块一块地往船上装，船身就一点儿一点儿往下沉。等船身沉到刚才刻的那条道道和水面一样齐时，曹冲就叫人停止装石头。

大臣们睁大了眼睛，起先还摸不清是怎么回事，看到这里不由得连声称赞："好办法！好办法！"现在谁都明白，只要把船里的石头都称一下，把重量加起来，就知道象有多重了。

曹操自然更加高兴了。他眯起眼睛看着儿子，又得意扬扬地望望大臣们，好像心里在说："你们还不如我的这个小儿子聪明呢！"

汉末之时，战乱频繁，统治者常常采用严刑峻法来约束人民。一次曹操的马鞍在仓库被老鼠咬了，守卫仓库的官吏认为这下必死无疑，商议着要把自己绑了去自首，但还是很害怕免不了死罪。曹冲为人仁厚，通情达理，知道了这件事后，就让他们先等几天。曹冲拿刀弄破自己的衣服，看起来像是被老鼠咬破的，又假装很失意，脸上显现出发愁的样子。曹操见了问他，他就说："世俗的人认为衣服被老鼠咬破，对衣服的主人不吉利，现在我的衣服也被咬了，所以发愁。"曹操说："这是胡说，不要担心。"

不久曹操得知马鞍被咬的事，就笑着说："我儿子的衣服就放在身边都被咬了，何况是挂在柱子上的马鞍。"于是没有追究这件事。还有很多犯下罪过的人，按照刑法应该被处死，都依靠曹冲的辩解得到了宽大处理。曹操几次对大臣们夸耀他，表示有让他继嗣的意思。只可惜聪明仁爱的曹冲，还未成年便病逝了，年仅14岁。

马钧巧夺天工匠

马钧，字德衡，生卒年代不详，三国时期魏国扶风（今陕西省扶风县）人，出身贫寒。他是中国古代的机械大师。他的不少发明创造对当时生产力的发展起了相当大的作用。因为他在传动机械方面有很深的造诣，所以当时人们对他的评价很高，称他为“天下之名巧”。

绫，是一种表面光洁的提花丝织品。中国是世界上生产丝织品最早的国家。中国劳动人民在生产实践中逐步发明了简单的织绫机。这种织绫机有一百二十个蹑（踏具），人们用脚踏蹑管理它，织一匹花绫得用两个月左右的时间。马钧看到工人在这种织绫机上操作，累得满身流汗，生产效率很低，就下决心改良这种织绫机，以减轻工人的劳动。于是，他深入到生产过程中，对旧式织绫机进行了认真研究，重新设计了一种新式织绫机。新织绫机不仅更精致，更简单适用，而且生产效率比原来提高了四五倍，织出的提花绫锦，花纹图案奇特，花型变化多端，受到了广大丝织工人的欢迎。

马钧在魏国做一个小官时，经常住在京城洛阳，当时在洛阳城里，有一大块坡地非常适合种蔬菜，老百姓很想把这块土地开辟成菜园，可惜因无法引水浇地，一直空闲着。马钧看到后，就下决心要解决灌溉上的困难。于是他又在机械上动脑筋。经过反复研究、试验，他终于创造出一种翻车，把河里的水引上了土坡，实现了老百姓的多年愿望。马钧创造的这种翻车，“其巧百倍于常”，用时极其轻便，连小孩也能转动。它不但能提水，而且还能在雨涝的时候向外排水。这种翻车，是当时世界上最先进的生产工具之一，从那时起，一直被中国乡村历代所沿用，直至实现电动机械提水以前，它一直发挥着巨大的作用。

一次，有人进献给魏明帝一种木偶百戏，造型相当精美，可那些木偶只能摆在那里，不能动作，明帝觉得很遗憾。明帝问马钧："你能使这些木偶活动吗?"马钧肯定地回答道："能!"明帝遂命马钧加以改造。没过多久，马钧则成功地创造了"水转百戏"。他用木头制成原动轮，以水力推动，使其旋转，通过传动机构，使上层所有陈设的木人都动起来了。有的击鼓，有的吹箫，有的跳舞，有的耍剑，有的骑马，有的在绳上倒立，还有百官行署，真是变化无穷。"水转百戏"的研制成功，在中国古代木偶艺术中，应该说是非常卓越的创造。它虽然是供封建统治者玩乐的东西，但从另一方面看，马钧已能熟练掌握和巧妙利用水利和机械方面传动的原理。

马钧在兵器制造方面也有不少发明创造。

三国时期，魏国和蜀国经常打仗。诸葛亮在出师北伐时，曾发明了一种可以把箭接连发射出去的连发射远器——连弩。它每次可发数十箭，威力很大。魏军在战场上捡到它，颇感惊奇。当时已经年老的马钧看到连弩后，认为这种兵器很好，说："巧是很巧了，但还有不到的地方，如再改进一下，威力还可增加五倍。"于是，他便将连弩进行了改进，果然效果甚佳。

官渡之战，曹操曾使用"发石车"攻击袁绍的阵地，但只能单发，效率不高。马钧担心敌方在城楼上挂起湿牛皮，就能挡住发石车抛出的石头。于是他在原来作战用的发石车的基础上，重新设计出了一种新式的攻城武器——轮转式发石车。原来的发石车，像个大天平，一头挂着一个斗，斗里装满大小石头，另一头挂着许多根绳子，作战时，兵士们一齐用力拉绳子这头，装石头那头就飞快地翘起来，这样，石头就被抛出去打击敌人。这种发石车缺点很多，每发射一次，都要花费一些时间，而且效果不大。马钧设计的新式轮转式发石车，则克服了这些缺点。它是利用一个木轮子，把石头挂在木轮上，这样，装上机械带动轮子飞快地转动，就可以把大石头接连不断地发射出去，使敌方来不及防御。马钧曾用车轮子来做试验，可以连续把几十块砖瓦射出几百步远（一步约合 1.45 米），这在当时来说，威力是相当大的。

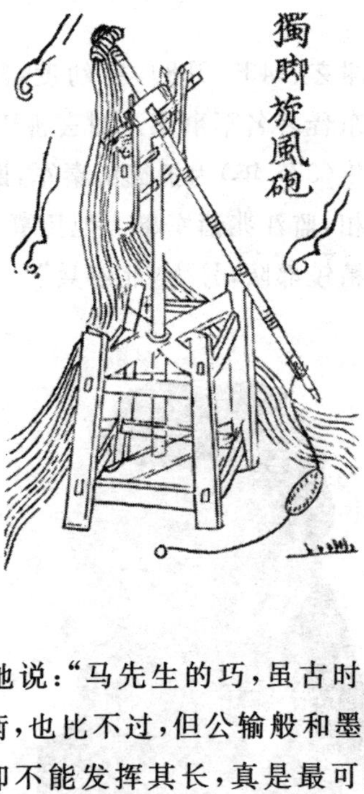

马钧在手工业、农业、军事等方面有很多发明创造，是三国时代最优秀的机械制造家，这在中国古代几千年的历史当中，也不多见，堪称一代机械大师。当时，有位名叫傅玄的文学家曾称赞他说："马先生，天下之名巧也。"但由于统治阶级腐败没落，马钧的许多发明创造没有得到重视。他的一生，从少年到老年，一直不得志，虽然他曾作过给事中，但他的工作仍然受到阻挠和蔑视，技巧一直未得到顺利发展的机会。傅玄对此感慨颇深地说："马先生的巧，虽古时的公输般（鲁班）、墨翟，以及汉代的张衡，也比不过，但公输般和墨翟都能见用于时，张衡和马钧的一生却不能发挥其长，真是最可痛心的事。"

马钧的发明创造受到了广大劳动人民的欢迎，几千年来，他的功绩和美名一直被劳动人民所传颂。

谢玄淝水破秦军

谢玄(343—388),字幼度,陈郡阳夏(今河南省太康县辖内)人。东晋著名军事家。谢玄善于治军,早年为大司马桓温部将,太元二年(377 年)为抵御前秦军,谢安荐其为建武将军、兖州刺史,领广陵相,监江兆诸军事。他招募北来民众中的骁勇之士,组建训练一支精锐部队,号为“北府兵”。

前秦世祖宣昭皇帝苻坚于寿光三年(357 年)称帝后,志在统一天下,经过二十多年的精心治理,基本上统一了中国北方,国富兵强,只剩下地处东南一隅的东晋尚未征服,苻坚耿耿于怀。建元十五年(379 年),前秦攻克了东晋的襄阳,俘虏了守将朱序。苻坚认为夺取东晋,统一天下的条件已经成熟,于是决定伐晋。

建元十八年(382 年),苻坚在太极殿召见群臣说:“我从继承大业以来,四方大致平定,只有东南一角,还没有蒙受君王的教化。我准备亲率大军东伐。你们以为如何?”面对苻坚的主张与发问,除秘书监朱彤表示赞成外,其余大臣都纷纷反对,久议不决。苻坚很生气地说:“算了吧,还是由我自己决断好了。”群臣退朝后，苻坚又留下弟弟苻融商议。

苻融也不同意伐晋。他认为伐晋有三难：一是从星象看，天意不顺；二是东晋上下安和，没有灾祸和挑衅行为，无隙可乘；三是多年征战，士卒疲惫，人民厌战，另外被征服的鲜卑、羌、羯等贵族也未诚心臣服。然而，苻坚听不进去。苻融又劝谏说：我们的意见不听也可以，难道连丞相王猛临终不可贪图东晋的遗言也忘了吗！此后，他的夫人和太子苻宏也都劝苻坚不要伐晋。

苻坚非常失望和烦恼，他想到自己多年来精勤治国，已拥兵百万，资杖如山，为什么不可以乘统一北方的胜势征服东晋呢，以至于夜睡不宁，食不甘味。

这时，怀有二心的前燕宗室将军慕容垂和羌帅贵族姚苌，都希望苻坚伐晋失败，以便趁机恢复故国的统治，所以竭力怂恿苻坚“圣心独断。”结果.苻坚在君臣认识不一的情况下，于建元十九年(383 年)八月下达了进攻东晋的命令。近百万大军“前后千里，旗鼓相望，东西万里，水陆齐进。”苻坚骄狂地宣称：“以吾之众旅，投鞭于江，足断其流。”这就是著名典故“投鞭断流”的源出。

东晋王朝在强敌压境，面临生死存亡的危急关头，以丞相谢安为首的主战派决意奋起抵御。经谢安举荐，晋帝任命谢安之弟谢石为征讨大都督，谢安之侄谢玄为先锋，率领经过数年训练，有较强战斗力的“北府兵”八万之众沿淮河西上，迎击秦军主力。派胡彬率领水军五千人增援战略要地寿阳(今安徽省寿县)。又任命桓冲为江州刺史，率十万晋军控制长江中游，阻止秦巴蜀军顺江东下。

十月，苻坚之弟苻融率秦军前锋部队攻占了寿阳，俘虏晋军守将徐元喜。与此同时，秦军慕容垂部攻占了郧城(今湖北省郧县)。奉命率水军驰援寿阳的胡彬在半路上得知寿阳已被苻融攻破，便退守硖石(今安徽省凤台县西南)，等待与谢石、谢玄的大军会合。苻融又率军攻打硖石。苻融部将梁成率兵五万进攻洛涧(在今安徽省淮南东)，截断淮河交通，阻断了胡彬的退路。胡彬困守硖石，粮草用尽，难以支撑，写信向谢石告急，但送信的晋兵被秦兵捉住，此信落在苻融手里。苻融立刻向苻坚报告了晋军兵少，粮草缺乏的情况，建议迅速起兵，以防晋军逃遁。苻坚得报，把大军留在项城，亲率八千骑兵疾趋寿阳

苻坚一到寿阳，立即派原东晋襄阳守将朱序到晋军大营去劝降。朱序到晋营后，不但没有劝降，反而向谢石提供了秦军的情况。他说："秦军虽有百万之众，但还在进军中，如果兵力集中起来，晋军将难以抵御。现在应趁秦军没能全部抵达的时机，迅速发动进攻，只要能击败其前锋部队，挫其锐气，就能击破秦百万大军。"谢石起初认为秦军强大，打算坚守不战，待敌疲惫再伺机反攻。听了朱序的话后，认为很有道理，便改变了作战方针，决定转守为攻，主动出击。

谢玄派遣勇将刘牢之率精兵五千奔袭洛涧，揭开了淝水大战的序幕。秦将梁成率部五万在洛涧边上列阵迎击。刘牢之分兵一部迂回到秦军阵后，断其归路；自己率兵强渡洛水，猛攻秦阵。秦军惊慌失措，勉强抵挡一阵就土崩瓦解了，主将梁成和其弟梁云战死，官兵争先恐后渡河逃命，一万五千余人丧生。洛涧大捷，极大鼓舞了晋军的士气。谢石挥军水陆并进，直抵淝水(今淝河，在安徽省寿县南)东岸，在八公山边扎下大营，与寿阳的秦军隔岸对峙。

苻坚站在寿阳城楼上，一眼望去，只见对岸晋军布阵整齐，将士精锐。连八公山上的草木，他也感到类似人形，误认为是晋兵，颇为惊慌，对苻融说："此亦劲敌，何谓弱也？"这就是著名的典故"草木皆兵"的来历。

由于秦军紧逼淝水西岸布阵，晋军无法渡河，只能隔岸对峙。谢玄就派使者去见苻融，用激将法对他说："君悬军深入，而置阵逼水，此乃持久之计，非欲速战者也。若移阵少许，使晋兵得渡，以决胜负，不亦善乎？"秦军诸将都表示反对，但苻坚认为可以将计就

计，让军队稍向后退，待晋军半渡过河时，再以骑兵冲杀，这样就可以取得胜利。苻融对苻坚的计划也表示赞同，于是就答应了谢玄的要求，指挥秦军后撤。但秦兵士气低落，结果一后撤就失去控制，阵势大乱。谢玄率领八千多骑兵，趁势抢渡淝水，向秦军猛攻。朱序则在秦军阵后大叫："秦兵败矣！秦兵败矣！"秦兵信以为真，于是转身竞相奔逃。苻融眼见大势不妙，急忙骑马前去阻止，以图稳住阵脚，不料战马被乱兵冲倒，被晋军追兵杀死。失去主将的秦兵越发混乱，彻底崩溃。前锋的溃败，引起后续部队的惊恐，也随之溃逃，行成连锁反应，结果全军溃逃，向北败退。秦军溃兵沿途不敢停留，听到风声和鹤的鸣叫声，都以为是晋军追来了。不顾白天黑夜，拼命地奔逃。这就是典故"风声鹤唳"的由来。

晋军乘胜追击，一直到达寿阳附近的青冈。秦兵人马相踏而死的，满山遍野，充塞大河。苻坚本人也中箭负伤，单枪匹马逃回洛阳。

晋军收复寿阳，谢石和谢玄派飞马往建康报捷。当时谢安正

跟客人在家下棋。他看完了谢石送来的捷报，不露声色，随手把捷报放在旁边，照样下棋。客人知道是前方送来的战报，忍不住问谢安："战况怎样？"谢安慢吞吞地说："孩子们到底把秦人打败了。"客人听了，高兴得不想再下棋，想赶快把这个好消息告诉大家，就告别走了。谢安送走客人，回到内宅，他的兴奋心情再也按捺不住，跨过门槛的时候，踉踉跄跄的，把脚上的木屐的齿也碰断了。这是著名的典故"折屐齿"的来历。

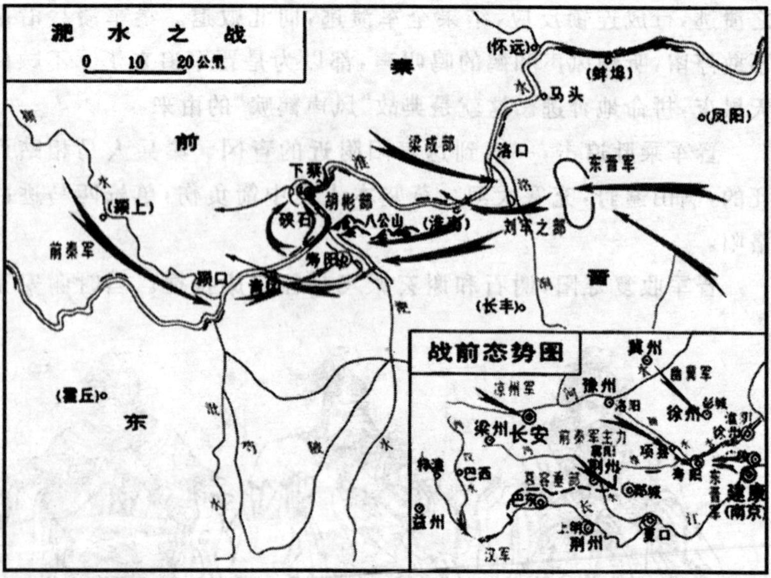

孝文帝设计迁都

魏孝文帝拓跋宏(467—499),献文帝拓跋弘长子,北魏王朝的第六位皇帝,原名拓跋宏,后改名元宏。杰出的鲜卑族政治家、改革家。即位时年仅5岁,由于北魏实行子贵母死制度,拓跋宏由祖母扶养成人。太和十四年(490年),24岁的拓跋宏开始亲政。由

于孝文帝从小就由汉人冯太后抚养，自幼深受儒家思想的熏陶，亲政后，更加倾向汉化改革。为了便于学习和接受汉族先进文化，进一步加强对黄河流域的统治，拓跋宏决心把国都从平城（今山西省大同市）迁到洛阳。他担心大臣们反对他的迁都主张，就先提出要大规模进攻南齐。一次上朝，他把这个打算提了出来，大臣纷纷反对，最激烈的是任城王拓跋澄。孝文帝很恼火，说："国家是我的国家，你想阻挠我用兵吗？"拓跋澄反驳说："国家虽然是陛下的，但我是国家的大臣，明知用兵危险，哪能不讲？"孝文帝想了一下，就宣布退朝。回到宫里，再单独召见拓跋澄，跟他说："老实告诉你，刚才我向你发火，是为了吓唬大家。我真正的意思是觉得平城不是个用武的地方，不适宜改革政治，非得迁都不行。这回我出兵伐齐，实际上是想借这个机会，带领文武官员迁都中原，你看怎么样？"拓跋澄恍然大悟，同意了孝文帝的主张。

太和十七年（493 年），魏孝文帝亲自率领步兵、骑兵三十多万人南下，从平城出发，到了洛阳。其时正好碰到秋雨连绵，足足下了一个月，到处道路泥泞，行军困难。但是孝文帝仍旧戴盔披甲骑马出城，下令继续进军。大臣们本来不想出兵伐齐，趁着这场大雨，又出来阻拦。孝文帝严肃地说："这次我们兴师动众，如果半途而废，岂不是给后代人笑话。如果不能南进，就把国都迁到这里，诸位认为怎么样？"大家听了，面面相觑，没有说话。孝文帝说："不能犹豫不决了。同意迁都的往左边站，不同意的站在右边。"一个贵族说："只要陛下同意停止南伐，那么迁都洛阳，我们也愿意。"许多文武官员听说可以停止南伐，也都只好表示拥护迁都了。

孝文帝把洛阳安排好了，又派任城王拓跋澄回到平城去，向那里的王公贵族宣传迁都的好处。后来，他又亲自到平城，召集贵族老臣，讨论迁都的事。平城的贵族中反对的人不少。他们列出一条条理由，都被孝文帝驳倒了。最后，那些人实在讲不出道理来，只好说："迁都是大事，到底是凶是吉，还是卜个卦吧。"孝文帝说：

“卜卦是为了解决疑难不决的事。迁都的事，已经没有疑问，还卜什么。要治理天下，就应该以四海为家，今天走南，明天闯北，哪有固定不变的道理。再说我们上代也迁过几次都，为什么我就不能迁呢?”贵族大臣被驳得哑口无言。然而，迁都半年后，一场反对改革、反对汉化的武装叛乱，便在朝廷内部发生了。

太和二十年(496 年)八月，孝文帝巡幸嵩岳，太子元恂留守金墉城。元恂素不好学，体又肥大，最怕洛阳的天气，每每追乐旧都，常思北归；又不愿说汉语、穿汉服，对所赐汉族衣冠尽皆撕毁，仍旧解发为编发左衽，顽固保持鲜卑旧俗。中庶子高道悦多次苦言相劝，他不但毫无悔改之意，反而怀恨在心。孝文帝出巡给了他可乘之机，遂与左右合谋，秘密选取宫中御马三千匹，阴谋出奔平城，并亲手杀死高道悦于宫禁之中。事发后，领军元俨派兵严密防遏各宫门，阻止了事态的发展。第二天清晨，尚书陆琇驰马奏报，孝文帝闻讯大惊，中途急急折返洛阳，当即引见太子元恂。孝文帝怒不可遏，列举其罪，亲加杖责，又令咸阳王禧等人代替自己打了元恂一百多杖，直打得皮开肉绽才拖出门外，囚禁于城西别馆。

十月，孝文帝在清徽堂引见群臣，议废太子元恂。太子的两个老师太傅穆亮、少傅李冲一齐脱帽叩头请罪。孝文帝说:“你们请罪是出于私情，我所议论的是国事。‘大义灭亲’，古人所贵。今日元恂想违父叛逃，跨据恒、朔二州，犯了天下的头条大罪！这个小子今日不除掉，乃是国家大祸，待我百年之后，恐怕又要发生晋末的永嘉之乱。”十二月，废元恂为庶人，囚禁于河阳无鼻城，派兵看守。次年四月，孝文帝巡幸长安，御史中尉李彪秘密上表，告发元恂又与左右谋反。孝文帝得报，派人带着毒酒赶赴河阳，逼令元恂自尽。

元恂被废的当月，恒州刺史穆泰、定州刺史陆睿相互合谋，暗中勾结镇北大将军元思誉、安乐侯元隆、抚冥镇将鲁郡侯元业、骁骑将军元超及阳平侯贺头等人，阴谋推举朔州刺史阳平王元颐为首领，起兵叛乱。元思誉，汝阴王元天赐之子，景穆太子之孙；元业，平阳公元丕之弟；元隆、元超皆为元丕之子。这些人大都是鲜卑旧贵及其后裔，他们不满意孝文帝任用中原儒士，对于迁都变俗、改官制服、禁绝旧语都抱着反对的态度。元丕甚至公然在盛大的朝会上独穿鲜卑旧服而毫无顾忌，孝文帝看他年老体衰，也不强责。迁洛之初，元隆、元超还曾企图劫持太子元恂留居平城，起兵割据雁门关以北的恒、朔二州，阴谋虽未得逞，但叛逆之心不死，这次又与穆泰等人酝酿更大的叛乱。

元颐佯装许诺，以稳住穆泰等人，暗中将叛乱阴谋密报朝廷。时任城王元澄卧病在床，孝文帝立即召见他说："穆泰图谋不轨，煽惑宗室。今迁都不久，北人恋旧，倘或发生叛乱，南北纷扰，朕洛阳就难以保住。这是国家大事，非你不能办。你虽有病在身，但要强打精神为我去北方跑一趟。要根据形势，妥善处理。如果叛党势弱，就直接前往擒获；若已强盛，可用我的命令调发并、肆二州的军队进行出击。"元澄答道："穆泰等人愚蠢而糊涂，正由于迷恋旧生活才这样做，没有什么深谋远虑；臣虽不才，足以制伏他们，愿陛下不必担忧。臣这点小病，怎敢辞绝呢！"孝文帝笑着说："任城肯去，我还有什么忧虑的！"遂授给元澄节、铜虎符、竹使符，配给部分禁卫军，让他代领恒州刺史。

元澄受命，倍道兼行，经雁门往北直趋平城。先遣侍御史李焕单骑入城，出其不意，晓谕穆泰同党，示以祸福，叛党顷刻瓦解。穆泰无计可施，仓促率领部下数百人攻击李焕，失败后束手就擒。元澄将参与穆泰叛乱的同党全部抓获，收陆睿等百余人下狱。孝文帝推行的汉化改革，大大推进了鲜卑政治、经济、军事、文化、社会等方面的发展，缓解了民族隔阂，史称"孝文帝中兴"。

司马光砸缸救友

司马光(1019—1086),字君实,号迂叟,陕州涑水(今山西省运城市)人。北宋政治家、文学家、史学家。历仕仁宗、英宗、神宗、哲宗四朝,主持编纂中国历史上第一部编年体通史《资治通鉴》,为人温良谦恭、刚正不阿,其人格堪称儒学教化下的典范,历来受人景仰。

司马光砸缸的故事几乎妇孺皆知。说的是有一次,司马光跟小伙伴们在后院里玩耍。院子里有一口大水缸,有个小孩爬到缸沿上玩,一不小心掉到水缸里。缸大水深,眼看那孩子快要没顶了。别的孩子们一见出了事,吓得边哭边喊,跑到外面向大人求救。司马光却急中生智,从地上捡起一块大石头,使劲向水缸砸去。水缸破了,缸里的水流了出来,被淹在水里的小孩也得救了。小小的司马光遇事沉着冷静,从小就是一副小大人模样。这件偶然的事件使小司马光出了名,东京和洛阳有人把这件事画成图画,广泛流传。

还有一件事:司马光要卖一匹马,这匹马毛色纯正漂亮,高大

有力，性情温顺，只可惜夏季有肺病。司马光对管家说：“这匹马夏季有肺病，这一定要告诉买主。”管家笑了笑说：“哪有人像你这样的呀？我们卖马怎能把人家看不出的毛病说出来！”司马光可不认同管家这种看法，对他说：“一匹马多少钱事小，对人不讲真话，坏了做人的名声事大。我们做人必须得要诚信，要是我们失去了诚信，损失将更大。”管家听后惭愧极了。

司马光性情淡泊，不喜奢华，在《训俭示康》中曾提到小时候长辈常给他穿华美的衣服，他总是害羞脸红而把它脱下。宝元年间中举时，曾得到仁宗皇帝的接见。酒席宴会上，每人都在头上插满鲜花，肆无忌惮地嬉戏取乐，唯独司马光正襟危坐，也不戴花。同事提醒说：“戴花乃皇上之令也！”司马光才不太情愿地戴了一朵小花。

司马光有一个老仆，一直称呼他为“君实秀才”。一次，苏轼来到司马光府邸，听到仆人的称呼，不禁好笑，戏谑曰：“你家主人不是秀才，已经是宰相，大家都称为‘君实相公’！”老仆大吃一惊，以后见了司马光，都毕恭毕敬地尊称“君实相公”，并高兴地说：“幸得苏大学士教导我……”司马光跌足长叹：“我家这个老仆，活活被子瞻教坏了。”

北宋士大夫生活富裕，有纳妾蓄妓的风气。司马光和王安石一样，极为罕见地不纳妾、不蓄妓。婚后三十年余，妻子张夫人没有生育，司马光并未放在心上，也没想过纳妾生子。张夫人却急得半死。一次，她背着司马光买了一个美女，悄悄安置在卧室，自已借故外出。司马光见了，不加理睬，到书房看书去了。美女也跟着到了书房，一番搔首弄姿后，又取出一本书，随手翻了翻，娇滴滴地问：“请问先生，中丞是什么书呀？”司马光离她一丈，板起面孔答道：“中丞是尚书，是官职，不是书！”美女很是无趣，大失所望地走了。

还有一次，司马光到丈人家赏花。张夫人和丈母娘合计，又偷偷地为他安排了一个美貌丫鬟。司马光不客气了，生气地对丫鬟说："走开！夫人不在，你来见我作甚！"第二天，丈人家的宾客都知道了此事，十分敬佩。张夫人终身未育，司马光就收养了哥哥的儿子司马康，作为养子。

司马光就是如此和妻子相依为命。洛阳的灯会享誉天下，逢元宵节，张夫人想出去看灯，司马光说："家里也点灯，何必出去看？"张夫人说："不只是看灯，也随便看看游人。"司马光一笑，说："看人？怪了，难道我是鬼吗！"

司马光在洛阳编修《资治通鉴》时，居所极简陋，于是另辟一地下室，读书其间。司马光的妻子去世后，清贫的司马光无以为葬，拿不出给妻子办丧事的钱，只好把仅有的三顷薄田典当出去，置棺理丧，尽了丈夫的责任。司马光任官近四十年，而且官高权重，竟然典地葬妻。重读历史，让人深思。

嘉祐八年(1063 年)三月，宋仁宗诏赐司马光金钱百余万，珍宝丝绸无数，但司马光不为所动。司马光年老体弱时，其友刘贤良拟用五十万钱买一婢女供其使唤，司马光婉言拒之，他说："吾几十年来，食不敢常有肉，衣不敢有纯帛，多穿麻葛粗布，何敢以五十万市一婢乎？"

司马光在政治上是标准的守旧派人士，他跟主持变法的王安石发生了严重分歧，几度上书反对新法。

司马光一生主要干了两件事情：编写《资治通鉴》，反对王安石的新法。但是有一点必须指出，司马光之所以与王安石政见不和，仅仅是在政治观点上有分歧，在本质上都是为国为民的真君子——纯粹君子之争，绝对不是为了一己私利，不然王安石在痛恨司马光之余也不会由衷地道出："司马君实，君子人也！"

刘伯温足智多谋

刘基(1311—1375),字伯温,青田县南田乡(今浙江省文成县)人,故时人称他刘青田,元末明初杰出的军事谋略家、政治家、文学家和思想家,明朝开国元勋,明洪武三年(1370年)封诚意伯,人们又称他刘诚意。

刘基通经史、晓天文、精兵法。他辅佐朱元璋完成帝业、开创明朝并尽力保持国家的安定,因而驰名天下,被后人比作诸葛武侯。朱元璋多次称刘基为:"吾之子房也。"在文学史上,刘基与宋濂、高启并称"明初诗文三大家"。中国民间广泛流传着"三分天下诸葛亮,一统江山刘伯温;前朝军师诸葛亮,后朝军师刘伯温"的说法。他以神机妙算、运筹帷幄著称于世。刘伯温是中国古代的一位传奇人物,至今在中国大陆、中国港澳台地区乃至东南亚、日韩等地仍有广泛深厚的民间影响力。

刘基好学敏求,聪慧过人,阅读速度极快,据说"读书能一目十行”,12 岁考中秀才,乡间父老皆称其为“神童”。14 岁的刘基入郡庠(即府学),17 岁离开府学,师从处州名士郑复初学程朱理学,接受儒家通经致用的教育。郑复初在一次拜访中对刘基的父亲赞扬说:“您的祖先积德深厚,庇荫了后代子孙;这个孩子如此出众,将来一定能光大你家的门楣。”刘基博览群书,诸子百家无一不窥,尤其对天文地理、兵法、数学,更有特殊爱好,潜心钻研揣摩,十分精通。元统元年(1333 年),23 岁的刘基赴元朝京城大都参加会试,一举考中进士,从此他便步入坎坷曲折、跌宕起伏的仕途生涯。

刘基考中进士后,在家闲居三年。至元二年(1336 年),才被授为江西高安县丞。县丞虽然是个辅佐县令的小官,刘基并没有因为位卑职微而敷衍塞责,他勤于职守,执法严明,很快就做出了政绩。他深入乡间,体察民情,发现高安县一些豪绅地主勾结贪官污吏,无法无天,骗人钱财,夺人妻女,杀人害命,无恶不作。刘基倾听百姓的哭诉后,决心为民除害。经过明察暗访,掌握了真凭实据后,对几个劣迹昭著的豪强恶霸,坚决予以严惩,并对县衙内贪赃枉法的官吏也进行了整治,高安县的社会风气很快就有了好转。刘基刚正不阿,一身正气,赢得了百姓的赞誉也遭到地方豪绅的攻击陷害,五年任满辞官,返回青田。至正三年(1343 年)应朝廷征召出任江浙副提举,兼行省考试官,因检举监察御史职受到责难而辞官隐退。

至正二十年(1360 年),刘基被朱元璋请至应天(今南京),任谋臣。刘基针对当时形势,向朱元璋提出避免两线作战,采取各个击破的建议,被采纳。他辅佐朱元璋集中兵力先后灭陈友谅、张士诚等势力。至正二十七年(1367 年),参与制定朱元璋的灭元方略,并得以实现。明洪武三年(1370 年)十一月,朱元璋大封功臣,本想封刘基为丞相,但刘基一再推脱,只好作罢。刘基明白,自己的正直会遭到其他为官者的排挤,因此申请还乡。

即帝位后的朱元璋,心态开始发生变化,“非我族类,其心必异”。这几乎是所有帝王的一贯思维，只不过在朱元璋那儿更变本加厉，更刻薄寡情。本来第一个要收拾的是独揽大权的丞相李善长，因为李嫉恨刘伯温，朱元璋就选择刘伯温充当杀手。刘伯温心里明白，让他出来收拾李善长，既是利用，也是试探他的忠诚度。他一旦受命或可减轻朱元璋的猜疑，然而，唇亡则齿寒，此例一开，以后朱元璋对待开国功臣元老就会换另外一副面孔。此等不义之举，按刘伯温的个性是绝不可为的。正因为如此，第二年他就请退，告老还乡了。和羽扇纶巾、谈笑自若的传统学士名臣儒雅潇洒的形象不同，刘伯温身着布衣，威猛刚烈，“虬髯，貌修伟，慷慨有大节，论天下安危，义形于色。”

刘基的历史功绩主要是：

(1)帮助朱元璋废小明王而自立。

(2)协助朱元璋制定“征讨大计”。朱元璋起于淮右，渡江后，势力发展较快，但仍只局限于浙江一带，且东有张士诚，西有陈友谅，均为劲敌，先打哪一个？稍有不慎，就有败亡之危。刘基制定了先陈后张的方针，朱元璋采用了这战略决策，遂成帝业。

(3)在重大战役中，或运筹帷幄，或亲临前线指挥战斗。刘基因谙韬略，通天文地理，故往往“遇急难，勇气奋发，计划立定，人莫能测”。

(4)洪武开国之前，至正二十六年(1366年)受命卜地拓建南京城；至正二十七年(1367年)授太史令，上戊申大统历，并与李善长、杨宪、傅献、陶安等一起定律令。

(5)洪武开国以后，刘基奏立《军卫法》，提出“宽以待民与严惩贪吏”的主张，肃纲纪，整吏治，严惩贪枉。

(6)告老还乡劝朱元璋“霜雪之后，必有阳春，今国威已立，宜少济以宽大。”

以上六件大事，前三件可谓帮助朱元璋打天下，后三件可谓帮助朱元璋巩固天下。说明刘基是位卓越的军事谋略家、政治家。他既是开国功臣，也是治国良臣。

沈括一生多发明

沈括(1031—1095),字存中,号梦溪丈人,杭州钱塘(今浙江省杭州市)人,北宋科学家、政治家。一位非常博学多才、成就显著、中国历史上最卓越的科学家之一。精通天文、数学、物理学、化学、地质学、气象学、地理学、农学和医学;他还是卓越的工程师、出色的外交家。

沈括的科学成就是多方面的。他精研天文,所提倡的新历法,与今天的阳历相似。在物理学方面,他记录了指南针原理及多种制作法;发现地磁偏角的存在,比欧洲早了四百多年;又曾阐述凹面镜成像的原理;还对共振等规律加以研究。在数学方面,他创立"隙积术"(二阶等差级数的求和法)"会圆术"(已知圆的直径和弓形的高,求弓形的弦和弧长的方法)。在地质学方面,他对冲积平原形成、水的侵蚀作用等,都有研究,并首先提出石油的命名。医学方面,对于有效的药方,多有记录,并有多部医学著作。此外,他对当时科学发展和生产技术的情况,如毕昇发明的活字印刷术、金属冶炼的方法等,皆详为记录。

沈括自幼对天文、地理等有着浓厚的兴趣，勤学好问，刻苦钻研。少年时代他随做泉州州官的父亲在福建泉州居住多年，当时的一些见闻，均收入《梦溪笔谈》。在天文学方面，沈括也取得了很大成就，他曾经制造过我国古代观测天文的主要仪器——浑天仪、表示太阳影子的景表等。为了测得北极星准确位置，他连续三个月，每天用浑天仪观测北极星位置，把初夜、中夜、后夜所见到的北极星方位，分别画于图上，经过精心研究，最后得出北极星与北极距三度。他发展了《九章算术》以来的等差级数，创造了新的高等级数求和法——隙积术。几何学中，他发明了会圆术，即从已知圆的直径和弓形高度来求弓形底和弓形弧的方法。

英国科学史家李约瑟评价沈括是“中国科学史上的坐标”“中国科技史上的里程碑”。

熙宁五年(1072年)，沈括主持了汴河的水利建设。为了治理汴河，沈括亲自测量了汴河下游从开封到泗州淮河岸共八百多里河段的地势。他采用“分层筑堰法”，测得开封和泗州之间地势高度相差十九丈四尺八寸六分。这种地形测量法，是把汴渠分成许多段，分层筑成台阶形的堤堰，引水灌注入内，然后逐级测量各段水面，累计各段的差，总和就是开封和泗州间“地势高下之实”。这在世界水利史上是一个创举。仅仅四五年时间里，就取得引水淤田一万七千多顷的显著成绩。在对地势高度计算时，其单位竟细到了寸分，可见，沈括的治水态度是极其严肃认真的。

有一次，沈括在书中读到“高奴县有洧水，可燃”这句话，觉得很奇怪，“水”怎么可能燃烧呢？他决定进行实地考察。考察中，沈括发现了一种褐色液体，当地人叫它“石漆”“石脂”，用它烧火做饭、点灯和取暖。沈括弄清楚这种液体的性质和用途，给它取了一个新名字，叫石油，并且预言“此物后必大行于世”。沈括发明的“石油”这个名词一直沿用到今天。

沈括随父亲居住在福建泉州时，就听说江西铅山县有一泓泉水不是甜的，而是苦的，当地村民将苦泉放在锅中煎熬，熬干后就得到了黄灿灿的铜。于是他不远千里来到铅山县，看到了村民“胆水炼铜”的过程，并在《梦笔溪谈》中记录下来。这是我国有关“胆水炼铜”的最早记载，是正确而可靠的。“胆水”就是亚硫酸铜溶液。亚硫酸铜在铁锅中煎熬，与铁产生了化学反应，就析出了铜。

在长达三十余年的官宦生涯中，沈括很注重考察祖国的山河特点，形成了他的地理学说。他考察了浙江的雁荡山并提出雁荡山的凌空巨石是雨水千百年冲刷的结果；他考察了黄河三角洲并提出三角洲是黄河泥沙堆积而成的，这些见解用今天的眼光来检验也是正确的。他提出广种树木、保护树木以涵养水分的观点，也完全符合当代的保护环境的理念。他还有一大创造，就是用《飞鸟图》绘制了《大宋天下郡守图》，使得北宋的地图越来越精确。令人没想到的是，他的地理学说与《大宋天下郡守图》在与辽国的边界谈判中发挥了重要作用，产生了十万士兵都难以达到的威力。

沈括对医药学和生物学也很精通，医学著作有《沈存中良方》等三种。现存的《苏沈良方》是后人把苏轼的医药杂说附入《沈存中良方》之内合编而成的，有多种版本刊行于世。

李时珍荟萃本草

李时珍(1518—1593),湖北蕲州(今湖北省蕲春县)人,字东璧,人称李东璧。号濒湖,晚年自号濒湖山人,中国古代伟大的医学家、药物学家。曾参考历代有关医药及学术书籍八百余种,结合自身经验和调查研究,历时二十七年编成《本草纲目》一书,是我国古代药物学的总结性巨著,在国内外均享有极高的评价。

李家世代业医,祖父是"铃医";父亲李言闻,号月池,是当地名医。其时,民间医生地位很低,李家常受官绅的欺侮。因此,父亲决定让二儿子李时珍读书应考,以便一朝功成,出人头地。李时珍自小体弱多病,然而性格刚直纯真,对空洞乏味的八股文不屑于学。自 14 岁中了秀才后,九年中三次到武昌考举人均名落孙山。于是,他放弃了科举做官的打算,专心学医,他向父亲请求并表明决心:"身如逆流船,心比铁石坚。望父全儿志,至死不怕难"。李月池最终同意了儿子的请求,并精心地教他。不几年,李时珍果然成了一名很有名望的医生。

在父亲的启示下,李时珍认识到,"读万卷书"固然需要,但"行万里路”更不可少。于是，他既“搜罗百氏”，又“采访四方”，深入实际进行调查。李时珍脚穿草鞋，身背药筐，在徒弟庞宪、儿子建元的伴随下，远涉深山旷野，遍访名医宿儒，搜求民间验方，观察和收集药物标本。

他首先在家乡蕲州一带采访，后来，他多次出外采访。除湖广外，还到过江西、江苏、安徽等地，均州的太和山也到过。李时珍每到一地，就虚心地向当地人请教，其中有采药的，有种田的，捕鱼的，砍柴的，打猎的，热情帮助他了解各种各样的地方药物。比如芸苔，是治病常用的草药，但究竟是什么样的，《神农本草经》说不明白，各家注释也搞不清楚。李时珍问一个种菜的老人，在老人的指点下，又察看了实物，才知道芸苔实际上就是油菜。这种植物，头一年下种，第二年开花，种子可以榨油。于是，这种药物，便在他的《本草纲目》中一清二楚地解释出来了。

不论是在四处采访中，还是在自己的药圃里，李时珍都非常注意观察药物的形态和生长情况。

蕲蛇，即蕲州产的白花蛇。医药作用具有医治风痹、抽搐、癣癞等功用。李时珍早就在研究它，但开始只从蛇贩子那里观察。内行人提醒他，那是从江南兴国州山里捕来的，不是真的蕲蛇。那么真正蕲蛇的样子又是怎么样的呢？他请教一位捕蛇的人，那人告诉他，蕲蛇牙尖有剧毒，人被咬伤，要立即截肢，否则就中毒死亡。因为在治疗上有特效，因之非常珍贵，州官逼着百姓冒着生命危险去捉，以便向皇帝进贡。蕲州那么大，其实只有城北龙峰山上才有真正的蕲蛇。李时珍追根究底，要亲眼观察蕲蛇，于是请捕蛇人带他上了龙峰山上。李时珍置危险于度外，到处寻找，终于亲眼看见了蕲蛇，并看到了捕蛇、制蛇的全过程。由于这样深入实际调查过，后来他在《本草纲目》写到白花蛇时，就得心应手，说得简明准确。李时珍经过长期的实地调查，搞清了药物的许多疑难问题，经过二十七年的刻苦努力，于万历六年（1578 年）完成了《本草纲目》编写工作。

全书约有200万字，52卷，载药1 892种，新增药物374种，载方10 000多个，附图1 000多幅，成了中国药物学的空前巨著。其中纠正前人错误甚多，在动植物分类学等许多方面有突出成就，并对其他有关的学科（生物学、化学、矿物学、地质学、天文学等）也做出贡献。

李时珍一生著述颇丰，除代表作《本草纲目》外，还著有《奇经八脉考》《濒湖脉学》《五脏图论》等十余种著作。

虽然《本草纲目》是一部药物学专著，但它同时还记载了与临床关系十分密切的许多内容。原书第三、第四卷为“百病主治药”，记有113种病症的主治药物，其中第三卷外感和内伤杂病中，就包括有专门治疗伤寒热病、咳嗽、喘逆类的药物；第四卷则主要为五官、外、妇、儿科诸病。原书中明确提出能治疗瘟疫的药物有：升麻、艾叶、腊雪、丹砂、阳起石、火药、大青、麻黄、威灵仙、律草、大麻、大豆豉、葫、竹笋、梨、松、猪苓、竹、石燕、犀、桃蠹虫等二十余种。

《本草纲目》不仅为中国药物学的发展做出了重大贡献，而且对世界医药学、植物学、动物学、矿物学、化学的发展也产生了深远的影响。该书出版后，很快就传到日本，以后又流传到欧美各国，先后被译成日、法、德、英、拉丁、俄、朝鲜等十余种文字在国外出版，传遍五大洲，不仅对中医药学具有极大贡献，而且对世界自然科学的发展也起了巨大的推动作用，被誉为“东方医药巨典”。早在1951年，在维也纳举行的世界和平理事会上，李时珍即被列为古代世界名人；他的大理石雕像屹立在莫斯科大学的长廊上。英国著名生物学家达尔文也曾受益于《本草纲目》，称它为“中国古代百科全书”。

石达开智战湘军

石达开(1831—1863),小名亚达,绰号石敢当,广西贵县(今贵港市)客家人,太平天国名将,曾封为"神圣电通军主将翼王",是太平天国最富有传奇色彩的人物之一。

石达开出生于广西贵县北山里那邦村一个小康之家,母亲是壮族人,有两妹一姊,幼年丧父,八九岁起独撑门户,务农经商之余,习武修文不辍,13 岁时处事已有成人风范,因侠义好施,常为人排纷难解,年未弱冠即被尊称为"石相公"。道光年间,官场腐败,民生困苦,石达开 16 岁那年,正在广西以传播基督教为名筹备反清起义的洪秀全、冯云山慕名选访,邀其共图大计。石达开慨然允诺,率四千余人参加金田起义,被封为左军主将。1851 年 12 月,太平天国在永安建制,石达开晋封"翼王五千岁"。之后两年间,石达开率军转战数省,战功卓著,尤其是 1852 年西王萧朝贵在湖南长沙阵亡后,太平军在长沙城下陷入清军反包围,形势万分危急。石达开率部西渡湘江,开辟河西基地,缓解了太平军的缺粮之危,又多次击败敌人,取得"水陆洲大捷",重挫清军士气。其后,为全军先导，经河西安全撤军，跳出反包围圈，夺岳阳，占武汉，自武昌东下金陵，28天挺进1 800里，战无不胜，攻无不克，令清军闻风丧胆，号之曰“石敢当”。

1853年3月，太平天国定都金陵，改号天京，石达开留京辅佐东王杨秀清处理政务。当年秋，石达开奉命出镇安庆，节制西征，指挥攻克清安徽临时省会庐州(今合肥)，迫使名将江忠源自尽。

1854年夏秋，太平军在西征战场遭遇湘军的凶狠反扑，节节败退，失地千里。石达开看出两军最大差距在于水师，便命人仿照湘军的船式造船，操练水师。在湘军直逼九江的危急时刻，石达开再度出任西征军主帅，亲赴前线指挥，于1855年初在湖口、九江两次大败湘军，湘军水师溃不成军，统帅曾国藩投水自尽，被部下救起，西线军事步入全盛。同年秋天，石达开又挥师江西，四个月连下七府四十七县。由于他军纪严明，施政务实，爱护百姓，求贤若渴，江西人民争相拥戴，队伍很快从一万多人扩充到十万余众，对手哀叹“民心全变，大势已去”。1856年3月，石达开在江西樟树大败湘军，至此，湘军统帅曾国藩所在的南昌城已经陷入太平军的四面合围，对外联络全被切断。石达开适于此时被调回天京参加解围战，虽然大破江南大营，解除了清军对天京三年的包围，但却令曾国藩免遭灭顶之灾。

同年9月，“天京事变”爆发，东王杨秀清被杀，上万东王部属惨遭株连，石达开在前线听到天京可能发生内讧的消息，急忙赶回阻止，但为时已晚。北王韦昌辉把石达开反对滥杀无辜的主张看成对东王的偏袒，意予加害，石达开逃出天京，京中家人与部属全部遇难。

石达开在安徽举兵靖难，上书天王，请杀北王以平民愤，天王遂下诏诛韦昌辉。石达开奉诏回京，被军民尊为“义王”，合朝同举“提理政务”。他不计私怨，只惩首恶，不咎部属，连北王亲族都得到保护和重用，人心迅速安定下来。陈玉成、李秀成、杨辅清、石镇吉等后起之秀开始走上一线，独当一面，内讧造成的被动局面逐渐得到扭转。但天王见石达开深得人心，心生疑忌，对石达开百般牵制，甚至意图加害。为了避免再次爆发内讧，石达开不得已避祸离京，前往安庆。

1857 年 9 月，天王迫于形势的恶化，遣使持“义王”金牌请石达开回京，石达开上奏天王，表示无意回京，但会调陈玉成、李秀成、韦俊等将领回援，并以“通军主将”身份继续为天国作战。此后，石达开前往江西救援被困的临江、吉安，拥戴他的安徽太平军将领大都留守安徽。因没有水师，无法渡过赣江，救援行动失败，石达开又于次年进军浙江。

太平军在浙江取得许多胜利，但江西建昌、抚州失守后，入浙部队失去了后方，协同作战的杨辅清又被天王封为“木天义”，从福建撤军。为免四面受敌，石达开决定放弃攻浙，撤往福建，后又转战到江西。石达开建立浙闽根据地的努力虽因内外矛盾以失败告终，却牵制了大量清军，为太平军取得浦口大捷、二破江北大营、三河大捷等胜利创造了有利条件。

1861 年 9 月，石达开自桂南北上，于 1862 年初经湖北入川，自此，为北渡长江，夺取成都，建立四川根据地，石达开转战川黔滇三省，先后四进四川，终于 1863 年 4 月兵不血刃渡过金沙江，突破长江防线。

太平军到达大渡河，遭百年不遇的提前涨水所阻，多次抢渡不成，粮草用尽，陷入绝境。四川总督骆秉章遣使谈判，石达开决心舍命以全三军，经双方谈判，由太平军自行遣散四千人，这些人大多得以逃生。剩余两千人保留武器，随石达开进入清营，被押往成都后，清军背信弃义，两千将士全被杀死。

石达开身受凌迟酷刑，至死默然无声，观者无不动容，叹为“奇男子”。

康熙帝智擒鳌拜

爱新觉罗·玄烨(1654—1722)，清朝第四位皇帝，定都北京后第二位皇帝，年号康熙。蒙语称思赫阿木古朗汗或阿木古朗汗，意“平和宁静”，为汉语“康熙”的译音。8 岁时父亲顺治皇帝去世，他便登基当了皇帝。

顺治在临死之前遗嘱亲信大臣索尼、苏克萨哈、遏必隆、鳌拜为辅政大臣，辅佐年幼的康熙处理朝政。四位大臣中，鳌拜位次最末，但野心最大。他专横跋扈，盛气凌人，居功自傲。索尼年老多病，管不了多少事；遏必隆明哲保身，不愿惹是生非，不大管事；只有苏克萨哈锋芒毕露，与鳌拜针锋相对，是鳌拜实现自己野心的障碍。鳌拜把他看成眼中钉、肉中刺，总想设法除掉他。终于，鳌拜抓住了一个机会，给苏克萨哈定了二十余条罪状，将苏灭族。

害死了苏克萨哈，鳌拜除掉了一个能与之抗衡的

敌手，从此大权在握，更加肆无忌惮，为所欲为。他认为康熙年幼可欺，根本不把康熙放在眼里。每当朝廷议事时，鳌拜动不动就当着康熙的面痛骂廷臣；每次议决一事，鳌拜总是要挟康熙，非要同意他的意见不可；每次有大事，如任免官吏、实施政策等，都先到鳌拜家先商量好，然后再通知康熙实行，把康熙看作傀儡一样。

有一次，鳌拜故意装病不朝，康熙亲自到他家里问疾，在鳌拜的寝室发现炕席上放了一把短刀。按照规定，臣属面见皇帝身边不许携带任何凶器，否则以图谋不轨论处。鳌拜根本不把康熙放在眼里，毫无顾忌地把凶器放在身边。康熙装作并不介意，一边笑着，一边从容地说："刀不离身，这是满洲的故俗，不必大惊小怪。"慰劳了几句，便回宫去了。

康熙八年(1669 年)元旦，鳌拜率领廷臣上殿贺年，身穿一黄袍，式样和质料跟皇帝一样，所不同者，只是帽子上打了个绒结，而康熙戴的是一颗赤珠。

鳌拜大肆结党营私，把他的爪牙和党羽安插到朝廷各个部门，六个部大都是他的下人。正是通过这班人，鳌拜才牢牢地控制了政局，才敢胡作非为。

鳌拜及其党羽所作所为，使康熙十分恼火和忧虑，康熙不甘心皇权旁落于鳌拜手中，受他摆弄，决心除掉他。但鳌拜手握兵权，掌握朝中大权，势力遍布朝廷上下，要除掉他，确实不容易，而又绝不能兴师动众，贸然行事。康熙决心智擒他。

康熙以陪伴他娱乐为名，下令在八旗子弟中挑选身体强壮的十来岁孩童进宫，个个长得结实、机灵。康熙让这些孩童在宫中天天练习并表演角斗、摔跤。鳌拜进宫来奏事，康熙故意让这些孩子打打闹闹、摔跤玩耍，闹得乌烟瘴气，康熙甚至自己也跟他们一块嬉闹玩耍，显得天真顽皮。这些，鳌拜看在眼里，喜在心里，认为康熙确实是个不懂事的小孩，贪玩、不务正业、胸无大志，他完全可以继续控制康熙。为了麻痹鳌拜，康熙对他更加敬重和优礼，这使鳌拜更加坦然，对康熙丝毫也不心存戒备。

经过一段时间的培养和训练，那些孩童都成了康熙的心腹。康熙八年(1669年)五月的一天，康熙单独召见鳌拜。鳌拜大摇大摆地刚刚跨进门槛，脚步还没站稳，突然从两侧跳出一群孩童，一拥而上，把鳌拜按住，还没等他明白是怎么回事时，已被按倒在地。孩童们把鳌拜捆了个结结实实。

抓住了鳌拜后，康熙派人审查，列举罪状，鳌拜一一招认。康熙又派人把鳌拜集团的成员抓起来。鳌拜被判处终身监禁，他的集团成员被处死。康熙终于除掉了自己的心头大患。从此，康熙自己掌握了最高权力，充分发挥自己的才能，把清朝治理得繁荣昌盛。

泥人张巧戏张五

张明山(1826—1906),生于浙江绍兴。其父张万全曾是一官员的文书,后到了天津,以制作小型石兽及文具为生。张明山13岁脱离私塾从事泥塑创作。他在继承传统的基础上创造自己的风格,其作品取材广泛,塑造人物生动,塑与绘的结合使作品更具生命力。民间流传许多张明山的故事。

一个下雨天,张明山一个人坐在天庆馆里饮酒,一边留神四下里吃客们的模样。这当儿,打外边进来三个人。中间一位穿得阔绰,大脑袋,中溜个子,挺着肚子,架势挺牛,横冲直撞往里走。站在迎门桌子旁的招待一瞅,赶紧吆喝着:"张五爷可是稀客,贵客,张五爷这儿总共三位——里边请!"

一听这喊话,吃饭的人都停住嘴巴,甚至放下筷子瞧着这位大名鼎鼎的张五爷。这位靠着贩盐赚下金山的张锦文,由于曾经为盛京将军海仁卖过命,被海大人收为义子,排行老五,所以又有"海张五"一称。但人家当面叫他张五爷,背后叫他海张五。天津卫是做买卖的地界儿,谁有钱谁横,官儿也怵三分。

可是手艺人靠手吃饭,求谁?怵谁?故此,泥人张只管饮酒,吃菜,西瞧东看,全然没有把海张五当个人物。只听张五爷一帮边吃饭边议论自己。有个细嗓门的说:"人家台下一边看戏一边手在袖子里捏泥人。捏完拿出来一瞧,台上的嘛样,他捏的嘛样。"跟着就是海张五的大粗嗓门说:"在哪儿捏?在袖子里捏?在裤裆里捏吧!"随后一阵笑,拿泥人张找乐子。

这些话天庆馆里的人全都听见了。泥人张听也不听，左手伸到桌子下边，从鞋底抠下一块泥巴。右手依然端杯饮酒，眼睛也只瞅着桌上的酒菜，这左手便摆弄起这团泥巴来。张五那边还在不停地找乐子，泥人张这边把这泥团往桌上“叭”地一戳，起身去柜台结账。

吃饭的人伸脖一瞧，这泥人张真捏绝了！就像把海张五的脑袋割下来放在桌上一般，瓢似的脑袋，小鼓眼，一脸狂气，比张五还像张五。可是只有核桃大小。

张五在那边，隔着两丈远就看出捏的是他。他朝着正走出门的泥人张的背影叫道：“这破手艺也想赚钱，贱卖都没人要。”

泥人张头都没回，撑开伞走了。第二天，北门外的几个小杂货摊上，摆出来一排张五这个泥像，还加了个身子。而且是翻模子扣的，足有一二百个。摊上还都贴着个白纸条，上边写着：贱卖海张五。来来往往的人，谁看谁乐。乐完找熟人来看，再一块儿乐。三天后，海张五派人花了大价钱，才把这些泥人全买走，据说连泥模子也买走了。

光绪年间，李鸿章在天津做直隶总督兼北洋大臣。他听说张明山捏泥人十分逼真，便派人把张明山唤到总督衙门，叫他给自己的老母捏个泥像。张明山心里很不高兴，但又不能不答应。

张明山被摆弄了一阵，学会参见贵人的礼仪之后，才被带去见李鸿章的老母。张明山见过这老妇后，很快就在衣袖里捏好了草样。等拿出来让李鸿章一看，李鸿章连声夸奖。张明山说：“这只是捏的草样，还不大像，拿回去还要精心加工，三日后送来，保准大人满意。”

过了三天，张明山将人像送了去。李鸿章一看，老母容光焕发，栩栩如生，他高兴极了。当场表示，赏给张明山五两银子。

张明山说：“谢中堂！不过，五两可不行，得二十两。”

李鸿章问：“为什么？”

“回中堂话，我精工细做，特别费力。再说，这是给中堂老母捏像，不好、不像不行啊”。

李鸿章很不高兴，硬是不同意给那么多银子。

张明山说：“中堂不同意也不勉强，买卖不成仁义在，我将原物带回去好啦。”于是张明山便将泥像带了回去。

张明山到家后，照样子又捏了四个。他拿到北城根去卖，并且吆喝着：“卖二两银子一个，中堂老娘的泥像啊！”

北城根离总督衙门不远，这事很快就传到了李鸿章的耳朵里，他十分恼怒，立即命当差的把张明山叫来。李鸿章问他：“为什么卖我母亲的塑像？”

张明山说：“回中堂的话，我是做泥人的，做好先卖给中堂，中堂不买，我不能压着本，赔着钱，只好卖给别人。”

李鸿章又问：“怎么在街上卖二两银子一个，卖给我就要二十两呢？”

张明山说：“中堂圣明，卖给老百姓要二两银子，因为那是老百姓，卖给中堂就得二十两，是凭大人的身份。中堂要是不买，我还是拿街上去卖吧！”李鸿章心想，无论如何也不能让他满街卖自己的老母呀！最后，只得把泥人买下。

五、信篇

魏惠王认错求贤

魏惠王（前400—前319），姬姓，魏氏，公元前369年（魏惠王元年）即位，即位时是魏国鼎盛时期，但在以后的战争中，大败于齐国，开始衰弱。

魏惠王自称治国尽心竭力，河西发生灾荒，就将那里的灾民安置到河东，将河东的粮食运送到河西。当河东发生灾荒时，也是这样做的。可是魏国的人口不见增多，这是什么原因呢？他问政孟子。孟子说："王好战，请以战喻：

嗔然鼓之，兵刃既接，弃甲曳兵而走，或百步而后止，或五十步而后止；以五十步笑百步，则何如?”这就是“五十步笑百步”典故的由来。这段话翻译过来就是：大王喜战，我就拿战争做比方吧：战鼓响起，敌我短兵相接，打了败仗的就弃甲拖着兵器而逃，有的逃了一百步才停下来，有的逃了五十步就停住脚，而逃了五十步的却耻笑一百步的，说他们胆子大小。你认为这种笑应该不应该?

魏惠王问怎样才能治理好国家，孟子说：只要不去剥夺农民耕种的时间，粮食就吃不完；不拿过密的渔网去捕鱼，水产就吃不完；砍伐木材有定时，木材就用不尽。这样老百姓就感到满足了。他还说，在五亩大的住宅旁种上桑树，上了五十岁的人就可以穿上丝棉袄；鸡和猪狗一类家畜不要耽误繁殖饲养的时间，上了七十岁的人就可以经常吃到肉；一家一户所种百亩的田地能及时耕种，数口的家庭就不会闹饥荒；认真地办好教育，孝顺父母，尊敬长上，老人就不用再为自己生活奔劳。这样就能得到人民的拥戴。

魏惠王又谈到自己继位以来，被秦国和齐国多次打败，这是奇耻大辱，要怎样才能报仇雪耻呢? 孟子说：“地方百里而可以王。王如施仁政于民，省刑罚，薄税敛，深耕易耨；壮者以暇口修其孝弟忠信，人以事其父兄，出以事其长上，可使制梃以挞秦楚之坚甲利兵矣。”孟子劝告魏惠王要“施仁政，行王道”。

魏惠王十五年(前355年)，齐威王与魏惠王一起打猎，魏惠王问齐威王：“大王有何宝物?”齐威王心里明白，这是魏惠王要向自己夸耀国力了，于是便以退为进地说：“我没有。”于是魏惠王不无自豪地说：“魏国虽小，尚有能照亮十二辆车子、径长一寸的夜明珠一颗。像齐国这样地大、人多，光兵车就有一万辆的大国，难道连这样的宝贝也没有吗?”齐威王听了惠王的话，很不以为然地说：“我的珍宝与你的大不一样。你的宝是死的，我的宝是活的；你的宝会引出乱子，我的宝能卫国安民；你的宝有价，而我的宝无价。”魏惠王听后，大惑不解地问：“是何宝物如此厉害!”齐威王说：“我有大臣檀子，镇守下陲，强楚不敢犯境，泗上诸小国来朝；我有能臣肦子，镇守高唐，赵人不敢东到黄河捕鱼；我有贤臣黔夫，镇守徐州，吓得燕人北门祈祷，赵人西门祈祷，祈求神灵保佑，并且有千余户归顺了齐国；我有良吏种首，负责国内治安，人民夜不闭户，路不拾遗。我有这四位能臣贤相，他们就是我的宝物，岂止照亮十二辆车子！”一席话使魏惠王惭羞难容，自愧不如。

有人向魏惠王推荐淳于髡，说此人学识渊博，记忆超人。魏惠王想见识见识。淳于髡被领去见魏惠王，他却坐在一旁一句话也不说。惠王感到很奇怪，就问推荐的那个人：“你说淳于先生才艺出众，超过管仲和晏婴，可为什么见到我连一句话也不说，难道是我不值得和他谈话吗？”那个人把魏惠王的意见转达给淳于髡，淳于髡说：“这里有原因。我已经来过两次，第一次来拜见时，惠王想着别人献给他的马；第二次来时，惠王想着进献给他的歌唱艺人，无心与我谈话，既然惠王的志趣不在我这里，我还有什么话要说呢？”

魏惠王听了淳于髡的话，抱歉地说：“确实如此，是我的不对，淳于先生不愧为圣人。他前次来，正好有人献马，第二次来，又有人献歌唱艺人。当时我虽然让左右的人退下，表示对他的尊敬，但精神还是集中在马和歌唱艺人身上。”魏惠王表示了歉意。淳于髡认为魏惠王态度很诚恳，有知错就改的精神，当即就和魏惠王谈得很投机，谈古论今，一连谈了几天。

魏惠王从政初期不辨是非，偏听偏信，致使魏国人才大量流失。从更早的吴起始，先后逼走了孙膑、商鞅、犀首、张仪、范雎、尉缭等赫赫名士，更有大批实干士子流失不计其数。魏惠王逐渐认识到这是由于自己的过错而造成的。

周公以信劝成王

周成王姬诵(前 1055—前 1021),周武王姬发之子。武王克商后在位四年卒,成王年幼即位。由于成王年幼,天下初定,叔父周公旦唯恐诸侯叛周,于是乃亲自摄政。成王之时,周公、召公是朝中最重要的大臣,自陕(今河南陕县)以西诸侯由召公管理;自陕以东诸侯由周公管理。成王秉承武王之志,为西周王朝的发展奠定了坚实的基础。

周公辅佐年幼的成王执政七年后,总算把周王朝的统治巩固下来,他还制订了周朝一套典章制度。到周成王满 20 岁的时候,周公把政权交给成王管理。

周成王小的时候,有一天,他和与自己感情非常好的小弟弟叔虞在宫中的一棵梧桐树下一块儿玩耍。

忽然,一阵秋风吹来,梧桐树上的叶子纷纷飘落。风过后,地上留下了许多梧桐叶。成王一时兴起,便从地上捡起一片梧桐叶,用小刀切成一个“圭”(大臣们上朝时手中所持的),并随手将它送给了叔虞,以玩笑的语气对他说:“我要封给你一块土地,喏——你先把这个拿去吧!”叔虞听到成王这么说,随即欢欢喜喜地拿着这片用梧桐叶做成的“圭”,跑去将此事告知他们的叔父周公。

周公听了叔虞告诉自己的话,便立刻换上朝服,赶到宫中去向成王道贺! 成王不解地问:“叔叔,你为什么要特地穿上朝服,赶来向我道贺呢?”面对周公的道贺,成王不禁一头雾水,不知所以……周公依然面带微笑地对成王解释道:“我刚刚听说,你已经册封了

你的小弟弟叔虞！发生了这样的大事，我怎能不赶来道贺呢？”“哦——那件事啊！”这才想起此事的成王，忍不住哈哈大笑说：“刚才，我只不过是和叔虞闹着玩而已，不是真要册封他呀！”

不料，成王的话刚说完，周公立即收起笑容，正色对成王说：“无论是谁，说话都要以‘信’为重；你身为天子，说话更是不能随随便便，当作在开玩笑一样。如此，你才能得到百姓对你的信赖呀！倘使你总是罔顾信义，任意将自己说出口的话视为玩笑，这样，你还有资格做一国的天子吗？”周公之言，令成王深感惭愧……于是，成王便决定将叔虞册封于唐地！

坚守诚信不仅是一个人的立身之本，更是一个国家的立国之策。成王与其子康王统治时期，合称“成康之治”，是周代的兴盛时期。后世以“成康之治”评价成王与其子周康王的政绩，称当时天下安宁，四十余年不用刑罚。因此，他在位的二十二年和康王在位的二十五年，前后四十多年，周朝社会安宁，人民安居乐业，成为西周盛世。

曾子教儿要守信

曾子（前 505—前 435），姓曾，名参，字子舆，春秋末年鲁国南武城（今山东省平邑县）人。他 16 岁拜孔子为师，勤奋好学，颇得孔子真传。积极推行儒家主张，传播儒家思想，他的修身、齐家、治国、平天下的政治观，省身、慎独的修养观，以孝为本的孝道观，影响中国两千多年，至今仍具有极其宝贵的社会意义。著述《大学》《孝经》等，后世儒家尊他为“宗圣”。

曾子少年时家贫，常入山打柴。一天，家里来了客人，母亲不知如何是好，情急之下就用牙咬了一下自己的手指。曾参忽然觉得一阵心疼，知道母亲在呼唤自己，便背着柴迅速返回家中，跪问缘故。他知道情后，接见客人，以礼相待。

曾子杀猪是一则家喻户晓的故事。

有一天曾子的夫人要到集市上去，儿子哭着闹着要跟着去。母亲就哄他说：“你先回家待着，待会儿我回来杀猪给你吃。”她刚从集市上回来，曾子就要捉猪去杀。夫人劝阻说：“只不过是跟孩子开玩笑罢了。”

曾子对妻子说：“可不能跟他开玩笑啊！小孩子没有思考和判断能力，要向父母亲学习，听从父母亲给予的正确的教导。现在你欺骗他，这是教孩子骗人啊！母亲欺骗儿子，儿子就不再相信自己的母亲了。这不是教育孩子成为君子的方法。”于是曾子就杀猪煮肉给孩子吃。

有一次，曾子在孔子身边侍坐，孔子问他：“以前的圣贤之王有

至高无上的德行，精要奥妙的理论，用来教导天下之人，人们就能和睦相处，君王和臣下之间也没有不满，你知道这是为什么吗？”曾子听了，明白老师是要指点他最深刻的道理，于是立刻从坐着的席子上站起来，走到席子外面，恭恭敬敬地回答道：“我不够聪明，哪里能知道，还请老师把这些道理教给我。”

曾子是在“避席”。这是一种非常礼貌的行为。当曾子听到老师要向他传授时，他站起身来，走到席子外向老师请教，是为了表示对老师的尊重。曾子懂礼貌的故事被后人传诵，很多人都向他学习。

曾子穿着很破旧的衣服在耕田，鲁国的国君派人要封给他一块采邑，曾子坚决不受。使者说，这又不是你向人要求的，是别人赠给你的，你为什么不受。曾子说，我听说，接受别人馈赠的人就会害怕得罪馈赠者；给了人家东西的人，就会对受东西的人显露骄色。那么，就算国君赏赐我的采邑而不对我显露一点骄色，但我能不因此害怕得罪他吗？孔子知道了这件事说，曾参的话，是足以保全他的节操的。

曾子曰，吾日三省吾身。是说："我每天必定用三件事反省自己：替人谋事有没有不尽心尽力的地方？与朋友交往是不是有不诚信之处？师长的传授有没有复习？"这是曾子所说的"三省"。这"三省"说了两个方面。一是修己，一是对人。对人要诚信，诚信是人格光明的表现，不欺人也不欺己。替人谋事要尽心，尽心才能不苟且，不敷衍，这是为人的基本德行。修己不能一时一事，修己要贯穿整个人生，要时时温习旧经验，求取新知识，不能停下来，一停下来，就会僵化。

季札有信赠宝剑

季札(前576—前484),姬姓,名札,又称公子札、延陵季子、延州来季子、季子,春秋时吴王寿梦第四子,封于延陵(今常州一带),后又封州来。季札不仅品德高尚,而且是具有远见卓识的政治家和外交家,广交当世贤士,对提高华夏文化做出了贡献。

吴王寿梦的四个儿子当中,以季札最有德行,所以寿梦一直有意要传位给他。季札的兄长也都特别疼爱他,认为季札的德行、才干最足以继位,所以都争相拥戴他即位。但是季札不肯受位,坚持把王位让给哥哥。哥哥诸樊觉得自己的德行远在季札之下,一心想把当国的重任托付给他,但被季札婉言谢绝了。

季札的厚德感动了吴国人,他们如同众星拱月般,一心想要拥戴季札为王。不得已之下,季札退隐于山水之间,成日躬耕劳作,以表明他坚定的志节,才彻底打消了吴人的这个念头。

有一次,吴国派遣季札出使鲁国。到了鲁国,季札听到了蔚为大观的周乐。季札以深刻的感受力和卓绝的见识,透析了礼乐之教的深远蕴含,以及周朝的盛衰之势,语惊四座。

季札出使郑国之时,见到了子产。他们一见如故,就好像多年的知心之交。季札对时局有着异常明晰的洞察力。临别前,他语重心长地对子产说:"郑国的国君无德,在位不会很久,将来国主的王位,一定会传到你的手中。你统理郑国的时候,务必谨慎,务必以礼来持国,否则郑国很难避免败亡的命运。"言之谆谆。当子产目送季札远去时,仍然觉得音犹在耳,心里不禁万分怅惘。

吴王诸樊一直到过世之前，都还念念不忘弟弟季札。他留下遗训，让后人将王位依次传给几位弟弟，这样最终就能传到幼弟季札的手里，以实现先王寿梦生前的遗愿。当吴王夷昧临终前要把王位传给季札时，被季札再一次拒绝了。为了表明自己坚定的决心，他再度归隐而去。

季札是一位杰出的外交家，周敬王三十五年(前 485 年)冬，楚国名将子期进攻陈国，吴王派季札救援陈国。季札传言给子期，明确表达自己的反战态度。经季札调停，平息了一场战乱。周景王元年(前 544 年)，季札奉命出使鲁、齐、郑、卫、晋五国。在这次出使中，他同齐国的晏婴、郑国的子产及鲁、卫、晋等国的重要政治家会晤，高谈政事，评论时势，使中原国家了解并通好吴国。

季札重信义。一次途经徐国时，徐国的国君非常羡慕他佩带的宝剑，但难于启齿相求，季札因自己还要遍访列国，当时未便相赠。待出使归来，再经徐国时，徐君已死，季札慨然解下佩剑，挂在徐君墓旁的松树上。侍从不解，他说："我内心早已答应把宝剑送给徐君，难道能因徐君死了就可以违背我的心愿吗？"此事传为千古美谈。

乐羊受信不徇私

乐羊，生卒年不详，魏国安邑（今山西省夏县）人，初为魏相国翟璜门客。

魏国东北边的中山国，原来是晋国的属国。自从三家分晋之后，中山国没有任何进贡。魏文侯担心赵国或是韩国把中山国夺过去，就打算发兵去征伐。有人推荐乐羊，说请他当大将，一定能够把中山国收过来。可是有些人反对说："不行！乐羊的儿子乐舒，如今正在中山国做官，不能让他率军去打中山国。"魏文侯就派人去探听，才知道乐羊很有见识，他的儿子乐舒曾经奉了中山国国君的命令去请他，乐羊不但不去，还叫他儿子离开中山国，说中山国的国君荒淫无道，跟他在一块儿必然自取灭亡。得知这些情况，魏文侯就派人把乐羊请了来。

魏文侯对乐羊说："我打算派你去征伐中山国，可是听说你的儿子在那边，怎么办呢？"乐羊说："大丈夫为国立功，决不能为了父子的私情不顾公事。"魏文侯高兴地说："好极了，我相信你。"

周威烈王十八年（前 408 年），魏文侯拜乐羊为大将，以西门豹为副将，率领五万人马进攻中山国。中山国国君姬窟派大将鼓须带领大队兵马迎战。双方打了一个多月，后来乐羊和西门豹用火攻把鼓须打败，一直追到中山城下。

中山国大夫公孙焦向姬窟建议：叫乐舒去求他父亲乐羊退兵。姬窟还吓唬他说："你不去，我先要你的命！"乐舒只好上了城门楼，要求他父亲跟他见面。乐羊一见乐舒，就骂他："你就知道贪图富贵，不知道进退，真是没出息的奴才！赶快去告诉你的昏君，早点投降，他还有活命。不然的话我先把你杀了。”乐舒央告说：“投降不投降在国君，我不能做主。我只求父亲暂时别再攻打，让我们商量商量。”乐羊说：“这么着吧，给你一个月的期限，你们君臣早点打定主意。”乐羊下令把中山城围住，暂不攻打。

姬窟认为乐羊心疼自己的儿子，决不会急着攻城。他仗着中山城结实，城里粮草又充足，不打算投降。一个月过去了，姬窟又叫乐舒去求情，再宽限一个月。他还想到外边去请救兵。可是乐羊把中山城围了好几层，城里的人没法出去。乐舒一再请求乐羊放宽期限。

几个月又过去了，魏国朝廷里就有不少人议论纷纷，都说乐羊为了儿子不加紧攻打，中山国就别想收服了。魏文侯不说话，他接连不断地打发人去慰劳乐羊，还告诉他国君正在替他盖房子，预备等他得胜回朝的时候，送给他住。乐羊非常感激，可就是按兵不动。西门豹也着急起来了，对乐羊说：“将军还打算不打算攻打中山？”乐羊说：“我两次三番地答应中山国国君放宽期限，让他两次三番地失信，为的是让老百姓知道谁是谁非。我可不是为了乐舒一个人，为的是要收服中山国的民心。”西门豹听了，这才放心。

又过了一个月，中山国国君还不投降。乐羊就开始攻城了。姬窟眼看中山城守不住，就叫公孙焦把乐舒绑在城门楼上，准备杀他。乐舒嚷着说：“父亲救命！”公孙焦对乐羊说：“赶快退兵，你儿子还有活命；你要是再攻城，我们可就要拿他开刀了！”乐羊骂乐舒说：“你当了大官，不能劝告国君改邪归正，又没法守城，投降又不投降，抵御又不抵御，还像个吃奶的孩子叫唤什么？”他拿起弓箭，准备射去。公孙焦叫人把乐舒拉下来。他对姬窟说：“乐舒的父亲向咱们进攻，乐舒也不能说没有罪呀。”

姬窟就把乐舒杀了。公孙焦对姬窟说：“咱们把乐舒的尸首煮成肉羹去给乐羊送去，他见了儿子的肉羹，必定难受，也许悲伤得

神魂颠倒，就没有心思再打仗了。”姬窟依了公孙焦的话，打发人把乐舒的肉羹给乐羊送去。乐羊气得指着瓦罐骂着说：“你侍奉无道昏君，早就该死！”他把瓦罐狠狠地往地下一摔，嚷着说：“你们会做肉羹，我们的兵营里也有大锅，正候着你们的昏君呐！”乐羊命令将士撞开城门攻入城内，姬窟自杀。公孙焦投降，乐羊列举他的罪恶，把他杀了。接着，乐羊安抚中山国的百姓，让西门豹带着五千人留驻，自己率领大队人马回到了魏国的都城安邑城外。

魏文侯早在那儿等着他。魏文侯慰问他说：“将军为了国家，舍了自己的儿子，我真过意不去。”乐羊献上中山国的地图和战利品，受到举国称赞。

班超西域建功业

班超(32—102),字仲升,汉族,汉扶风平陵(今陕西省扶风县)人。是东汉著名的军事家和外交家。班超是著名史学家班彪的幼子,其长兄班固、妹妹班昭也是著名的史学家。班超为人有大志,不修细节,但内心孝敬恭谨,审察事理。他曾出使西域,为平定西域,促进民族融合,做出了巨大贡献。

汉明帝永平五年(62年),班超的哥哥班固受朝廷征召前往都城担任校书郎,他便和母亲一起随哥哥来到洛阳。因为家中贫寒,他常常受官府所雇以抄书来谋生糊口。他厌烦抄书工作,叹息道:“身为大丈夫,应该效仿在异域建功立业的傅介子和张骞,以封侯晋爵,怎么能够老是干这笔墨营生呢?”别人嘲笑他,他说:“凡夫俗子又怎能理解志士仁人的襟怀呢?”

有一次,明帝问班固:“你弟弟现在在哪里?”班固回答说:“在帮官府抄书,以此所得来供养老母。”于是,明帝任命班超为兰台令史,后来因过失而被免官。

永平十六年(73年),班超随奉车都尉窦固出击匈奴,班超为假司马,率领一支军队去攻打伊吾,双方交战于蒲类海,班超杀敌众多。窦固认为他很有才干,便派他随幕僚郭恂一起出使西域。班超到了鄯善国,国王广接待他们礼节非常恭敬周到,但不久突然变得疏忽怠慢起来。班超对随从人员说:“你们难道没觉察鄯善王广的态度变得淡漠了么?这一定是北匈奴有使者来到这里,使他犹豫不决,不知道该服从谁好的缘故。头脑清醒的人能够预见到还未发生的事情,何况现在已明摆着呢?!”于是班超找来一个服侍汉使的鄯善人,获得了实情。班超便将一起出使的三十六人全部召集起来,对大家说:“你们诸位与我都身处边地异域,现在北匈奴的使者来了才几天,鄯善王广对我们便不以礼相待了。如果一旦鄯善王把我们缚送到北匈奴去,我们不都成了豺狼口中的食物了么?你们看这怎么办呢?”大家齐声说道:“我们现在已处于危亡的境地,是生是死,就由司马你决定吧。”班超便说:“不入虎穴,焉得虎子。现在的办法,只有乘今晚用火攻匈奴使者了,他们不知我们究竟有多少人,一定会感到很害怕,我们正好可趁机消灭他们。只要消灭了他们,鄯善王广就会吓破肝胆,我们大功就告成了。”

天一黑,班超就带领兵士奔袭北匈奴使者的住地。当晚正好刮起大风,班超吩咐十个人拿了军鼓,隐藏在屋子后面相约“一见大火烧起，就立刻擂鼓呐喊。”其余人都带上刀剑弓箭，埋伏在门的两旁。于是班超亲自顺风点火，前后左右的人便一起擂鼓呐喊。匈奴人一片惊慌。班超亲手击杀了三人，部下亦斩得北匈奴使者及随从人员三十多人，还有一百多人统统被烧死。第二天，班超把鄯善王广请来，将北匈奴使者的头颅给他看，鄯善举国震恐。班超趁势对鄯善王晓之以理，又安抚宽慰了他一番，于是接受鄯善王的儿子作为人质。

班超回去向窦固汇报，窦固十分高兴，上书朝廷详细报告班超的功劳，并请求另行选派使者出使西域。汉明帝很赞赏班超的胆识，下令给窦固：“像班超这样得力的使臣，为什么不派遣他，而要另选别人呢？可以提拔班超作军司马，让他继续完成出使的任务。”

班超再次接受了使命，窦固想叫他多带些人马，他说道：“我只要带领原来跟从我的三十余人就足够了，如果发生意外，人多了反而更增加累赘。”当时，于阗王广德刚刚打败了莎车国，声威大振，雄霸南道，而北匈奴又派了使者来监护他。班超西行，首先到达于阗国，广德王态度十分冷淡，而且这个国家的风俗很迷信神巫。神巫散布说：“天神发怒了，你们为什么想去归顺汉朝？汉使有一匹嘴黑毛黄的好马，你们赶快把它弄来给我祭祀天神！”于阗王广德听了就差人向班超索取那匹马。班超暗中已得知这一阴谋，但仍满口答应献出此马，只不过提出要让神巫亲自来索取才行。神巫来到，班超立即砍下他的脑袋送给于阗王广德，并就此事责备他。广德早就听说班超在鄯善国诛灭匈奴使者的事，因而非常惶恐不安，便下令攻杀北匈奴的使者而归降班超。班超重重赏赐了广德及其臣下，于阗国就这样安抚镇定了。

其时，在北匈奴支持下上台的龟兹国王建，依仗着北匈奴的势力，占据西域北道，攻破疏勒国，杀死国王，另立龟兹人兜题为疏勒王。第二年春天，班超带领部下取道小路，来到疏勒国，离兜题所居住的盘橐城只有几十里，预先派部下田虑去劝告兜题降汉。他告诉田虑说:“兜题本非疏勒人,疏勒国民一定不会为他尽忠效命的,他如果不肯投降,就将他扣押起来。”田虑到达那里,兜题看到他孤单力微,毫无归降的意思。田虑乘他不提防,就突然上去擒获他并捆绑起来。兜题手下的人都吓得逃走了。田虑派人飞马驰报班超,班超马上开赴城中,召齐疏勒文官武将,历数兜题的条条罪状,另立原来国王的侄子忠做疏勒国王,疏勒人都兴高采烈。新国王忠和他的下属官员都请求杀掉兜题,班超不同意,为了显示威信于西域,反把他释放送走了。疏勒国因此与龟兹国结下了怨仇。

永平十八年(75 年),汉明帝去世。焉耆国借机攻陷西域都护陈睦的驻地。班超孤立无援,而龟兹、姑墨两国又屡屡发兵攻打疏勒国。班超固守盘橐城,与疏勒王忠互为首尾,一直坚守了一年多。汉章帝刚刚登基,考虑到陈睦全军覆没,恐怕班超势孤力单,难以立足下去,就下诏召回班超。班超出发回国时,疏勒国上下都感到担心害怕,一个名叫黎弇的都尉说道:“汉使若离开我们,我们必定会再次被龟兹灭亡。我实在不忍心看到汉使离去。”说罢就拔刀自杀了。班超回国途中来到于阗国,国王以下的人全都悲号痛哭说:“我们依靠汉使,就好比小孩依靠父母一样,你们千万不能回去。”还紧紧抱住班超坐骑的腿,使马无法前行。班超看到于阗国民坚决不让他东行归汉,又想实现自己最初的壮志,于是改变主意返回疏勒国。疏勒国中有两座城池自从班超离去,又重新投降了龟兹国,而与尉头国联兵叛汉。班超捕杀了叛降者,又击破尉头国,攻杀六百余人,疏勒国重新安定下来。

章帝建初三年(78 年),班超率领疏勒、康居、于阗和拘弥等四国军队一万多人,攻占了姑墨的石城,杀敌七百余人。班超想要就此平定西域诸国,于是上奏朝廷,请求派兵,说:“臣下曾经看到先帝想打通西域,因而向北进击匈奴,向西域派出使者,鄯善国和于阗国当即归附汉朝。现在拘弥、莎车、疏勒、月氏、乌孙、康居等国又愿意归顺汉朝,共同出力,攻灭龟兹,开辟通往汉朝的道路。如果我们攻下了龟兹，那么西域尚未归服的国家就屈指可数了。臣下心中独自思量，我虽然原是个军中小吏，却很想像谷吉那样在远方为国效命，像张骞那样在旷野捐躯。从前魏绛只是一小国的大夫，还能与诸戎订立和盟，何况我今天仰承大汉的声威，难道不能竭尽铅刀一割的作用吗？前汉议论西域形势的人都说只有联合了三十六个国家，就称得上折断了匈奴的右臂。现在，西域的各个国家，哪怕是极边远的小国，没有不愿意归附汉朝的，大小国家都十分高兴，自愿进贡的络绎不绝，只有焉耆、龟兹二国不服从我们。臣下先前曾和三十六个部下奉命出使西域，历尽艰难危困，自从孤守疏勒以来，至今亦已五年，对于西域的情况，我较为熟悉。曾经问过大小城廓的人，都认为依汉与依天一样可靠。由此看来，葱岭的道路是可以打通的；葱岭一通，那么就可以攻伐龟兹了。现在我们应该封龟兹国的侍子白霸为龟兹国王，派几百名步骑兵护送他回来，与其他国军队联合作战。要不了多久，就可以擒获现在的龟兹王……那么龟兹自然可以攻破了。我希望朝廷发下臣的奏章，看能否参照办理，如果万一获得成功，我就是死了又何恨之有？臣下区区之身，承蒙上天保佑，暗中希望不至于马上就死，能够亲眼看到西域平定、陛下举起预祝万寿无疆的酒杯，向祖庙报功，向天下宣布特大喜讯的日子。”

奏章上达以后，汉章帝觉得这事情可以成功，就商议要派兵支援班超。平陵人徐干一向与班超志同道合，他上书给皇上，自告奋勇前去。建初五年(80年)，章帝封徐干为假司马，率领减刑的罪犯和自愿出塞的兵士一千人赶赴班超驻地。起先，莎车国以为汉兵不会到来，便投降了龟兹国，而疏勒国的都尉番辰亦因此反叛，正好这时徐干率军赶到，班超就与他一起先打击番辰，大获全胜。之后，班超想乘胜进攻龟兹国，但考虑到乌孙兵力强大，理应借助他的力量，于是又上书朝廷道：“乌孙是西域大国，拥有十万军队，因此武帝时曾将细君公主远嫁和亲，后来终于在宣帝朝得到过乌孙兵的援助。如今还需要朝廷派遣使者去招抚慰问，以使乌孙国能与我们同心协力，攻打龟兹。”汉章帝采纳了这个建议。建初八年，晋升班超为将兵长使，并破格使用鼓吹幢麾，又晋升徐干为军司马，另外派遣卫侯李邑护送乌孙使者回国，携带去赠送给大小乌孙王及其部属的许多礼物。

李邑刚行至于阗国，正碰上龟兹在攻打疏勒国，他吓得不敢继续前进，就上书说，开通西域的事业难以成功，又竭力诽谤班超，说他拥爱妻、抱爱子，在西域享乐，根本无意为国效忠。班超知道后，慨叹道：“我本非德行高尚的曾参，如今又有接二连三的谤言，恐怕难免被朝廷上下怀疑了。”于是，便舍弃了爱妻。章帝知道班超一向忠诚，所以严厉地责备李邑道：“纵然班超拥爱妻、抱爱子是真的，但一千多思乡念土的部下，为什么都能与他同心同德呢？”并命令李邑听从班超的指挥调遣。还另有文书通知班超，若李邑能在西域任职，便留他共事，不行便遣送回国。班超得令就派李邑带领乌孙国的侍子还归京城。

第二年，朝廷又派遣假司马和恭等人率领八百兵士前去协助班超，班超便发动疏勒、于阗兵攻打莎车王。莎车王暗地里派使者串通疏勒王忠，以重利诱惑他，疏勒王忠便决定反叛，勾结莎车王西逃，固守乌即城。班超于是另立疏勒王室的府丞成大为疏勒王，将不愿谋反的人全部调动起来攻打叛王忠，双方相持了半年，因为康居王派精兵援救，班超难以攻取乌即城。这时，月氏王与康居王联姻不久，关系很亲密，班超就派人赠送很多金银锦帛给月氏王，让他劝止康居王。康居王便撤了兵，还生俘了叛王忠，把他押回疏勒国，乌即城便只好向班超投降。又过了三年，忠去游说康居王，向他借兵回国，占领了损中，并暗中与龟兹勾结，派人向班超假投降，班超心里知道他们的阴谋，但表面上假装答应接受投降。忠一听大喜，马上带领轻骑来见班超。班超暗中埋伏下军队等候着，设下营帐奏乐接待，酒过一巡之后，就高声喝令部下将忠捆起来斩首，并就势击溃忠的随从，歼敌七百余人。西域南道就此畅通无阻。

曹孟德割发代首

曹操(155—220),字孟德,沛国谯人(今安徽省亳州市),东汉末年著名政治家、军事家、文学家、诗人,三国时期魏政权的缔造者。其父曹嵩是曹腾的养子,汉灵帝时官至太尉,历侍四代皇帝,汉桓帝时被封为费亭侯。

年轻时候的曹操机智警敏有随机应变的能力,任性好侠,放荡不羁,不修品行,不修学业,所以社会上没有人认为他有什么特别的才能。只有梁国的桥玄等人认为他不平凡,桥玄对曹操说:“天下将乱,非命世之才不能济也,能安之者,其在君乎?”

《三国演义》中将曹操描写为一个汉朝的篡逆者,其实并不公平。东汉末年,外戚宦官争权,朝野上下乌烟瘴气。步入建安年代,东汉朝廷早已无可救药。联军讨伐董卓时,其他人观望顾虑,曹操身先士卒奋力进取;献帝一行狼狈逃命时,漠然无视者有,趁火打劫者有,落井下石者也有,曹操是为数不多的几个主动迎接献帝的人。

曹操的军事、文学才能很少有人否认,稍微有争议的是他的政绩。他的政绩与军功相比有过之而无不及。曹操看到中原一带,由于多年战乱,人民四处流散,田地荒芜,就采纳部将的建议,下令让军队的士兵和老百姓实行屯田。很快,荒芜的土地种上了庄稼,收获了大批的粮食。有了粮食,老百姓安居乐业了,军队也有了充足的军粮,为进一步统一全国打下了物质基础。可是,有些士兵不懂得爱护庄稼,常有人在庄稼地里乱跑,踩坏庄稼。曹操知道后很生气，他下了一道极其严厉的命令：全军将士，一律不得践踏庄稼，违令者斩！将士们都知道曹操一向军令如山，令出必行，令禁必止，决不姑息宽容。所以此令一下，将士们小心谨慎，唯恐犯了军纪。将士们操练、行军经过庄稼地旁边的时候，总是小心翼翼地通过。有时，将士们看到路旁有倒伏的庄稼，还会过去把它扶起来。

有一次，曹操率领士兵们去打仗。那时候正好是小麦快成熟的季节。曹操骑在马上，望着一望无际的金黄色的麦浪，心里十分高兴。正当曹操骑在马上边走边想问题的时候，突然“扑刺刺”的一声，从路旁的草丛里窜出几只野鸡，从曹操的马头上飞过。曹操的马没有防备，被这突如其来的情况吓惊了。它嘶叫着狂奔起来，跑进了附近的麦田里。等到曹操使劲勒住了惊马，地里的麦子已经被踩倒了一大片。看到眼前的情景，曹操把执法官叫了来，十分认真地对他说：“今天，我的马踩坏了麦田，违犯了军纪，请你按照军法给我治罪吧！”

听了曹操的话，执法官犯了难。按照曹操制定的军纪，踩坏了

庄稼，是要治死罪的。可是，曹操是主帅，军纪也是他制定的，怎么能治他的罪呢？想到这，执法官对曹操说："丞相，按照古制'刑不上大夫'，您是不必领罪的。"

"这怎么能行？"曹操说，"如果大夫以上的高官都可以不受法令的约束，那法令还有什么用处？何况这糟蹋了庄稼要治死罪的军令是我下的，如果我自己不执行，怎么能让将士们去执行呢？"

"这……"执法官迟疑了一下，又说："丞相，您的马是受到惊吓才冲入麦田的，并不是您有意违犯军纪踩坏庄稼的，我看还是免予处罚吧！"

"不！你的理不通。军令就是军令，不能分什么有意无意，如果大家违犯了军纪，都去找一些理由来免于处罚，那军令不就成了一纸空文了吗？军纪人人都得遵守，我怎么能例外呢？"

执法官头上冒出了汗，他想了想又说："丞相，您是全军的主帅，如果按军令从事，那谁来指挥打仗呢？再说，朝廷不能没有丞相，老百姓也不能没有您呐！"

众将官见执法官这样说，也纷纷上前哀求，请曹操不要处罚自己。

曹操见大家求情，沉思了一会说："我是主帅，治死罪是不适宜。不过，不治死罪，也要治罪，那就用我的头发来代替我的首级（即脑袋）吧！"说完他拔出宝剑，割下了自己的一把头发，并传示三军："丞相踏麦，本当斩首号令，今割发以代"。这就是"割发代首"典故的来源。

诸葛亮七纵孟获

诸葛亮(181—234),字孔明,号卧龙,徐州琅琊阳都(今山东省沂南县)人,三国时期蜀汉丞相、杰出的政治家、军事家。在世时被封为武乡侯,死后追谥忠武侯。诸葛亮为匡扶蜀汉政权,呕心沥血,鞠躬尽瘁,死而后已。

诸葛亮遵刘备遗诏,与吴恢复联盟后,南征平叛。当时南蛮少数民族叛乱首领叫孟获,力大无比,勇猛异常。孟获虽勇,但只会冲杀,不知兵法,和蜀兵一交手,就中了诸葛亮的埋伏,被活活捉住。

但孟获却不服气,说什么胜败乃兵家常事。孔明得知一笑,下令放了孟获。放走孟获后,孔明找来他的副将,故意说孟获将此次叛乱的罪名都推到了他的头上。副将听了十分生气,大声喊冤,于是孔明将他也放了回去。

副将回营后,心里一直愤愤不平。一天,他将孟获请入自己帐内,将孟获捆绑后送至蜀营。孔明用计二次擒获了孟获,孟获却还是不服,诸葛亮便又放了他。这一次,蜀营大将们都有些想不通。他们认为大家远涉而来,这么轻易地放走敌人,简直是像开玩笑一样。孔明却自有道理:只有以德服人才能真正让人心服。

孟获再次回到洞中,他的弟弟孟优给他献了个计谋。夜半时分,孟优带人来到汉营诈降,孔明一眼就识破了他的诡计,于是下令赏了大量的美酒给南蛮兵士,孟优带来的人都喝得酩酊大醉。孟获按计划前来劫营,却不料自投罗网,被再次擒获。这回孟获却仍然不甘心，孔明便第三次放虎归山。

孟获回到大营，立即着手整顿军队，待机而发。一天，忽有探子来报，孔明正独自在阵前察看地形。孟获听后大喜，立即带了人赶去捉拿诸葛亮。不料这次他又中了诸葛亮的圈套，第四次成了瓮中之鳖。孔明知道他这次肯定还是不会服气，再次放了他。孟获带兵回到营中，他营中一员大将带来洞主杨峰，因跟随孟获亦数次被擒数次被放，心里十分感激诸葛亮。为了报恩，他与夫人一起将孟获灌醉后押到汉营。孟获五次被擒仍是不服，大呼是内贼陷害。孔明便第五次放了他，命他再来战。

这一次，孟获回去后不敢大意，他去投奔了木鹿大王。这木鹿大王的营地极为偏僻，孔明带兵前往，一路历尽艰险，加上蛮兵使用了野兽入战，使汉兵败下阵来。这之后汉兵又碰上了几处毒泉，

使形势变得更为不妙。幸亏不久孔明得到伏波将军及孟获兄长孟节指点，他们才安全回到大营。回营后，孔明造了大于真兽几倍的假兽，当他们再次与木鹿大王交战时，木鹿的人马见了假兽十分害怕，不战自退了。这次孟获心里虽仍有不服，但再没理由开口了，孔明看出他的心思，仍旧放了他。

孟获被释后又去投奔了乌戈国，这乌戈国国王兀突骨拥有一支英勇善战的藤甲兵，所装备的藤甲刀枪不入。孔明对此却早有所备，他用火攻将乌戈国兵士皆烧死于山谷中。孟获第七次被擒，孔明故意要再放了他。孟获忙跪下起誓：以后将决不再谋反。孔明见他已心悦诚服，觉得可以利用，于是便委派他掌管南蛮之地，孟获等听后不禁深受感动。从此孔明便不再为南蛮担心而专心对付魏国了。

少裴度不贪玉带

裴度(765—839),字中立,河东闻喜(今山西省闻喜县)人。唐代后期杰出的政治家。封晋国公,穆宗时数度拜相,官至中书令。

青年时代的裴度,有一天经过一座寺院,看见一行禅师正在替人相面。裴度等众人都走了以后,才去请教自己的面相。一行禅师目视良久,说:“你天生异相,今生不但没有希望考取功名,而且眼光外浮,纵纹入口,是一种乞食街头、饥饿而死的相!我看你甭考了!”裴度听了,心里非常伤心,整天垂头丧气,连教书都无精打采。

数天后,裴度到香山寺去漫步,看见寺里有一位妇人跪在佛像前,喃喃祈祷,祷告完毕,匆匆离去。裴度看见案桌上有一个包袱,解开一看,是非常贵重的物品,一个翠玉带和二个犀带。他想,这一定是刚才那位妇女所遗,于是坐着等待失主。到了下午四点钟,那位妇女满头大汗,气喘吁吁,匆匆地进门,扫视案桌一遍,不禁哇然大哭。

裴度上前问她,妇人哭着说:“家父病重,家产当尽,昨日我请到名医，略有起色，所以今天早晨，我赶去亲戚家，借到一条玉带，准备典押借款，作医药费。我行经此寺，顺便入寺祈祷，不料心急匆忙，忘记拿走玉带，等我到了典当铺，才发现遗失玉带。我没有钱，家父一定无法活命，尚有家母和弟妹待养，我不知道怎么办才好！”说完，又大哭起来。裴度奉还原物，妇人拜谢而去。

裴度回家途中，又遇到一行禅师。才走离数步，一行禅师呼唤裴度转身，对他说：“你必定做了一件很大的阴德，我看你的容貌，蛇入口纹变为玉带纹，不但不会饿死，而且将来有无量的福报，可能会出将入相！”

裴度怕一行禅师讽刺，回答：“您真爱说笑！说话怎么前后矛盾呢？”

一行禅师回答：“七尺长的身体不如一尺长的脸，一尺长的脸不如三寸长的鼻子，三寸长的鼻子不如一点心！”

裴度笑着说：“人心怎么相呢？”

一行禅师回答：“要知天上意，须在云中取，要知心内事，须辨眼中神。你积了阴德，目光不浮，紫气贯睛，口角纹长过陂池这部位，而且胡子均匀变美。做了阴德，脸上的相便会有所改变，你必定享受极贵的福禄无疑！”

于是，裴度就把在香山寺，拾还玉带的事告诉一行禅师，禅师嘉许他的善行。

那一年，裴度便考取进士，由于官运亨通，过了十多年，他升任“博办大学士”（相当于今天的副行政院长），不久，又升为宰相。他升任宰相的经过非常曲折。

裴度起初奉朝廷的命令，去蔡州指挥平叛，向诸军宣布政令，回到朝廷后，裴度向朝廷呈奏攻取叛贼的书状。王承宗和李师道等叛贼，设计阻扰蔡州的援军，因此暗中潜伏京师，刺死掌握大权的重臣，而且杀害了宰相武元衡。叛贼三次用剑袭击裴度，第一剑，砍断了鞋带，第二剑刺中裴度的背部，却只划破了他的内衣，第三剑轻微刺伤裴度的头部，恰巧他戴了毡帽，所以剑伤不深。正当叛贼追杀裴度时，裴度的随从王义，抓住叛贼而呼叫，叛贼回身用刀砍断王义的手，裴度才得以逃脱。裴度逃走时过于仓促，不小心掉落沟壑中。叛贼以为裴度已经死了，所以便离去。

唐穆宗说："裴度能够脱险，全是天意(其实是他的福报)!"于是命令裴度为淮西招讨使，平定了淮西的内乱，并且封他为晋国公，经常奉命出使边地诸国。

裴度侍奉四位皇帝，始终表现了很好的品德。他有五个儿子，也都被朝廷赐封爵位。

晏殊诚实重信誉

晏殊(991—1055),字同叔,著名文学家,北宋抚州府临川城(今江西省进贤县)人,是当时抚州籍的第一个宰相。晏殊与其第七子晏几道,在北宋词坛上被称为"大晏"和"小晏"。

晏殊从小聪明好学,5 岁能作诗,有"神童"之称。景德元年(1004 年),赴江南安抚旱灾的张知白闻知,极力举荐。次年,14 岁的晏殊与来自各地的数千名考生同时入殿参加考试,从容应试,援笔立成,受到真宗的嘉赏,赐同进士出身。宰相寇准说:"晏殊是外地人。"真宗皇帝回答说:"张九龄难道不是外地人吗?"第三天复试"赋"时,他看题后奏道:此赋题自己以前曾做过,请求另改他题。其诚实与才华,更受到真宗的赞赏,授其秘书省正事,留秘书阁读

书深造。他学习勤奋，交游持重，深得直使馆陈彭年的器重。三年后，召试中书，任太常寺奉礼郎。

大中祥符元年(1008年)任光禄寺丞，次年，召试学士院，为集贤校理；祥符三年，任著作佐郎；天禧四年(1020年)为翰林学士、左庶子。其学识渊博，办事干练，真宗每遇疑难事，常以方寸小纸细书向其询问。他也将自己的答奏慎密封呈，多获真宗采纳，被倚为股肱。

乾兴元年(1022年)，年仅12岁的宋仁宗继位。宰相丁谓、枢密使曹利用想独揽大权，朝中众臣议论纷纷，束手无策。晏殊提出"垂帘听政"的建议，得到大臣们的支持。他反对张耆升任枢密使，违反了刘太后的旨意，加之在玉清宫怒以朝笏撞折侍从的门牙，被御史弹劾。天圣五年(1027年)，以刑部侍郎贬知宣州，后改知应天府。在此期间，他极重视书院的发展，大力扶持应天府书院，力邀范仲淹到书院讲学，培养了大批人才。该书院(又称"睢阳书院")与白鹿洞、石鼓、岳麓书院合称宋初四大书院。

明道元年(1032年)，晏殊升任参知政事(副宰相)加尚书左丞。五年后召任刑部尚书兼御史中丞。时值赵元昊称帝，建立西夏国，并出兵陕西一带，而宋将屡屡败退。晏殊全面分析当时的军事形势，从失利中找原因，针对存在的问题，奏请仁宗后，办了四件加强军备的大事：撤销内臣监军，使军队统帅有权决定军中大事；招募、训练弓箭手，以备作战之用；清理宫中长期积压的财物，资助边关军饷；追回被各司侵占的物资，充实国库。由此，宋军很快平定了西夏的进犯。

庆历二年(1042年)，晏殊官拜宰相，庆历三年在宰相任上，又与枢密副使范仲淹一起，倡导州、县立学和改革教学内容，官学设教授。自此，京师至郡县，都设有官学。这就是有名的"庆历兴学"。

晏殊虽多年身居要位，却平易近人。他唯贤是举，范仲淹、孔道辅、王安石等均出自其门下。韩琦、富弼、欧阳修等皆经他栽培、荐引，得到重用。

晏殊在文学上有多方面的成就和贡献。他能诗、善词，文章典丽，书法皆工，而以词最为突出，有"宰相词人"之称；开创北宋婉约词风，被称为"北宋倚声家之初祖"。他的词语言清丽，声调和谐，写景重其精神，赋予自然物以生命，形成了自己的特色。其"无可奈何花落去，似曾相识燕归来"（《浣溪沙》）"昨夜西风凋碧树。独上高楼，望尽天涯路"（《蝶恋花》）"念兰堂红烛，心长焰短，向人垂泪"（《撼庭秋》）等佳句广为流传。他一生写了一万多首词，大部分已散失。

许衡拒无主之梨

许衡(1209—1281),字仲平,河内(今河南省沁阳市)人。是元初中国北方的理学家、教育家,宋元之际南方理学北传的倡导人物之一。

早年许衡曾经跟随很多人一起逃难,经过河阳(今河南省孟州市),由于行走路途遥远,天气又热,十分口渴。同行的人发现道路附近有一棵梨树,树上结满很多梨子,大家都争先恐后地去摘梨来解渴,只有许衡一人端正坐在树下,安然如常。大家觉得很奇怪,有人便问许衡说:“你怎么不去摘梨来吃呢?”许衡回答说:“那梨树不是我的,我怎么可以随便去摘来吃呢?”那人说:“现在时局这么乱,大家都各自逃难,这棵梨树,恐怕早已没有主人了,何必介意呢?”许衡说:“梨树没有主人,难道我的心也没有主人吗?别人丢失的东西,即使一丝一毫,如果不合乎道

义也不能接受。”

许衡长期担任国子监祭酒，主持教育工作，承宣教化，不遗余力。他以“乐育英才，面教胄子”为宗旨，故其门下不仅有大批汉族学生，还有不少蒙古族弟子。他施教的原则是“因觉以明善，因明以开蔽”，即循循善诱，潜移默化。至元八年(1271年)，许衡奉元世祖之命，负责培养一批蒙古贵族子弟，在他的辛勤教育下，这些不懂汉文的青年也都成为“尊师敬业”的优秀儒生。其中有不少人，后来“致位卿相，为一代名臣”。许衡对待学生“爱之如子”，从生活到学习无不关怀备至。在许衡的熏陶教育下，“数十年间彬彬然，号称名卿士大夫者，皆出其门下矣。”许衡通过传道授业，对于汉、蒙文化的融合和交流做出了卓越的贡献。

许衡精通天文、历算。至元十三年(1276年)，元世祖“以海宇混一，宜协时正日”，欲摒弃沿用已久、舛误甚多的金代大明历而创制新历。于是，遂命许衡“领太史院事”，全面负责这一工作，并以王询、郭守敬为副，共同研订。经过他们的艰苦努力，至元十七年(1280年)，终于完成了这一艰巨复杂的任务。

在此期间，许衡以年届七旬的高龄，辛劳擘画，艰苦备尝，创制了简仪、仰仪、圭表、景符等天文仪器，在全国各地修建27所观测台，进行实地观测；制订了《授时历》，用近世截元法代替了上元积年法，并推算出了365.2425日为一年。这个结论，比地球围绕太阳公转一周的实际数字只差26秒，比欧洲著名的《格列高利历》还要早三百多年。《授时历》使用的时间，前后达三百六十余年(1281～1644年)之久，是我国历史上使用时间最长的一部历法，是我国历法史上的第四次重大改革。

许衡对程朱理学的造诣也是很深的，对程朱理学的研究有其独到之处，提出了“命”“义”之说。他精研程朱理学而不拘泥，提出了著名的“治生论。”他说：“言为学者，治生最为要务。”许衡是元代儒学的主要继承人和传播人。

汤显祖守信落榜

汤显祖(1550—1616),字义仍,号海若、若士、清远道人,临川(今江西省抚州市)人。明代戏曲家、文学家。万历十一年(1583年)中进士,任太常寺博士、礼部主事,在戏曲创作方面,反对拟古和拘泥于格律。作有传奇《牡丹亭》《邯郸记》《南柯记》《紫钗记》,合称《玉茗堂四梦》,以《牡丹亭》最著名。在戏曲史上,和关汉卿、王实甫齐名,在中国乃至世界文学史上都有着重要的地位,被誉为"东方的莎士比亚"。

汤显祖出生于书香世家。原居临川文昌里,后移居沙井巷,建"玉茗堂"(内有揽秀楼、清远楼、毓霭池、金柅阁等),故又自号清远道人,晚年又号茧翁。其祖上四代均有文名:高祖、曾祖藏书、好文;祖父精黄老学说,善诗文;父亲汤尚贤是个知识渊博的儒士,为明嘉靖年间著名老庄学者、养生学家、藏书家。祖辈们的认真求学的态度,在汤显祖幼小的心灵中打下深刻的烙印。

汤显祖天资聪慧,勤奋好

学。5 岁时进家塾读书，12 岁能诗，13 岁从徐良傅学古文词，14 岁便补了县诸生。21 岁中了举人。按他的才学，在仕途上本可望拾青紫如草芥了。但是，跟随整个明代社会一起堕落的科举制度已经腐败，考试成了上层统治集团营私舞弊的幕后交易，成为确定贵族子弟世袭地位的骗局，而不以才学论人。

万历五年（1577 年）、万历八年（1580 年）两次会试，当朝首辅张居正要安排他的几个儿子取中进士，为遮掩世人耳目，又想找几个有真才实学的人作陪衬。他打听到海内最有名望的举人无过于汤显祖和沈懋学等人，就派自己的叔父去笼络他们。声言只要肯同宰相合作，就许显祖等人中在头几名。以宰相之威势，加以许多人梦寐以求的诱惑，沈懋学等答应了，果然中了高科。但汤显祖却洁身自好，一无所动。他虽然并不反对张居正的政治改革，但作为一个正直的知识分子，他憎恶这种腐败的风气，因而先后两次都拒绝了他们的要求。说："吾不敢从处女子失身也。"结果是可想而知的：汤显祖名落孙山。而且，在张居正当权的年月里，他永远落第了。但因此，汤显祖却以高尚的人格和纯洁的操守，得到海内人士的称赞。张居正死后，张四维、申时行相继为相，他们也曾许以翰林的地位拉汤显祖入幕，都被拒绝了。

汤显祖 34 岁时以极低的名次中了进士，布满荆棘的仕途从此开始。他先在北京礼观政（见习），次年以七品官到南京任太常寺博士。自永乐以后，南京便是明朝的留都，虽各部衙门俱全，实际上毫无权力，形同虚设，太常寺尤为其中的闲职。然而，当时南京却是文人荟萃之地，诗文家不论，即戏曲家前后就有徐霖、姚大声、何良俊、金在衡、臧懋循诸名家。汤显祖在此，一面以诗文、词曲同一些人切磋唱和，一面研究学问，虽至夜半，书声琅琅不绝于口。别人问他："老博士何为嗜书？"答曰："吾读书不问博士非博士。"正因为如此，他在戏剧方面才取得了卓越的成就。

寇準诚信敢谏言

寇準(961—1023),字平仲,华州下邽(今陕西省渭南市)人。北宋政治家、诗人,太平兴国五年(980 年)进士,授大理评事,知归州巴东、大名府成安县,累迁殿中丞、通判郓州,召试学士院,授右正言、直史馆,为三司度支推官,转盐铁判官。天禧元年,改山南东道节度使,再起为相。

在宋太宗朝群臣中,寇準以他的刚正廉明不畏权势,而受人敬仰。宋太宗称赞他"临事明敏"。

端拱二年(989 年),有一次寇準曾奏事殿中,他大胆进谏,由于忠言逆耳,太宗听不进去,生气地离开了龙座,转身要回内宫。寇準却扯住太宗的衣角,劝他重新落座,听他把话讲完。事后,宋太宗十分赞赏寇準,高兴地说:"我得到寇準,像唐太宗得到魏徵一样。"寇準被钦誉为魏徵,可见他在宋太宗智囊团中占有相当重要的地位。

淳化初年(990 年),北宋朝廷处理了两桩受贿案。情节严重的王淮,赃钱以千万计,仅被撤职杖责,不久又恢复了原职;而情节较轻的祖吉,却被处以死刑。寇準知道这是王淮的哥哥、参政王沔搞的鬼，心中愤愤不平。第二年春天，发生了大旱灾，宋太宗召集近臣询问时政得失。群臣多认为是天数所致，寇準则借用当时十分流行的天人感应说，指出旱灾是上天对朝廷刑罚不公平的警告。宋太宗听后，生气地转身回宫，但又觉得寇準的话必有根据，就召寇準询问刑罚怎么不公平？寇準回答说："请将二府大臣都叫来，我当面解释。"当王沔等人上殿后，寇準就把王淮、祖吉二案述说了一遍，然后看了王沔一眼问道："这难道不是刑罚不公平吗？"宋太宗当即责问王沔。王沔吓得魂不附体，连连谢罪。从此寇準更加受到太宗的赏识，被任命为左谏议大夫，同知枢密院事，开始直接参与北宋朝廷的军国大事。

寇準在政事中与知枢密院张逊发生了严重的意见分歧。由于受到张逊诬陷，寇準被贬至青州。但这时宋太宗已离不开寇準了，寇準去青州后，太宗闷闷不乐，经常询问有关寇準在青州的情况。第二年，寇準就被召回京师，拜为参知政事。至道元年(995年)又加给事中。

当时宋太宗在位日久，一直未立皇储。这件事也一直是令太宗头疼的事情。因为太祖赵匡胤死后，其子德昭未能继位；太宗赵匡义以皇弟身份即位。并且太祖之死还有"烛影斧声"之谜，也就是说太宗有杀兄夺位之嫌。因此太宗传位，就面临两个选择：立自己的儿子，还是立太祖的儿子。当时一般大臣都讳言立储一事。大臣冯拯曾上疏请立皇储，被太宗贬到岭南。从此朝野上下很少有人再敢议论此事。寇準刚从青州还朝，入见太宗。太宗当时正患足疾，让寇準看过伤情后，深情地问道："你怎么现在才回京？"太宗觉得有点过意不去。接着便向寇準问起应立谁为皇太子。寇準已猜到太宗这次召见他的目的，早已成竹在胸，但他并没有直接回答太宗的问题。他告诉太宗，为天下选择国君，不能与后妃、中官(太监)商量，也不能与近臣谋划；应选择众望所归者立为太子。太宗低头想了好久，屏退左右的人，轻声问道："襄王如何？"寇準心中暗喜，便顺水推舟地说："知子莫若父。陛下既然认为襄王可以，就请决定吧。"第二天，太宗便宣布襄王赵恒为开封尹，改封寿王，立为皇太子。

太宗与太子拜谒祖庙回来，京城的人们拥挤在道路两旁喜气洋洋，争着看皇太子。这时人群中有人喊了声"少年天子"。太宗听后很不高兴，问寇準："人心归向太子，将把我放在什么位置？"寇準连连拜贺说："陛下选择的皇储深得人心，这是国家的福气。"太宗恍然大悟，赏寇準对饮，大醉而罢。此后太宗更加倚重寇準。有人给太宗献了个宝物：一通天犀，太宗令人加工成两条犀带，一条自用，另一条赐给了寇準。

至道三年（997年），宋太宗驾崩，太子赵恒继位，即宋真宗。寇準先后在工部、刑部、兵部任职，又任三司使。景德元年（1004年），与参知政事毕士安一同出任宰相（同平章事）。当年冬天，契丹南下犯宋，包围了瀛洲等河北地区，朝野震惊。寇準力主真宗亲征，反对南迁。真宗抵达澶州（今河南濮阳）后，军心渐渐稳定，后射杀辽军先锋挞览，于是订立了"澶渊之盟"。

"澶渊之盟"后，宋辽边境干戈平息，贸易繁荣，人民生活安定。寇準功冠朝臣，但是却由此招来不测之祸。宋真宗对寇準十分敬重，引起被寇準斥之为"罪可斩首"的妥协派官僚的嫉恨。参知政事王钦若等人开始对寇準施展阴谋。一日会朝，寇準先退，真宗目送之。王钦若见此则进言："陛下敬重寇準，是因为他对国家有功吗？"宋真宗点头肯定。王钦若说："我想不到陛下竟有这样的看法。澶渊之役，陛下不以为耻，反而说寇準有功。"宋真宗一愣，问他缘故。王钦若说："《春秋》一书都把城下之盟当作一种耻辱。澶渊之盟实际上是城下之盟，陛下不以为耻吗？"王钦若见宋真宗不高兴，接着说："陛下听说过赌博吧。那些赌徒在钱快要输完时，就尽其所有押了上去，输赢在此一着，这就叫'孤注一掷'。陛下在澶州时不过是寇準的'孤注'罢了，真是危险啊！"原来就认为寇準"刚直难独任”的宋真宗，经王钦若这样一挑拨，对寇准产生了疑虑，景德三年(1006 年)二月，寇準被免去相职，知陕州。

天禧三年(1019 年)六月，寇準再次出相。后被诬告参与密谋，再次罢相，被逐出京城。

乾兴元年(1022 年)，寇準含冤负屈离开道州向南部海滨雷州赴任，第二年九月病故。

明道二年(1033 年)十一月，宋仁宗下令为寇準昭雪，归葬下邽。敕令恢复寇準太子太傅、莱国公，赠中书令，谥号“忠愍”。皇祐元年(1049 年)，宋仁宗又令翰林学士孙抃为寇準撰写了《莱国寇忠愍公旌忠之碑》，并亲笔为碑首篆书了“旌忠”二字。

范仲淹封金不收

范仲淹(989—1052),字希文,苏州吴县(今江苏省苏州市)人,北宋著名的政治家、思想家、军事家和文学家,世称“范文正公”。先世邠州(今陕西省彬县),后迁居江南。

范仲淹从小读书就十分刻苦,在附近长山乡的醴泉寺寄宿。晨夕之间,便就读讽诵,给僧人留下深刻的印象。那时,他的生活极其艰苦,每天只煮一碗稠粥,凉了以后划成四块,早晚各取两块,拌几根腌菜,调拌于醋汁,吃完继续读书。但他对这种清苦生活却毫不在意,而把全部精力放在书中,以读书为乐趣。

这样过了快三年,范仲淹几乎把长山乡的书籍读了个遍,此处已渐渐不能满足他的求知欲望。于是,他毅然辞别母亲,离家徒步外出求学。

真宗大中祥符四年(1011年),22岁的范仲淹来到睢阳应天府书院(旧址在今河南省商丘市睢阳区)。应天府书院是宋代著名的四大书院之一,校舍宏伟,耸然而立,共有校舍150间,藏书数千卷。

庆历三年(1043年),宋仁宗下旨将应天府书院改为南京国子监,与东京开封国子监、西京洛阳国子监并列成为北宋时全国最高学府。这里聚集了许多志操才智俱佳的师生。到这样的学院读书,既有名师可以请教,又有许多同学互相切磋,还有大量的书籍可供阅览,况且学院免费就学,更是经济拮据的范仲淹求之不得的。范仲淹十分珍惜崭新的学习环境,来到此地之后,范仲淹如鱼得水,欢兴致极,不思昼夜,刻苦攻读。

范仲淹的一个同学、南京留守(南京的最高长官)的儿子看他常年吃粥,便送些美食给他。他竟一口不尝,听任佳肴发霉。直到那同学怪罪起来,他才长揖致谢说:“我已安于划粥割齑的生活,担心一享受美餐,日后就咽不下粥和咸菜了。”范仲淹艰涩的生活,有点像孔子的贤徒颜回:一碗饭、一瓢水,在陋巷,即使别人叫苦连天,他依然乐在其中。

范仲淹在应天书院读书时,寄居在睢阳一户姓朱的人家里,经常和一个术士来往。一天,那个术士病危,便请人叫来范仲淹,告诉他:“我擅长把水银炼成白金,我的儿子年纪小,不值得把这个秘方托付给他,我看你是个诚实可靠之人,现在我把它交给你。”于是把这个秘方和炼成的一斤白金封好,放在范仲淹怀中。范仲淹刚想推辞,那个术士已经气绝而死。

后来过了十几年,范仲淹当上了谏官,而当年那个术士的儿子长大了,范仲淹便派人把他叫来说:“你的父亲有神奇的术法,当年他过世的时候,因为你年纪还小,所以就托我先保管秘方,如今你已经长大了,应当把这个东西还给你。”于是,范仲淹拿出那个秘方连同白金一起交给术士的儿子。术士曾经封好的白金从未被打开过,仍完好如初。

忽必烈重用汉儒

孛儿只斤·忽必烈(1215—1294),蒙古族,元朝的创建者,蒙古族卓越的政治家、军事家。在位35年,谥号圣德神功文武皇帝,庙号世祖。

忽必烈生活于蒙古帝国的黄金时代。他出生之时,蒙古人开始开疆扩土;他长成之时,蒙古大军已经把疆域远远地扩张到了北方和西方。在这段蒙古史上最辉煌的时期里,忽必烈和他的祖父成吉思汗无疑是两个最显赫的蒙古人。

欧亚的历史是从蒙古人开始的。在十三世纪最初的几十年间,他们经过不断的蚕食,建立了世界历史上最庞大的帝国。其疆域北部从朝鲜半岛一直延伸到俄罗斯西部;南部从缅甸一直到达伊拉克。他们的军队曾一路打到今天的波兰和匈牙利。在此过程中,他们消灭了当时世界上最强大的王朝,包括统治中东和波斯的阿巴斯王朝、金朝和南宋王朝、中亚的花剌子模等。在几十年间,蒙古人统治了欧亚大部分地区,并对其他地区形成威胁之势。

宪宗元年(1251年),忽必烈受命总领漠南汉地军国庶事。他一直热心于学习汉文化,曾先后召僧海云(宋印简)、僧子聪(刘秉忠)、王鹗、元好问、张德辉、张文谦、窦默等,问以儒学治道。任用汉人儒士整饬邢州吏治;立经略司于汴梁,整顿河南军政;屯田唐、邓等州。他依靠一批汉人儒生幕僚的帮助,几年内在中原若干地区内建立起统治秩序,并搜罗和培养了一批治国人才。

忽必烈从青年时代就已结识中原文士,熟悉中原汉地的情况。在他周围组成一个幕僚集团。中统元年(1260年),忽必烈派幕僚覃澄为怀孟路总管。他登基后一个月内,便成立了中书省,由王文统担任中书省平章政事,张文谦为其主要助手(中书左丞)。中书省主要负责处理大多数的政务。中统四年(1263年),他建立了枢密院,负责军事。五年后,最后一个主要机构御史台也成立了,负责监察和向忽必烈报告汉地官员的情况。这些机构在各省都设有分支机构(行),负责执行中央政府决定的政策。其官员也多为汉臣。

忽必烈简化并整合了行政管理系统。他采用了高鸣的建议,废除了自唐朝起就设立的门下省和尚书省,但保留了中书省,六部也并入中书省,该机构全权负责行政事务。由于只有一个机构负责,行政管理进行得更顺畅。

作为中国皇帝,忽必烈希望把自己扮演成中国文化的保护人。他心中明白,如果想被视为汉人的天子,自己就不能看起来像一个粗暴简单的“蛮人”。

顺治尊信汉文化

爱新觉罗·福临(1638—1661),清世祖,清朝第三位皇帝,同时也是清朝入关后的第一位皇帝。

福临是以幼小之年在激烈政治斗争中被拥上帝位的。这位年仅6岁的童子皇帝,虽然尚不谙世事,但在满州人特有的尚武精神的熏陶下,却有一种好胜的性格和天然的优越感。崇德七年(1642年)年底,皇太极出猎叶赫一带,携他前往,当行猎于噶哈岭时,福临曾"射中一麅",那时他年仅5岁。在举行登位大典前,他出宫乘辇前往笃恭殿,乳母因其年幼欲登辇陪坐,他拒绝说"此非汝所宜乘",显示出不可冒犯的帝王尊严。

福临膺服孔子,他号召臣民尊孔读经,提倡忠孝节义。他亲政后的第二个月,即遣官赴孔子故乡阙里祀孔子。顺治九年(1652年)九月他亲率诸王大臣等到太学隆重释奠孔子,亲行两跪六叩礼。他谕学官、诸生说:"圣人之道如日中天,讲究服膺,用资治理。尔师生共勉之。"福临还命内院诸臣翻译五经,他赞美说:"天德王道备载于书，真万世不易之理也。”他认为“治平天下莫大乎教化之广宣，鼓动人心莫先于观摩之有象”。于是，他主持编修《资政要览》《劝善要言》《顺治大训》《范行恒言》《人臣儆心录》等，均亲自撰写序言。

他大力提倡忠孝节义。顺治九年(1652年)，他敕封关羽为“忠义神武关圣大帝”，神化了关羽的忠义。他一再下令旌表各省的“忠孝节烈”之人，并注重实行满汉一致。十一月他谕命“诸王宗室内有孝友义顺及守节贞烈者，宗人府核实具奏，礼部照例旌表”。从此开始在八旗中旌表忠孝节烈。十年四月决定满洲部院各官与汉人官员一样实行“离任丁忧”制。他视尽忠尽节为人生最高的道德准则，表彰北京被李自成攻陷时明朝臣之“殉君死难”者，赞扬其“幽忠难泯，大节可风”，下令礼部“详访确察死节职名并实迹具奏”“给谥赐祭”。他还特为“身殉社稷”的崇祯帝朱由检立碑，赞扬他“励精图治”，追谥为“庄烈愍皇帝”。对“从君殉节”的明司礼监太监王承恩，更是赞扬备至，称道他“目击艰危，从容就义”“即古之忠臣烈士何以加焉?”特为立碑致祭赐谥为“忠”，以“使尽忠者以为劝，不忠者以为戒”。他通过全面倡导忠义，树立了清朝是传统道德捍卫者的形象，对消除广大汉人对清朝统治者心理上的隔阂，对缓和民族矛盾，特别对安定汉人地主的人心，产生了积极的作用。

顺治十二年(1655年)春，他谕礼部说:“朕唯帝王敷治，文教是先，臣子致君，经术为本。”“今天下渐定，朕将兴文教、崇经术以开太平，尔部即传谕直省学臣训督士子，凡六经诸史有关于道德经济者，必务研求通贯，明体达用。”号召全国读经。他以“自古平治天下莫大乎孝”，特命大学士冯铨为总裁官编《孝经衍义》。他为“考百代之是非”，特命大学士巴哈纳、刘正宗等为总裁官编《通鉴全书》。

在争取汉人地主，提高汉官权力、重用汉官方面，福临进行大胆的尝试和努力。他已感觉到满汉的和谐对维系统治的重要，决心改变"各衙门奏事，但有满臣未见汉臣"的现象，于十年(1653年)正月谕内三院："嗣后凡奏进本章"，要"满汉侍郎、卿以上参酌公同来奏"，以达到满汉的"一心一德"。尽管实际上难以完全做到，他对汉官的态度也总有反复，但他提高汉官权力的思想却有所发展。十六年(1659年)十月，他谕吏部："向来各衙门印务，俱系满官掌管，以后各部尚书、侍郎及院寺堂官受事在先者，即著掌印，不必分别满汉。尔部即传谕各衙门一体遵行。"这是破天荒的决定。不论实际执行情况如何，汉官权力地位有了明显提高。他还一再要求满汉官员和衷共事，"凡会议政事，原应满汉公同商榷，斟酌事理，归于至当""不拘满汉皆可具稿"，不许"满汉两议"的现象再出现。

他对汉人地主的上层人物，也极力笼络。他以皇太极第十四女下嫁吴三桂之子吴应熊，以示优宠。大学士党崇雅告老还籍时，他两次破格召见，赐坐，赐衣帽、靴袜、茶饭，"温语慰劳良久"，并特命满大学士车克送行。顺治十五年(1658年)状元、翰林院修撰孙承恩英年早逝，他"深悼惜之，赐白金三百两归其丧"。对洪承畴的重用，更突出地反映了福临争取汉人的勇气。洪承畴原是皇太极时降清的明朝著名将领，他在建议清朝大军入关和招抚江南中立了大功，后遭满将猜疑被召回京，任大学士而无实权。十年(1653年)五月，福临特升洪承畴为经略，"经略湖广、广东、广西、云南、贵州等处地方总理军务兼理粮饷"，破格授予"假以便宜"之权："应巡历者随便巡历，镇抚以下听其节制，兵马钱粮听其调拨。一应剿抚事宜不从中制，事后报闻。清朝兵或留或撤，酌妥即行具奏。文武各官在京在外，应取用者择取任用。升转补调随宜奏请，吏兵二部不得掣肘；应用钱粮即与解给，户部不得稽迟。归顺官员酌量收录，投降兵民随宜安插。"这是极大的信任。正是顺治皇帝的绝对信任，才最终使洪承畴收到了"以守为战"的招抚之功。

纪晓岚承信编书

纪昀(1724—1805),字晓岚,一字春帆,晚号石云,道号观弈道人。历雍正、乾隆、嘉庆三朝。因其“敏而好学可为文,授之以政无不达”(嘉庆帝御赐碑文),故卒后谥号文达,乡里世称文达公。

纪晓岚儿时,居景城东三里之崔尔庄。4岁开始启蒙读书,11岁随父入京,21岁中秀才,24岁应顺天府乡试,为解元。31岁考中进士,为二甲第四名,入翰林院为庶吉士,授任编修,办理院事。乾隆三十三年(1768年),授贵州都匀知府,未及赴任,即以四品服留任,擢为侍读学士。同年,因坐卢见曾盐务案,谪乌鲁木齐佐助军务。召还,授编修,旋复侍读学士官职,受命为《四库全书》总纂官,惨淡经营13年,《四库全书》大功告成,篇帙浩繁,凡3 460余种,79 339卷,分经、史、子、集四部。纪并亲自撰写了《四库全书总目提要》,凡200卷,每书悉撮举大凡,条举得失,评骘精审。同时,还奉诏在《四库全书总目提要》基础上,精益求精,编写了《四库全书简明目录》20卷,为涉猎《四库全书》之门径,是一部研究文史的重要工具书。

《四库全书》的修成，对于搜集整理古籍，保存和发扬历史文化遗产，无疑是一重大贡献。在主编《四库全书》期间，纪晓岚由侍读学士升为内阁学士，并一度受任兵部侍郎，甚得皇上宠遇，接着升为左都御史。《四库全书》修成当年，迁礼部尚书，充经筵讲官。乾隆帝格外开恩，特赐其紫禁城内骑马。嘉庆八年(1803)，纪晓岚八十大寿，皇帝派员祝贺，并赐上方珍物。不久，拜协办大学士，加太子少保衔，兼国子监事。他曾五次出掌都察院，三次出任礼部尚书。

少年时期，纪晓岚就聪颖过人。一次，他和小伙伴们在街上玩球。恰好府官乘轿经过。一不小心，球被掷进轿内。孩子们面面相觑，不知如何是好。纪晓岚壮起胆子上前讨球。

府官戏弄他出了个上联，“童子六七人，唯汝狡。”让纪晓岚对下联。对得出，就还球给他。

纪晓岚一寻思，“太守二千石，独公……”“怎么不说完?”府官问。“你要是还我球，就是独公廉，不然就是独公贪。”府官一愣，只得把球还给了纪晓岚。小伙伴们都从心里佩服他的机敏聪慧。

纪晓岚幼时读私塾，聪敏过人，过目成诵，强记不忘，有小神童美誉。其师石先生甚爱之，只因功课对他毫无压力，他便偷闲把家雀塞进墙洞里喂，再用砖头把洞堵上，石先生发现这个秘密，怪其不务正业，便偷偷将家雀摔死又放入洞中，然后在堵洞口的砖上戏题一上联：

细羽家禽砖后死

纪晓岚下课又去喂家雀，见砖上对联言明家雀已死，知是石先生所为，便在旁边续对下联：

粗毛野兽石先生

石先生看到续联大为恼火，手持教鞭责问纪晓岚，为何辱骂先生？纪晓岚不慌不忙答辩说：“我是按先生的上联续对的下联。请看，粗对细，毛对羽，野对家，兽对禽，石对砖，先对后，生对死。是否这样对，请先生指教。”

石先生无言对答，拂袖而去。不几天纪晓岚去见石先生，石先生怒气未消，面沉似水，稳坐太师椅，不迎不送。纪晓岚又出了怪招，从先生屋走而复返，又请教“阄”字的念法和写法。石先生并无介意，等纪昀走后才醒过味来。原来“阄”即“门内龟”，是骂自己不出门送客的。

抽烟是纪晓岚平生三大嗜好之一，且吸烟成瘾，烟瘾奇大，所用的旱烟袋是定做的，容量很大，有人说一次能装三四两烟丝，这虽有夸张之嫌，但在京中是独一无二的，在全国也属罕见。因此就有了“纪大烟袋”的绰号。

纪晓岚烟瘾大，旱烟袋常攥手中，口里不停喷云吐雾，倍感舒心惬意。但也有忍痛割爱的时候，那就是吃饭、睡觉和见皇上这三个时段。有一天，乾隆皇帝驾临圆明园巡视《四库全书》的编纂情况。

纪晓岚正一边吸烟一边手不停地忙碌，硕大的一锅烟刚吸到一半，忽听“万岁爷驾到”的喊声，匆忙间把没磕去烟火的烟袋随手插入靴筒里，跪地给万岁爷请安。起身后觉得脚踝上火辣辣地疼，但皇上正说着话，又不好打断，他只好咬牙忍着，疼的他腿直打颤。乾隆看他满脸焦灼难耐的样子，吃惊地问：“纪爱卿，怎么了？”“臣……臣靴子里失……失火啦。”话都成颤音了。

乾隆急忙挥手，“快点出去！”纪晓岚急奔殿外，顾不得有失体面，坐在石阶上一下子扒掉了靴袜，靴筒里即刻冒出一股黑烟，脚上皮肉已烧焦一大块。乾隆皇上出来看时，烟袋锅还插在靴筒里冒着烟，人们一时被逗得笑弯了腰。

纪晓岚在当朝才高人缘好，在家养伤期间同僚们多去探望，看他手握大烟袋依然如故，劝他说：“既然深受其害何不戒掉。”“诸君只见我身受其累，却不知道我深得其利啊！每天捉管之时，吸上几口便文思如泉涌，挥洒自如。缺少它便文思枯竭，寂寞难耐也。”纪晓岚大言吸烟之利，颇有一番宏论。“我之吸烟实出有癖，不若那些趋附时尚之士为的是显示高雅。”

一老太监在冬天看见纪晓岚穿着皮衣，手执一把扇子（文人的习惯），感到十分好笑，遂说：“小翰林，穿冬装，执夏扇，一部春秋可读否？”

纪晓岚听老太监南方口音，对道：“老总管，生南方，来北地，那个东西还在吗？”

纪晓岚有一天和朋友一起上街。走在街上，看见前面有一家小店，店里的老板娘正忙着。纪晓岚就和他的朋友打赌：“我会一句话让老板娘笑，再一句话让老板娘闹。”

朋友们不相信，决定以一桌酒席为赌。只见纪晓岚走向小店，向店门前的看门狗鞠了一躬，叫道“爹！”老板娘“噗”地一声乐了。纪晓岚转过身又冲老板娘叫了一声“娘！”顿时，老板娘勃然大怒，直骂纪晓岚神经病。

于是，纪晓岚赢得了一桌酒席。

纪晓岚常在皇帝面前揭和珅的短儿，弄得和珅好不尴尬。乾隆也是有意偏袒和珅，总是找个机会捉弄纪晓岚。一天，乾隆在批阅奏章时，忽然发现一件参劾纪晓岚的奏折。奏折上说，纪晓岚宽于治民之说是有意收买人心，博取虚名，不如和珅严刑峻法，敛财富以利国家，堪称治世能臣。乾隆看罢，眼前一亮，心想，待我逗一逗纪晓岚，看他如何分解？

次日早朝，议罢政事散朝时，皇帝把纪晓岚与和珅这对儿逗口冤家留下。他先对纪晓岚说：“纪爱卿，你天天说和珅如何奸诈，如何贪婪，群臣如何愤恨，敢怒而不敢言，还说天下皆曰可杀，可是你看看这个奏折，有人称和珅是治世之能臣，而你纪晓岚只不过是好图虚名罢了。”

纪晓岚接过奏折，用眼一溜就放在龙书案上，和珅连忙抓到手里，一边看，一边得意洋洋。“纪晓岚，你还有什么话说？”乾隆故意敲山震虎。

和珅在一旁奸笑："皇上，其实臣也没有奏折上说的那么好，只不过为皇上尽职尽责，尽心尽力而已。至于纪晓岚嘛，嘻嘻，虽然不是什么好东西，可也不至于罪大恶极。我看皇上就开恩留下他这条小命，料他一条小泥鳅也翻不了大船，把他削职为民也就算了。"

纪晓岚微微一笑："启禀皇上，臣有话要说。"

"说吧！"乾隆把脸一黑。

"臣虽下愚，亦知世间万物，纷繁复杂。凡事不可一概而论。有人奏称和大人为能臣，并诋毁臣下，不足为怪。譬如春雨如油，农夫喜其润泽，而行旅之人则恶其道路泥泞；月光皎洁，佳人悦其舒朗，而盗贼则恶其光亮。上天尚且不能尽如人意，何况臣乎？至于和大人之能，臣亦明了其中道理。大粪臭污，其质倒可肥田；乌龟丑陋，皮肉却能延寿。"

和珅听了，自然气得咬牙跺脚，指着纪晓岚的鼻子："你，你，你——"乾隆哈哈大笑，心中暗想，这个纪晓岚，言语虽然尖刻，释辩倒也得体，举例妥帖，终是机智敏捷，于是赶紧圆场："两位爱卿，不要闹了，你俩都是朕的股肱之臣，朕需要你，也需要他，一个也不能少，望你们能携起手来，共保大清江山。"

和珅贪婪成性。一次他新修了一座竹园，知道纪晓岚墨迹珍贵，便要他题个亭额。

纪晓岚略加思索，挥笔在纸上写了"竹苞"两个大字。和珅赶快让工匠刻成匾额，悬挂在亭台上。

一天，乾隆皇帝来游园子，见到亭台上"竹苞"的匾额，忍不住哈哈大笑起来。和珅在一旁赔着笑，谁料皇帝说道："好一个纪晓岚。这竹苞二字，拆开来不就是个个草包嘛！"

一年盛夏，纪晓岚和几位同僚一起，在书馆里校阅书稿。

纪晓岚是个近视眼，因为身体肥胖，经不起炎热酷暑，于是就脱掉了上衣，赤着上身，把辫子也盘到了头顶上。

不巧，这时，乾隆皇帝慢慢走进馆来。当纪晓岚发觉时，已经来不及穿衣服了，于是他赶紧把脖子一缩，钻到了书桌底下。其实，乾隆早就看见纪晓岚的动作了，但他装作不知，就在馆里故意与其他官员闲聊，迟迟没有离去的意思。纪晓岚在桌子下面大汗淋漓，实在熬不住了，就探出头来问道："老头子走了没？"他的话音刚落，抬头一看，乾隆皇帝就坐在他面前。

乾隆大怒道："纪晓岚，你好无礼。为何叫朕老头子，如果你解释得当，朕就放过你。"所有官员都为纪晓岚捏了把汗。

纪晓岚真不愧是铁齿铜牙，他从容地回答道："皇上万寿无疆，难道不叫'老'吗？您至高无上，难道不叫'头'吗？天地是皇上的父母，难道您不是'子'吗？连起来不就是'老头子'吗？"

乾隆听了，立即转怒为喜，不但没有责怪他，反而还奖赏了他。

注：本书编撰过程中得到了陈红、梁诚、陈伟、陈凯隆、龙春英、李桂英、李玲、孙婷、林子、德臣、黄琼、苏子、春光、金生、双双等人的大力协助，在此一并致谢。